신뢰와 사회적 자본
어떻게 축적할 것인가

유종근 지음

청어

신뢰와 사회적 자본
어떻게 축적할 것인가

유종근 지음

발행처 · 도서출판 **청어**
會 長 · 曹彌大
대 표 · 이영철
영 업 · 이동호
홍 보 · 최윤영
기 획 · 천성래 | 김홍순
편 집 · 김영신 | 방세화
디자인 · 김바라 | 서경아
제작부장 · 공병한
인 쇄 · 두리터

등 록 · 1999년 5월 3일 (제22-1541호)

1판 1쇄 인쇄 · 2013년 6월 20일
1판 1쇄 발행 · 2013년 6월 30일

주소 · 서울 서초구 서초3동 1595-10 봉양빌딩 2층
대표전화 · 586-0477
팩시밀리 · 586-0478

홈페이지 · www.chungeobook.com
E-mail · ppi20@hanmail.net
ISBN · 978-89-97706-56-3 (93340)

이 책의 저작권은 저자와 도서출판 청어에 있습니다.
무단 전재 및 복제를 금합니다.

신뢰와 사회적 자본
어떻게 축적할 것인가

책을 내며

우리나라가 외환위기로 IMF의 구제금융에 매달릴 수밖에 없었던 국가 재난 상황에서 나는 당시 김대중 대통령의 경제고문으로 그를 도와드린 바 있다. 우리 정부는 1997년 12월 3일에 IMF와 협약을 체결하고 구제금융을 지원받았으나, 보름 후에 치른 대통령선거에서 김대중 후보가 당선된 직후 또다시 채무이행불능의 파국을 직면하고 있었다.

나는 김대중 대통령당선인의 대리인으로 미국 재무부와 협상하여 크리스마스이브 자정에 기적적으로 100억 달러의 추가 지원을 얻어냈다(발표는 당시의 정부를 대표하여 부총리가 했다). 그리고 곧이어 단기외채의 만기연장협상단 공동대표로 뉴욕, 워싱턴, 런던, 파리, 도쿄 등 주요 도시들을 쉴 틈 없이 누비며 새 정부의 경제회생대책을 설명하고 이에 대한 국제금융계의 신뢰를 얻어내 만기 연장을 성공적으로 이끌어낼 수 있었다.

이 과정에서 나는 파탄에 빠진 우리 경제를 단지 회생시키는 데 그치지 않고 대한민국을 기초 체력이 튼튼한 선진국으로 발전시키기 위해 대통령과 정부가 해야 할 일이 무엇인가를 깊이 생각하게 되었다. 그리고 이를 위해서는 우리 사회의 공식·비공식 제도 전반에 걸친 원칙과 실천 사이의 괴리를 바로 세우는 것이 필요하다는 결론에 이르렀다.

민주화 이후 우리는 민주주의를 어떻게 관리하고 실천할 것인가에 대한 진지한 논의가 부족했다. 그리하여 타인의 권익에 대한 배

려 없이 각자의 권익만 주장하여 갈등이 끊임없이 확대·재생산되고 있다. 언론과 정치권은 갈등을 조정하기보다는 증폭시키는 경쟁에 몰입하고, 정부는 언론과 정치권과 이익 집단들의 압력 속에서 이래도 욕먹고 저래도 욕먹는 딜레마에 빠져 국가 시책이 자주 표류하는 상황에 처해있다. 이 같은 고비용의 갈등 구조를 타파하고 배려와 협동의 사회 분위기를 이끌어내 자발적 국민통합을 이루는 길은 무엇인가?

이를 위해 나는 사회적 자본에 관한 책들을 읽고 연구하면서 정치와 행정의 현장 경험을 토대로 우리 사회에서 실천 가능하고, 또 반드시 실현해야 할 아젠다(agenda)를 추려내고 구체적 실천 전략들을 모색했다. 그렇게 해서 2001년에 『신국가론』을 펴냈다.

공직의 바쁜 일정 중에 틈틈이 집필한 『신국가론』은 아무래도 부족한 점이 많았다. 그리하여 공직에서 퇴임한 이후 많은 참고 서적들을 읽고 사색하면서 『신국가론』의 부족한 부분을 대폭 손질하고 보완하여 『강한 대한민국의 조건』을 2007년에 발간하게 되었다. 그러나 이제 새로운 시대적 상황을 반영하여 내용의 일부를 수정하고 첨삭할 필요성이 대두되었다.

그렇게 원고 수정 작업을 하고 있는 중 작년 12월 초 몽골의 교육부장관이 한국 출장 중에 나를 꼭 만나고 싶다는 연락이 왔다. 『신국가론』을 몽골어로 번역·출판하여 공무원 의식교육을 위한 교재로, 그리고 대학생들의 권장 도서로 사용하겠다는 것이었다. 어떠한 경로로 이 책에 관심을 갖게 되었는지는 나중에 알게 되었지만, 아무튼 경제개발의 초기에 의식개혁 운동도 병행하겠다는 취지에 공감하였다. 그리하여 그동안 수정·보완했던 새 원고를 보내주었는데, 지난 3월 29일에 몽골국립대학교에서 몽골 교육부의 주최로 출판기념회와 기념강연을 했다.

몽골 교육부장관과 함께

나는 진심으로 이 책이 몽골의 경제·사회 발전에 기여하기를 바란다. 그러나 이 책은 원래 우리나라를 위하여 쓴 것이므로 우리나라에 조금이라도 기여할 수 있기를 바라는 마음으로 국내의 독자들에게 보여드리고자 한다.

『신국가론』이 출간된 직후 노무현 전 대통령은 그의 민주당 대통령후보 경선 출정식에서 내가 이 책에서 제안한 국정 아젠다를 높이 평가하면서 자신이 이를 실현하겠다고 자신 있게 주장했으나, 대통령에 취임 후 20대 80의 대립구도를 정권연장의 수단으로 택하여 오히려 갈등을 부추기는 우를 범했다.

박근혜 대통령은 사회적 자본 형성을 통한 국민통합을 새 정부의 주요 국정목표 중의 하나로 내세우고 있는데 이는 내가 12년 전에 『신국가론』에서 제안했던 국정 아젠다가 여전히 유효할 뿐 아니라 불신의 악순환을 타파하여 신뢰사회로 탈바꿈해야만 선진국으로 도약할 수 있다는 그때의 주장이 더욱 폭넓은 사회적 공감대를 형성하고 있음을 보여준다. 물론 아직도 이 책에 부족한 점이 적지 않을 것이다. 독자 제현의 질책을 달게 받아들일 것이다.

12년 전 초기 집필 과정에서 적지 않은 도움을 준 이인재 박사에게 다시 한 번 감사한다. 그리고 모든 어려운 일을 혼자서 묵묵히 감당하면서 끊임없는 기도로 힘을 보태준 사랑하는 아내 김윤아 목사와 내가 꿈꾸는 아름다운 선진국의 자랑스러운 시민이 될 딸 예지와 아들 주영에게 이 책을 바친다.

유종근

차례

책을 내며 • 4
들어가는 말 | 갈등과 대립을 넘어 신뢰와 공존의 시대로 • 10

1부. 국가 발전과 사회적 자본

1장. 21세기 한국의 위치 • 18
대한민국은 선진국인가 • 18
어떤 나라가 될 것인가 • 30
한국의 위기는 신뢰의 위기 • 36
누가 우리 사회의 적인가 • 41

2장. 민주주의와 사회적 자본 • 50
민중해방의 시대 • 50
시장경제와 민주주의 • 60
집합행동의 딜레마: 눈에 띄는 경쟁, 보이지 않는 상호의존성 • 66
신뢰와 사회적 자본 • 74
세계화와 사회적 자본 • 85

3장. 사회적 자본과 효율성 • 94
민주사회의 성공과 실패 • 94
제도 개혁의 성과와 시민문화 • 102
성과의 지역적 차이와 역사적 연원 • 107
민주주의 작동의 열쇠 • 113

4장. 사회적 자본과 한국 • 119
한국의 사회적 자본 • 119
우리나라 사회적 자본의 역사적 연원 • 129

덕치주의와 민주주의 •139
     무너진 원칙이 초래한 국가 위기 •152
     소용돌이의 한국 정치 •159

2부. 사회적 자본의 축적을 위한 실천 전략

   5장. 공적 제도의 신뢰와 원칙 확립 •168
     법치주의 원칙의 확립 •170
     부패 방지의 제도적 접근 •183
     책임 소재 규명과 재발 방지 •195
     정쟁 종식을 위한 대안 •211

   6장. 공적 제도의 신뢰와 권력 분산 •216
     제왕적 대통령제를 내각책임제로 •217
     집중된 국가 권력의 지방분권화 •226
     정당의 공천권을 국민에게 •240

   7장. 수평적 신뢰와 시민사회 •249
     사회복지와 수평적 신뢰 •251
     NGO와 신뢰 쌓기 운동 •266
     한국형 시민공동체의 육성 •279
     아동 및 청소년기의 가치 교육 •289
     민주주의 발전과 언론 •299

맺는 말 •309
참고문헌 •325

들어가는 말

갈등과 대립을 넘어 신뢰와 공존의 시대로

한국인의 저력은 참으로 대단하다. 특히 한국인은 위기에 강하다. 외환위기에 자발적 '금 모으기 운동'으로 국민이 결집하는 모습을 보여주어 세계를 놀라게 했다. 자동차, 반도체, 휴대전화, TV, 철강, 조선, 원자력발전소 건설 등 주요 산업 분야에서 세계 선두를 다투고 있다. 아시아를 휩쓴 한류 열풍은 유럽과 미주를 포함한 전 세계로 뻗치고 있다. 이제 확실한 선진국의 반열에 오르는 일만 남았다. 우리 국민의 역량을 보면 충분히 해낼 수 있다는 확신이 든다. 그러나 어떻게 해낼 것인가? 선진국의 문턱을 확실하게 넘어서 확고한 기반을 구축하는 대업을 이루어 낼 추진력을 어디서 찾을 것인가?

나는 이 책에서 선진국 진입의 추진력을 사회적 자본을 축적하는 데서 찾아야 한다고 역설한다. 그리고 이를 위해서는 민주주의 원칙을 확립하고 국민통합에 앞장서는 지도자의 역할이 중요하다는 점을 강조한다. 우리나라가 사회 여러 부문에서 갈등과 대립으로 국가적 역량을 소모하고 있기 때문이다. 이는 우리나라에 팽배한 사회적 불신과 갈등이 경제성장을 잠식하고 있다는 최근의 연구 결과들에서도 확인되고 있다.

　나는 참여정부 출범 당시 원칙을 바로 세우고 국민통합을 이뤄내겠다는 노무현 전 대통령의 선언에 크게 고무된 적이 있었다. 그는 2002년 대통령선거를 앞두고 민주당의 후보 경선 출정식에서 당시 경선의 경쟁자 중 한 사람이었던 나의 저서 『신국가론』을 감명 깊게 읽었다고 소개하면서 내가 제안한 정책 목표를 자기가 더 잘 해낼 수 있다고 주장했다. 그런데 그는 정권이 출발하면서부터 법치주의의 원칙을 공개적으로 흔들며 실망을 안겨주었다.
　역대 대통령 중 노무현 전 대통령처럼 계층 간의 갈등을 정치적으로 이용한 사람은 없었다. 신기한 일은 그럼에도 불구하고 노무현 전 대통령의 입에 '국민통합'이라는 말이 자주 오르내렸다는 것이다. 국민통합이 대통령의 말로만 된다면 그것을 이루지 못할 나라가 어디 있겠는가? 노무현 전 대통령은 자신의 행정부를 '참여정부'라고 명명했다. 그런데 그 '참여'라는 것이 알고 보니 대통령은 21세기를 이끌어 가는데 국민은 한참 뒤에 처져 있으므로 무조건 대통령을 따르라는 것이었다.
　노무현 전 대통령은 누가 뭐라 해도 자신이 가는 길이 정의롭고 옳다는 확신에 차 있었다. 문제는 목표가 정의롭다 해서 모든 수단이 옳은 것은 아니며, 좋은 의도로 추진하는 정책이 반드시 의도대로 되는 것은 아니어서 오히려 심각한 부작용을 초래할 수도 있다는 점이다. 노무현 전 대통령은 아무리 좋은 의도라 해도 민주주의와 시장경제의 기본 원칙을 무시하면 실패할 수밖에 없다는 점을 간과하였기 때문에 임기 내내 갈등이 지속되었고, 그 결과 2007년 대통령선거에서 국민의 심판을 받아 여당 후보가 참패하게 되었던 것이다.

소비에트 체제의 붕괴를 막기 위해 고르바초프가 페레스트로이카(perestroika: 개혁)와 글라스노스트(glasnost: 개방, 자유화)를 외치며 안간힘을 다했던 1980년대 말, 이 체제가 붕괴할 수밖에 없는 내재적 모순을 지적한 브레진스키 전 백악관 안보보좌관은 이 체제의 결정적 결함이 '거대한 과단순화(grand oversimplification)'에 있다고 주장했다(Brzezinski, 1989). 마르크스-레닌주의의 온갖 현학적 이론들은 '사유재산제도가 모든 악의 근원이기 때문에 이것을 폐지하면 진정한 정의와 완전한 인간성에 도달할 수 있다'는 극도로 단순화된 명제를 토대로 하여 세워졌다는 것이다.

최근 토머스 소웰(Sowell, 2002)은 진보와 보수 양 진영의 정치철학적 대립을 '무제약적 비전(unconstrained vision)'과 '제약적 비전(constrained vision)' 사이의 충돌이라고 풀이했다. '무제약적 비전'은 모든 사회 문제에는 이상적 해결책이 있으며 이를 달성할 수 있다고 본다. 그에 비해 '제약적 비전'은 평등이나 박애와 같은 이상에는 동의하지만 그 같은 비전을 추구하는 과정에서 발생하는 비용(부작용)을 무시할 수 없기 때문에 무리하게 최선을 추구하기보다는 다소 제한적인 목표(제약적 비전)를 추구하는 것이 실질적으로 모두의 복리를 증진시키는 길이라고 본다. 모든 사회현상에 부작용 없는 이상적 해결책이 있다는 '무제약적 비전'은 현실에 대해 지나치게 단순화한 논리에 토대를 두고 있기 때문이다.

　노무현 전 대통령은 강남의 집값을 잡아 놓으면 주택시장이 안정될 것이라는 식으로 복잡한 문제들을 지나치게 단순화 해놓고 '자신이 의롭다는 확신(self-righteousness)'에 빠져 어떠한 비판도 수용하지 않고 오히려 사람들이 의로운 대통령을 이해하지 못한다고 생각했다. 그래서 모든 비판에 대항해 싸우려고만 했다.
　국민의 압도적 지지 속에 취임했던 이명박 전 대통령은 나에게 국민통합과 신뢰사회 건설의 꿈을 새롭게 해주었다. 그러나 그 꿈은 미국산 쇠고기 수입 결정에 반대하는 국민들의 촛불집회의 소용돌이 속에서 무참히 깨지고 말았다. 대통령은 정치적으로 민감한 문제에 대해 국민과 함께 고민하는 모습을 보여주지 않고 전격적으로 그리고 독단적으로 결정하여 갈등을 불러 일으켰을 뿐만 아니라, 이를 잠재우기 위해 적극적인 리더십을 보여주기를 원했던 많은 국민들을 실망시켰다.
　세종시 수정안과 4대강 살리기 예산의 처리 과정에서도 노무현 전 대통령처럼 자신이 옳다는 확신으로 밀어붙여 갈등이 악화되게 만들었다. 옳은 일을 하는 것, 일을 살하는 것이 중요하기는 하지만 다수 국민이 함께하여 시너지 효과를 극대화하도록 하는 리더십을 보여줄 필요가 있다는 사실을 이명박 전 대통령은 간과하였다. 여의도와 거리를 두는 것이 능률을 높인다는 생각의 포로가 되어 여의도 정치를 폭력과 갈등의 관행에서 건전한 토론과 타협의 정치로 바꾸는데 앞장서야 한다는 지도자적 사명감을 깨닫지 못했던 것이다.

나는 새롭게 출범하는 박근혜정부가 국민통합을 가장 중요한 국정 과제 중의 하나로 선택한 사실을 크게 환영하면서, 앞으로 박근혜 대통령이 진정한 국민통합을 이루어내 대한민국을 확실한 선진국의 반열에 올려놓는데 성공하기를 간절히 바라고 있다. 그리고 이 책이 그 과정에 조금이나마 기여할 수 있다면 더없는 기쁨이 되겠다.

　그런데 박근혜 대통령의 통치 스타일이 시작부터 우려를 자아내고 있다. 신뢰는 사람과 사람, 정당과 정당, 정부와 국민, 고용자와 피고용자 등과 같이 상호간의 관계 속에서만 존재하는 개념이다. 따라서 내가 얼마나 옳은가만 내세워 상대방을 굴복시키거나 상대방의 입장을 무시하여 무안하게 하거나 무력감을 느끼게 한다면 신뢰보다는 불신만 쌓이게 될 것이다. 아직은 박근혜 대통령의 집권 초기이므로 조속히 이에 대한 검토와 수정이 이루어져 정치권에서부터 신뢰를 쌓아나가기를 바란다.

　학자들의 연구 결과에 의하면 정치 신뢰의 회복이 사회 신뢰의 증진에 기여한다고 한다. 따라서 정치 신뢰의 회복을 위해서는 정부와 야당 및 여당과 야당 사이에 상대방의 입장을 존중해주는 문화가 정착되도록 정치 지도자들이 노력할 필요가 있다. 여기에서 특히 대통령의 역할이 중요하다는 점은 굳이 거론할 필요가 없을 것이다.

　이 책의 1부 1장에서는 우리 사회가 선진국의 문턱에서 주춤거리고 있는 현실을 세계 여러 나라의 경험들과 견주어보고, 그것이 단순히 경제 정책상의 문제에 국한되는 것이 아니라 정치·사회·문화

적 문제임을 보여주고자 한다. 이어지는 2장과 3장에서는 사회적 자본이 민주주의와 시장경제 체제에, 특히 세계화·정보화 시대에 왜 필수불가결한 요소이며, 사회적 자본이란 구체적으로 어떤 것인지 대표적인 학자들의 이론과 사례를 중심으로 살펴보겠다. 4장에서는 우리나라의 사회적 자본의 실태를 분석하고자 한다.

2부에서는 사회통합을 이루고 사회적 자본을 증진시키기 위한 현실적인 대안과 실천과제를 제시한다. 그중 5장과 6장에서는 공적 제도와 관련하여 국민의 신뢰를 회복하기 위한 두 가지 접근 방법, 즉 민주주의 원칙의 확립과 권력 분산을 통해 신뢰를 회복하는 방안을 살펴볼 것이다. 그리고 7장에서는 시민들 간의 수평적 신뢰를 증진시키기 위한 대안을 제시하고자 한다. 물론 여기에 제시한 대안들은 앞으로 각계각층의 심도 있는 토론과 검증을 통해 개선되고 보완되어야 할 것임을 미리 밝혀둔다. 다소 이론적인 부분이 있으나 전체적으로 평이하게 쓰고자 노력했으니 끝까지 읽어주기 바란다.

1부

국가 발전과 사회적 자본

1장 21세기 한국의 위치

대한민국은 선진국인가

우리나라가 외환위기로 국가 파산의 벼랑 끝에서 아슬아슬하게 되살아난 지 겨우 15년밖에 지나지 않았는데 벌써 까마득한 옛날처럼 느껴지고 있다. 당시 김대중 대통령의 경제고문으로 외환위기의 수렁에서 나라를 건져내는 일에 분주했던 나는 그래도 건국 이래 최대의 국난이라 했던 그 위기가 오히려 전화위복의 계기가 될 수 있다고 굳게 믿었다.

사실 외환위기가 발생하기 오래전부터 국내의 많은 식견 있는 이들이 우리 경제가 위태로워지고 있으며, 이를 타개하기 위해서는 정경유착과 관치금융을 청산하고 노사관계를 개선하는 등 개혁 조치가 필요하다는 점을 지적했었다. 그러나 복잡하게 얽힌 정치·경제적 이해관계가 이 같은 개혁을 불가능하게 했다.

결국 지도자들의 정치적 의지 부족과 공동선(common good)을 위한 국민의 타협과 협조의 결여로 파국을 자초한 셈이 되었다. 외환위기는 이 같은 개혁을 안 할 수 없도록 우리를 압박했기 때문에 오히려 전화위복의 기회가 될 수 있다고 생각했던 것이다. 그래서 나는 다음과 같이 주장했다.

> 이제 우리는 IMF의 강요에 의해서나마 개혁을 하지 않을 수 없는 길로 들어섰다. 일본 역시 나카소네 수상 시절부터 개혁을 하려고 많은 노력을 기울여왔다. 그러나 아직까지도 일본이 개혁에 성공하지 못한 이유는 권력이 너무 분산되어 있어 개혁을 추진할 만한 권력의 중심이 없기 때문이다. 반면 우리나라는 권력이 대통령에게 지나치게 집중되어 있어 여러 가지 악의 근원이 되기도 했다. 그러나 강력한 대통령의 권한을 잘만 사용한다면 개혁을 성공시키는데 커다란 장점이 될 수 있다. 지금의 경제위기는 우리나라가 건실한 경제 구조로 거듭나 일본보다 강한 경제 대국이 될 수 있는 절호의 기회이다(유종근, 1998, pp. 167~168).

외환위기의 절박한 상황에 의해 추진력을 얻어 시작된 제도 개혁은 초기에는 상당한 성과를 거두었으나 위기가 차츰 해소되면서 개혁 의지도 점차 소멸되어 절반의 개혁에 그치고 말았다. 그럼에도 불구하고 정경유착이 사라지고 부패의 스케일이 눈에 띄게 줄어들었으며, 기업의 경쟁력도 괄목할 만한 향상을 보여주어 삼성, LG, 현대자동차, 포스코 등이 세계 일류기업으로 부상했다. 우리 경제가 아직 일본과 비교할 만한 수준은 못되지만 경제력의 향상 또한 무시할 수 없다.

특히 2008년 가을에 시작된 금융위기로 세계 각국이 침체에 빠져들었을 때 우리나라가 가장 적게 피해를 입고 가장 빨리 회복할 수 있었던 것은 이명박정부의 신속한 대응 덕분이기도 했지만, 15년 전에 단행한 일련의 개혁 조치들이 크게 기여했다고 인정받고 있다.

한 가지 흥미로운 것은 주한 미국상공회의소 제프리 존스(Jeffrey Jones) 전회장이 10여 년 전부터 한국이 선진국이라고 주장했다는 사실이다. 존스 회장이 '고안한' 선진국 판정 기준은 다음 세 가지이다. "집집마다 TV와 냉장고가 있는 나라, 교통 혼잡을 피해 주말을 집에서 보내는 사람이 많은 나라, 주부들의 최대 관심사가 살빼기인 나라가 선진국이다."

또한 인류가 만들어낸 다섯 가지 의미 있는 제품이 비행기, 배, 자동차, 반도체, 철강인데, G7 국가들 중에서도 미국과 영국, 프랑스만 생산하는 비행기를 빼면 배와 반도체, 철강 제조 능력에서 한국이 세계 1, 2위를 다투고 자동차도 5위 안에 드니 어떻게 선진국이라 하지 않을 수 있겠느냐는 것이다.[1]

존스 회장의 말대로 과연 우리나라는 선진국일까? 그의 지적대로 우리나라는 선도 제조업 분야에서 골고루 경쟁력을 갖추었으니 적어도 경제면에 국한해 보면 선진국 수준에 도달했다는 것을 반박할 수는 없을 것이다. 사실 IMF가 분류하고 있는 선진 34개국 중에도 포함되고 있어 존스 회장의 나름대로 객관적인 기준에 의한 주장이 공식적으로 인정된 셈이다.[2]

또한 유엔개발계획(UNDP)이 2011년 11월에 발표한 인간개발지수

---

[1] 임종건, "한국은 선진국", 서울경제신문, 2001년 7월 5일.
[2] 우리나라의 1인당 국민소득은 2012년도에 23,679달러로(IMF 기준) 세계 34위였으나 각국의 물가 수준을 고려하여 조정한 구매력지수(PPP: purchasing power parity) 기준으로는 32,431달러로 25위를 기록했다.

(HDI)에 따르면 우리나라는 세계 15위의 선진국이다.3) 그리고 한반도선진화재단이 2009년 9월 초에 실시한 여론조사에 의하면 우리 국민의 과반수(53.5%)가 '우리나라는 선진국'이라고 응답한 것으로 나타났다.4)

그러나 2009년 말 다른 기관에 의해 실시된 여론조사에 의하면 국민의 24.9%만이 우리나라가 경제적 측면에서 선진국에 진입했다고 평가한 것으로 나타나 크게 대조를 이루고 있다.5) 존스 회장과 IMF가 제시한 객관적인 기준에 비해 국민의 주관적 평가를 측정한 여론조사는 편차가 너무 커서 오히려 판단을 어렵게 하고 있다.

인터넷 상에서도 우리나라가 선진국이다 아니다 하는 논쟁이 치열하다. 이처럼 혼란스러운 여론은 우리나라가 선진국의 문턱을 이제 넘어섰다 할지라도 우리 스스로 보기에 아직 무엇인가 부족한 면이 있어 확실히 선진국의 반열에 올라섰다는 국민적 공감을 형성할 수 없기 때문인 듯하다. 박근혜 대통령도 인수위원회 전체회의에서 "대한민국이 선진국으로 들어가기 위해 넘어야 할 마지막 관문은 바로 사회적 자본을 쌓는 것"(이데일리뉴스, 2013년 1월 7일)이라고 말해 아직 확실한 선진국 수준에 도달하지 못했다고 생각하고 있음을 간접적으로 시인했다.

이처럼 우리나라가 국제적으로 선진국의 하나로 인정받고 있음에도 불구하고 왜 박근혜 대통령을 포함한 많은 국민들이 아직 선진국

---

3) 노르웨이가 1위였으며 호주 2위, 네덜란드 3위, 미국 4위의 순이었다. 아시아에서는 일본(12위)과 홍콩(13위)이 한국보다 조금 앞섰다.
4) 홍영림, "국민 54%가 '우린 선진국'", 조선일보(인터넷) 2009년 9월 24일.
5) "한국, 선진국 되려면 6~10년 소요", 매일경제(인터넷) 2009년 12월 31일.

이 아니라고 생각하는 것일까? 여기에는 두 가지 측면이 있다고 생각된다. 첫째, 우리나라가 선진국 수준에 겨우 도달하기는 했지만 아직 그 반열에서 확고한 입지를 굳히지 못한 불안정한 상황이라는 생각과 둘째, 비록 경제적으로는 선진국 수준에 도달했다 할지라도 정치, 사회, 문화적으로는 우리가 생각하고 있는 선진국의 수준에 미치지 못하고 있다고 판단하는 측면이 있는 것 같다.

경제적 측면에서 보면 우리나라가 이미 선진국의 수준에 도달했다 할지라도 현실에 안주해서는 안 된다. 국가의 위치를 확고히 다지는 것은 시간문제라는 식의 지나친 낙관론에 빠져서는 안 된다. 역사는 선진국의 반열에 올라섰다가도 그 지위를 유지하지 못하고 추락할 수도 있음을 보여주고 있기 때문이다.

그릇된 정책으로 선진국에서 추락하여 오랫동안 위기의 악순환에 빠져든 예로 아르헨티나의 경우를 들 수 있다. 아르헨티나는 1930년대 초에 1인당 국민소득이 세계 6위, 총교역량이 세계 10위권에 속하는 부국 중 하나였으나, 2003년에는 1인당 국민소득이 3,657달러밖에 되지 않아 우리나라의 3분의 1 이하 수준으로 추락했다. 아르헨티나가 부자에서 가난뱅이로 전락한 것은 '페론이즘(Peronism)'이라는 인기영합주의 정책과 정부의 선심에 길들여진 국민들의 개혁 기피 현상이 빚어낸 결과였다.

1943년 소장파 장교들의 쿠데타로 권력을 장악한 페론(Juan Domingo Peron)은 외국 자본 추방 등 민족주의 노선과 주요 산업 국유화, 노동자 우대 및 소득 재분배 등을 골자로 하는 포퓰리스트 공약을 내세워 1946년 대통령에 당선되었다. 그는 파격적인 임금 인상과 각종 복지 정책 등 국가 경제의 역량을 무시한 선심 정책으로 높은 인기를 누렸으나 국가 경제는 서서히 병들기 시작했다. 과도한 선심 정책은 막대한 재정 적자를 초래했고, 이는 다시 물가 앙등을 부채질했으며, 경쟁력 저하로 인한 경기 침체와 실업자 증가가 이어졌다. 정부는 국민의 불만을 달래기 위해 분배 정책을 더욱 강화해야 했고, 경제는 더욱더 약해졌다.

페론은 결국 1955년 권좌에서 쫓겨나 스페인으로 망명했다가 1973년 군부 독재 정권이 민정이양을 할 때 귀국하여 다시 대통령이 되었다. 그의 선심 정책이 그만큼 국민들에게 인기가 높았던 것이다. 이듬해 그가 죽자 미망인 이사벨 페론(Isabel Peron)이 대통령직을 물려받았으나 1976년 군부 쿠데타로 쫓겨났다.

1982년 포클랜드 전쟁에서 영국에 패배한 군부가 정권에서 퇴진하고 민주주의가 정착되기 시작했으나 1980년대 말에는 심각한 외환위기에 직면했다. 1989년에는 물가상승률이 1,200%에 달하는 상황에 이르렀다. 이런 가운데 페론주의자 메넴(Carlos Menem)이 대통령에 당선된 후 페론주의 노선을 버리고 고통스러운 개혁 정책을 착실하게 추진하여 경제가 안정을 찾아가는 듯했다. 그러나 1995년 이후 멕시코 외환위기의 여파로 어려움을 겪게 되자 개혁에 대한 국민들의 저항이 거세졌고, 정부는 이에 굴복하고 말았다.

이후 아르헨티나는 개혁과 포퓰리즘 사이에서 우왕좌왕하다가 극심한 재정 적자와 외환 부족으로 2001년 말 끝내 모라토리움(대외채무 상환 중지)을 선언했다. 그 결과 당시 전체 인구 3,800만(2012년 현재 4,200만) 명의 절반이 넘는 2,000만 명이 빈곤층으로 분류될 정도로 살기가 어려워졌다.

아르헨티나 정부는 더 이상 물러설 수 없는 처지에 몰려 개혁 조치를 취해 나가기 시작했으며, 그 결과 2003년부터 5년간 연평균

9%에 가까운 경제 성장률을 기록하였고, 2008년에도 6.7%의 성장을 거두어 빈곤층의 비율이 2003년의 3분의 1 수준인 18%로 떨어졌다. 2009년에는 미국발 국제금융위기의 여파로 잠시 주춤했으나, 그 후 상승세를 회복하여 2012년에는 1인당 GDP(추정치)가 11,572달러로 우리나라(23,679달러)의 절반 수준에 도달하였다. 이제 아르헨티나가 후퇴 없는 성장을 지속한다 해도 그동안 국민은 그릇된 정책으로 인한 고통을 60여 년간 감내한 셈이다.

현재 세계의 선두를 달리고 있지만 최근의 금융위기로 휘청거리고 있는 미국과 20년 동안이나 지속되어온 장기 불황에서 아직도 확실히 탈출하지 못하고 있는 일본도 우리에게 적지 않은 교훈을 제공하고 있다.

30여 년 전만 해도 일본은 온 세계가 놀라움을 금치 못할 정도로 맹렬하게 미국을 따라잡고 있었다. 미국 시장을 엄청난 속도로 잠식한 일본은 1980년대에는 그렇게 벌어들인 달러로 미국의 부동산에 투자하기 시작했으며, 뉴욕 맨해튼 중심가에 미국 경제력의 상징처럼 서 있는 록펠러 센터를 매입하여 미국인들에게 충격을 주기도 했다.

이런 시대 상황을 반영하듯 하버드 대학교의 보겔(Ezra Vogel) 교수는 『Japan as Number One』(1979)에서 일본의 부상을 주목했으며, 많은 논객들이 미국 경제의 침체와 대조하면서 세계 경제의 중심이 서쪽으로 이동한다느니, 아시아태평양 시대가 온다느니, 미래는 아시아의 시대라느니 하며 성급한 결론을 내렸다. 그러나 미국과 일본의 입지는 1990년대에 다시 역전되고 말았다.

베트남 전쟁 확대와 야심 찬 복지 정책으로 1960년대 후반부터 누적된 재정 적자와 그에 따른 스태그플레이션 현상, 수출 부진, 노동자들의 근로의식 해이, 범람하는 범죄와 마약 등 고질적인 문제에 짓눌려 있던 미국 내에서 1980년대 들어 일본을 배우자는 목소리가 높아갔다. 일본이 시대 변화에 신속하게 대처하지 못한 채 만족스런 미소를 띠고 안주해 있는 사이, 위기의식을 느낀 미국은 이때부터 본격적인 개혁에 착수했다. 정권이 바뀌어도 개혁은 계속되었다.

1980년대 초기에는 실업률이 두 자리 수에 접근할 정도로 가파르게 상승했으나 지속적인 개혁으로 새로운 일자리가 대량 창출되어 실업자들을 꾸준히 흡수했다. 기업하기 편한 여건을 만들어주자 속속 새로운 기업이 생겨나 실직자들과 신규 노동 인력을 고용했다. 또한 클린턴 정부가 들어서면서 재정적자를 꾸준히 줄여나가 1990년대 말에는 흑자를 기록하여 물가안정과 저금리의 토대를 닦았다. 미국은 이처럼 지속적인 개혁을 통해서 활기찬 세계 최강의 경제를 자랑하게 되었다.

그러나 미국의 재정흑자는 오래가지 못했다. 클린턴 대통령의 임기 말(2000년)에는 2,360억 달러의 흑자를 기록했었으나, 부시 대통령 취임 이후 감세 정책과 전쟁비용 지출 확대로 재정적자가 급속히 늘어나기 시작하여 2004년에는 4,127억 달러에 이르렀고 그 결과 달러 가치가 떨어지기 시작했다. 그리고 최근의 경제위기로 GDP 성장률이 2008년에 0.43%, 2009년에는 -3.20%를 기록하는 등 미국 경제가 적지 않은 타격을 입었으며, 위기를 타개하기 위한 재정지출 확대로 인해 재정적자는 2008년 4,586억 달러에서 2009년 1조 8,412억 달러로 급팽창하였다.

재정지출 확대의 결과 2012년 3분기에 GDP 성장률이 2.7%로 회복되었고, 실업률은 2009년 10월에 10%에 달했었으나 2012년 11월에 7.7%로 하락하여 오바마 대통령이 재선에 성공할 수 있었다. 그러나 재정적자가 2012 회계연도에도 1조 900억 달러에 달해 여전히 어려운 문제로 남아 있다. 오바마 대통령이 이 위기를 잘 관리하여 미국의 글로벌 리더십을 견고히 유지할 수 있을지 귀추가 주목되고 있다.

1868년 메이지 유신 이후 100여 년 만에 세계 초일류 국가로 발전한 일본은 분명 현대에 가장 성공한 나라 가운데 하나였다. 유능한 관료 집단을 중심으로 정치계와 경제계가 굳게 손을 잡고 전후 일본의 빠른 성장을 주도했다. 그러나 세계화 시대라는 거대한 변화 앞에서 정계와 재계, 관료의 트로이카 체제가 오히려 일본의 발전을 가로막는 장애가 되었다. 뿌리 깊은 관료주의와 정경유착, 관치금융은 정치와 경제를 부패하게 만들었고, 결국 1991년 2월 경제의 거품이 꺼지면서 침체의 늪으로 곤두박질쳤다.

역대 일본 정부는 입으로는 개혁을 말하면서도 여전히 현실에 안주한 채 몇몇 정치 계보 지도자들이 돌아가면서 총리 자리를 차지하고 국민들의 희망과는 전혀 동떨어진 정치를 했다. 근본적인 개혁을 하기 보다는 침체한 일본 경제를 살린다며 아편 주사 놓듯이 적자재정으로 돈을 잔뜩 빌려 공공사업에 마구 투입했다. 전국에 거미줄처럼 도로를 놓고 다리를 건설했으며, 시골 마을의 좁은 농로까지 아스팔트로 포장했다. 별 필요도 없는 건축물들을 수도 없이 지었다. 그 과정에서 정치인과 건설업자가 결탁해 톡톡히 재미를 보았다. 심지어 일본 정부는 소비를 촉진시켜 경기를 살리겠다면서 7,000억 엔에 달하는 상품권을 살포하기도 했다.

돈을 쏟아 부으면 경기가 반짝 살아나는 듯 했으나 약발이 떨어지면 도로 침체했다. 그러면 더 많은 돈을 빌려 투입하는 과정을 되풀이하면서 일본 정부는 천문학적 숫자에 이르는 빚더미에 올라앉아 더 이상 빚을 내어 땜질할 수도 없는 지경에 이르렀다. 그렇게 허송한 세월을 두고 일본 국민들은 '잃어버린 10년'이라며 안타까워했는데 이제는 '잃어버린 20년'이 되었으며 그 끝이 아직 보이지 않는다.

일본 정부가 장기간 개혁에 주저하는 동안에도 존망의 기로에 처한 일본 기업들은 생존을 위해 구조조정을 하지 않을 수 없었다. 정부도 여론의 압력에 밀려 개혁을 더는 외면할 수 없었다. 우리나라처럼 강도 높고 광범위한 개혁은 아니지만 그래도 부분적인 개혁을 추진하기 시작했다. 이런 노력에 힘입어 일본 경제는 2002년 초부터 장기 불황의 늪에서 빠져나와 서서히 회복 단계에 진입하는 듯했다. 2004년부터 매년 2% 이상의 성장을 기록하게 되자 경기 회복에 대한 자신감을 되찾은 일본 정부는 2006년 7월에는 제로 금리 정책을 종결하기에 이르렀다.

그러나 회복세를 유지하고 있던 2002~2007년 기간에도 나랏빚이 200조 엔 가까이 늘어났다. 워낙 부채가 많다보니 이자비용이 전체 세수의 4분의 1을 상회할 정도가 되어 이자상환용 국채를 계속 발행했기 때문이다. 이렇게 구조적으로 허약해진 일본 경제는 최근의 국제금융위기를 계기로 2008년도에 -1.13%, 그리고 2009년에는 무려 -6.60%로 성장률이 수직낙하 하였다.

이에 일본 정부는 대대적인 재정지출 증가로 경기 회복을 도모하여 2010년에 회복의 기미를 보였으나 2011년 3월에 발생한 대지진으로 인해 다시 마이너스 성장(-0.5%)으로 추락했다. 그 과정에서 더욱더 늘어나는 국가 부채 때문에 2009년도 국가 채무가 GDP의 217.6%까지 증가하였으며, 무디의 국가신용등급이 Aa3에서 Aa2로 낮추어지는 수모를 당하게 되었다.6)

우리나라는 일본식 자본주의를 모방해 경제를 발전시켜 왔다고 할 수 있다. 후발산업국인 우리에게 일본의 발전 모형은 조직 운영과 기술 이전에서 발생하는 경제적, 사회적 번역 비용을 최소화할 수 있는 매력적인 선택이었다. 일본의 산업 구조를 일정한 시간차를 두고 따라가는 동아시아형 국제 분업 구조 속에서, 한국은 모범생으로서 많은 성과를 거두었던 것이 사실이다. 그러나 이와 함께 일본에서 드러난 문제들을 대부분 그대로 떠안게 되었다. 1997년에 쓰나미처럼 갑자기 밀어닥친 극단적인 위기 상황은 그러한 문제들이 누적되어 폭발한 것이라고도 할 수 있다.

우리가 겪은 외환위기는 일본이 고치지 못한 고질병을 극복하여 일본보다 건실한 나라로 거듭날 수 있는 절호의 기회였다. 1990년대 일본 경제가 서서히 병이 깊어가는 만성질환자였다면, 우리 경제는 일각을 다투는 급성질환자였기에 상당한 고통이 따르는 개혁일지라도 국민 모두가 참고 견딜 각오가 되어 있었다.

우리 정부는 위기관리는 훌륭히 했으나 많은 개혁 과제들을 미완으로 남겨 놓았다. 그나마 다행인 것은 외환위기의 초기에 단행된 개혁 조치들의 효과로 기업 경영의 투명성이 어느 정도 향상되고 일

---

6) 그럼에도 불구하고 2012년 말에 집권한 아베 신조 수상은 2013년 7월에 실시될 참의원선거를 의식해 대대적인 적자재정으로 경기부양을 꾀하겠다는 정책노선을 택했다. 아베 수상의 경기부양 정책은 효과를 내고 있는 듯 보이고 있지만 그 장기적 효과에 대해서는 우려하는 사람들이 적지 않다.

부 기업들의 경쟁력이 크게 개선되었다는 사실이다. 그러나 이들 기업의 경쟁력이 경제 전반을 이끌어가기에는 힘겨운 실정이다.

한때 세계를 지배했던 영국은 1960~1970년대 장기 침체에 빠지며 외환위기까지 경험했으나 1980년대 개혁을 통해 활력을 되찾았다. 일본은 1991년부터 10여 년에 걸쳐 장기 침체를 경험했으며, 최근의 국제금융위기와 대지진을 계기로 또다시 침체기에 빠지는 것이 아닌지 우려하고 있다. 한 때 세계 제일을 자랑하던 소니, 파나소닉 등 일본 기업들이 한국의 삼성과 LG에 추월당했고, 이제는 존립을 걱정할 정도로 수익성이 악화되어 일본 경제가 과거의 자신감을 잃은 것만은 부인할 수 없다.

반면, 한때 세계 6대 부국 중 하나였던 아르헨티나는 고통스러운 개혁을 지속하지 못하여 회복과 위기가 60여 년 동안 반복되었으며, 앞으로 이 같은 악순환의 고리를 확실히 끊을 수 있을지는 아직 단정할 수 없는 형편이다.

왜 그런가? 영국과 미국을 비롯해 독일, 캐나다, 프랑스, 핀란드, 스웨덴, 룩셈부르크, 스위스, 네덜란드 등 이른바 선진국들과 아르헨티나를 비롯한 중남미 나라들 사이에는 분명 어떤 차이가 존재한다. 우리는 시급히 그 차이점을 제대로 인식하고 타산지석으로 삼아 우리 스스로 변화해야 한다.

우리 앞에는 아르헨티나, 멕시코, 브라질, 베네수엘라 등 중남미 여러 나라가 겪었거나 겪고 있는 반복적인 위기의 길, 영국과 일본이 경험했던 장기 침체의 늪으로 가는 길, 그리고 선진국으로 도약하는 비상의 길이 놓여 있다. 지금 우리의 선택이 5년, 10년 후의 우리 삶의 질을 결정할 뿐만 아니라 다음 세대의 삶에도 커다란 영향을 끼칠 것이다.

어떤 나라가 될 것인가

선진국과 비선진국을 구분하는 기준은 크게 두 가지이다. 하나는 소득 수준이다. 소득 수준이 낮은 나라는 어찌되었든 선진국으로 인정하지 않는다. 하지만 소득 수준이 높다고 모두 선진국으로 인정받을 수 있는 것도 아니다. 예컨대 석유 생산국인 사우디아라비아, 쿠웨이트, 아랍에미리트 같은 나라들은 국민 소득은 매우 높지만 선진국으로 인정받지는 못하고 있다.

단순히 소득 수준만이 아니라 그 나라의 산업 인프라와 더불어 정신문화적 수준이 선진국을 가름하는 또 하나의 기준이다. 이 두 가지 요건을 모두 충족시킬 때 비로소 명실상부한 선진국이라고 자부할 수 있는 것이다. 정신문화적 면을 무시하고도 어느 수준까지 경제 발전을 이룩할 수는 있겠지만, 그 한계를 뛰어넘어 발전할 수 있느냐 없느냐는 역시 그 나라의 정신문화적 수준에 달렸다는 이야기이다. 부연하자면 선진국이란 경제적으로 높은 소득 수준을 유지하면서 정치적으로는 진정한 민주주의가 확립되고 사회적으로는 국민 통합이 이루어지고 문화적으로는 신뢰와 질서, 성숙한 민주시민의식이 갖추어진 나라라고 정의할 수 있을 것이다(이재열, 2001).

어떤 사람들은 정신문화나 민주시민의식이 중요한 것은 사실이지만 경제와 무슨 관계가 있느냐고 의문을 제기한다. 우리나라는 좁은 국토 면적과 빈약한 자원에도 불구하고 1990년대 중반 세계 11위의 경제 규모를 자랑했고, OECD 회원국이 되었으며 1인당 국민소득 1만

2,000달러를 기록하여(1996년) 선진국의 문턱에까지 다가섰었다. 그러나 정치, 사회, 문화면에서의 역량 부족으로 더 이상의 발전을 이뤄내지 못하고 오히려 위기에 빠지게 되었으며, 1997년 12월 IMF 구제금융이라는 치욕적이고 쓰라린 경험을 겪으면서 어느 정도의 제도 개혁을 이룩했다.

그 결과 2007년에는 1인당 국민소득 2만 1,695달러를 기록하였으나, 그 후 국제 금융위기에 따른 환율 급등과 경기 침체 때문에 2008년에는 1만 9,162달러로 감소했으며 2009년에는 1만 7,074달러로 폭락했다가 2010년에 2만 달러 수준을 회복하였고 2012년에 2만 3,020달러를 기록했다.

우리나라는 16년 전 1인당 국민소득 1만 달러의 관문을 넘자마자 우리 자신들의 잘못에 의한 외환위기로 좌초했고 최근에는 2만 달러의 문턱을 넘자마자 미국 금융계의 잘못에 의한 국제 금융위기로 다시 한 번 제동이 걸렸다. 두 번 다 탐욕에 눈이 먼 사람들이 변칙과 거짓으로 금융제도를 마비시킨 결과로 빚어진 비극이었다는 점에서 경제를 단순히 경제 정책만으로 다룰 수 없다는 것을 보여주고 있다.

국가의 과학기술 수준이 아무리 높아도, 국민 각자의 능력이 아무리 출중해도, 개인과 개인 사이의 신뢰를 바탕으로 한 타협과 협동이 이루어지지 않는다면 사회 발전에 한계가 있다. 개인기가 뛰어난 선수들로 구성된 축구팀이라 해도 선수 각자가 개인플레이만 하면 경기에서 이길 수 없는 것과 마찬가지이다.

실제로 스페인의 명문 축구팀 레알 마드리드는 2004년에 지단, 호나우두, 베컴, 오언 등 세계 최고의 스타들로 구성된 초호화 구단이었지만 경기 실적은 망신스러울 정도로 부진했다. 공동목표 의식이 없어 팀플레이보다는 개인플레이를 하였고, 선수들은 팀에 대한 애착심이 없어 사생활이 매우 문란했던 것으로 알려졌다. 그러나 2005년부터 새 감독의 지휘 하에 팀워크가 개선되면서 성적도 크게 향상되었으며 2009년에는 리그 챔피언, 클럽월드컵 챔피언 등 6개의 타이틀을 획득한 세계 최고의 구단으로 올라섰다.

반면에 2002년 월드컵에서 우리나라 대표 팀은 선수들의 기량으로 볼 때 4강은커녕 16강도 기대하기 어려웠으나, 좋은 전술과 이를 성공적으로 수행해낸 팀워크를 통해 개별 선수들이 가진 능력으로는 기대할 수 없는 성과를 거두어 준결승까지 진출하게 되었다.

운동 경기뿐 아니라 경제·사회적으로도 개인과 개인 간의 협동은 개개인의 능력의 한계를 뛰어넘는 시너지 효과를 낼 수 있다. 그러나 협동이 없는 사회는 개인의 능력의 한계를 벗어나지 못한다. 뿐만 아니라 다른 사람들의 능력 발휘를 배 아파하고 방해하는 사회에서는 개인의 능력이 충분히 발휘되지 못하는 사회적 낭비를 초래하여 그 나라가 다른 나라들과 경쟁하는 것을 그만큼 어렵게 만들 것이다.

설사 그런 난관에도 불구하고 워낙 국민들의 역량이 뛰어나기 때문에 지속적 경제성장을 이룩하여 풍요로운 나라가 된다 하더라도 국민들은 물질적 풍요 속에서 정신적 스트레스를 피할 수 없는 불행한 나라가 될 것이다. 그리고 유감스럽게도 이것이 우리나라의 모습이 아닌가 한다.

우리나라의 경우 IMF 구제금융 이후의 제도개혁이 미흡하기는 했지만 그 이전의 경제 질서에 비교해 보면 뚜렷한 개선이 이루어진 것을 부인할 수 없다. 그러나 경제 제도를 떠나서 정치적, 사회적 측면에서는 아직도 새로워진 모습을 보여주지 못하고 있다. 모두 자기 몫을 챙기겠다고 싸우는 모습만 보여주고 있다. 신뢰를 바탕으로 한 타협과 협동으로 사회적 시너지 효과를 내지 못한다면 개인이나 기업의 개별적 역량이라도 최대한 발휘할 수 있게 해줘야 하겠지만, 그것마저도 배 아파하고 헐뜯고 발목 잡는 것이 우리의 현실이다.

경남 하동군에 가마고개라는 작은 고개가 있습니다. 이 이름이 붙여진 내력을 들어보면 기막힌 사연에 말문이 막힐 수밖에 없습니다.

이야기인즉, 조선시대 광해군 때 이 고개에서 공교롭게도 시집가는 신부의 두 가마 행차가 부딪치는 바람에 시비가 벌어졌습니다. 서로 상대방을 향하여 비키라고 야단을 하며 한 치의 양보도 할 줄 몰랐습니다. 고개 아래가 낭떠러지였지만 비켜가지 못할 만큼 좁은 길은 아니었습니다.

문제는 두 집안이 학문의 계통이 달라 오랫동안 다투어온 원수의 가문이라는 점이었습니다. 어느 한쪽이 양보하면 아무 일 없을 것인데 이들의 골수에 사무친 대결의식은 평범한 해결책을 마다하고 팽팽히 대치하게만 했습니다. 이러기를 무려 연 사흘이었습니다.

더군다나 학문의 계열을 같이하는 유생들까지 나서 서로 헐뜯으며, 어떻게든 결판을 내야 하는 절박한 상황으로까지 발전하게 되었습니다. 연 사흘을 맞선 두 가문은 급기야 학문과 가문의 명예를 더럽히지 않고 사태를 해결할 만한 방법을 찾아냈습니다. 그것이 무엇인지 아십니까? 바로 두 가문의 어른들이 자기 가문의 딸에게 자결을 강요하는 것이었습니다.

이 결정에 따라 무거운 돌덩이가 가마 속으로 넣어졌고, 두 딸은 그것을 붉은 치마폭에 싸안고 벼랑 밑 강으로 뛰어내렸습니다. 시집가던 두 딸을 강바닥에 가라앉히고, 빈 가마만 서로 오던 길을 돌아서 가버리고 말았습니다.

이들은 명예만이 최고의 가치인 줄 착각했지만, 그것보다 더 앞선 양보라는 '덕'을 완전히 잊었습니다. 작금의 우리 사회가 이러한 단면이 있지 않나 되짚어 생각해보게 하는 이야기입니다.[7)]

약 400년 전에 일어났던 이 사건에서 오늘날 우리 사회의 모습을 볼 수 있음은 참으로 서글픈 일이다. 지금 우리 사회에서는 파행으로 치닫고만 있는 국회와 폭력으로 얼룩진 파업 현장 등에서 보여주고 있는 바와 같이 모두가 자기의 주장, 자기의 이익을 관철하기 위해서는 타인들이나 국가와 사회에 어떤 피해를 주더라도 아랑곳하지 않겠다는 생각 뿐, 상대방에 대한 배려나 공동의 이익을 위해 자기 권리를 어느 정도 양보하겠다는 마음은 찾아보기 어렵다. 어떤 이는 이 같은 모습을 홉스(Thomas Hobbes)의 표현을 빌려 '만인의 만인에 대한 투쟁'이라 말하기도 한다.

특히 나라의 선진화에 앞장서야 할 정치권은 당리당략을 위해 국가의 이익을 저버리면서까지 정쟁을 불사하고 있다. 사회통합을 이루려고 노력하기는커녕 지역감정이나 계층 간의 대립을 부추겨 국민을 사분오열 갈라놓고 갈등을 증폭시키는 일을 서슴지 않고 있다. 선거 때에는 상생의 정치를 철석같이 약속하고도 선거만 끝나면 정쟁에 몰두하며 그 책임을 상대 당에게 뒤집어씌우려 한다.

우리나라 정치가 이처럼 잘못된 것은 전적으로 정치인들 탓만은 아니다. 정치인들에게 책임이 없다는 것은 아니지만 우리 국민들의

---

7) "가마고개 이야기", 『신앙계』, 2004년 7월호, p. 33.

민주시민의식 또한 아직 선진국 국민들의 그것에 크게 못 미치고 있다는 사실을 부인할 수 없을 것이다.

우리나라에서 정치인들만큼 국민들에게 불신을 받는 사람들은 없다. 국민들은 정치권의 무능과 부도덕성을 통렬히 비난한다. 하지만 냉정히 생각해보자. 정치권의 타락상이 사회적, 문화적 환경과 무관한 진공 상태에서 빚어질 수 있는 것인가?

국민들이 민주시민으로서 권리와 의무를 제대로 행사하여 투표를 통해 심판한다면 정치인들이 그렇게 함부로 행동할 수 있을까? 국민들이 정치인들을 비난하면서도 다른 한편으로는 자신들의 이해관계나 지연, 학연, 혈연 등 연고에 따라 정치권의 부조리와 편 가르기를 부추기거나 이에 동조하며 직간접적으로 편승해온 것은 아닐까?

나는 도지사 재임 시절 주민들이 편법을 요구할 때가 많아 당황한 경우가 적지 않았다. 민원인들의 요구에 "이건 법으로 못하게 되어 있습니다."라고 답변하면 이런 말이 돌아왔다. "법으로 할 수 있으면 우리가 뭐가 아쉬워서 찾아왔겠소? 법으로 안 되니까 지사의 힘으로 될 수 있게 해달라는 것이지." 지사도 법을 지켜야 하고 대통령도 법을 지켜야 할 의무가 있다고 말하면 법은 법일 뿐, 사람을 위해 법이 있지 법을 위해 사람이 있느냐고 항변한다.

물론 법은 사람을 위해 있다. 하지만 법이 잘못되었다고 생각하면 먼저 법을 고치려는 노력을 해야 한다. 법이 잘못되었으니 무시해버리라고 하면 어떤 법이 잘된 법이고 잘못된 법인지 사람마다 자기 좋을 대로 판단하게 되어 법치주의가 무너질 수밖에 없다. 유감스럽게도 이것이 우리의 현실이다. 정부가 합법적으로 해줄 수 없는 것을 무조건 해내라고 떼를 쓰며 폭력을 휘두르면서도 정부를 탓하는 우리의 관행이 정도가 통하지 않는 편법 사회, 법치의 원칙이 무너진 탈법 사회를 만들어버린 것이다.

요컨대 우리나라가 산업 생산 능력과 소득 수준면에서는 선진국의 문턱을 넘어섰다고 할 수 있다 해도 정치, 사회, 문화면에서는 아직 갈 길이 멀다. 우리 국민들을 비하하기 위해서 이런 지적을 하는 것이 아니다. 잘못된 현실을 직시하고 고칠 것은 고쳐야 바로선 나라를 만들 수 있기 때문이다.

대통령 산하 국가브랜드위원회와 삼성경제연구소가 공동으로 OECD 회원국을 포함한 50개 국가를 대상으로 매긴 국가브랜드 점수에서 한국은 종합순위가 2009년 19위에서 2012년에는 13위로 매년 꾸준히 개선되고 있음을 보여주었다.[8] 그러나 시민의식은 같은 기간에 33위에서 35위로 하락하였다.[9] 이처럼 뒤떨어진 시민의식이 우리의 국가 역량을 불필요한 곳에 소모하도록 하여 국가발전에 장애가 되고 있는 것이다.

한국의 위기는 신뢰의 위기

공산주의의 몰락으로 소비에트연방이 해체되고 냉전이 종식된 1990년대 초 '역사의 종언'을 주장하여 전 세계의 주목을 받았던 후

---

[8] 삼성경제연구소, "2012 국가브랜드지수 조사 결과", SERI 이슈 페이퍼, 2013년 1월 10일.
[9] 순위가 하락한 것은 다른 나라들이 상대적으로 더 나아졌다는 것을 의미한다. 그러나 하락의 폭이 크지 않아 사실상 제자리걸음 한 것으로 보아야 할 것이다.

쿠야마는 민주주의와 시장경제가 전 지구적으로 확산되는 새로운 시대를 맞이하여 가장 성공하는 국가는 자발적인 결사체를 촉진시킬 수 있는 사회적, 문화적, 종교적 기반을 갖추고 대규모 조직의 구성원들이 서로 믿고 협동할 수 있는 '사회적 자본'이 풍부한 나라라고 주장했다(Francis Fukuyama, 1995). 하버드 대학의 퍼트남 역시 민주주의가 뿌리내리고 사회가 발전하는 데는 공동체 문화와 신뢰, 협동 같은 사회적 자본의 형성이 가장 중요하다고 지적했다(Robert D. Putnam, 1993). 이는 퍼트남이 이탈리아의 지방자치를 20여 년간 연구한 끝에 내린 결론이다.

이탈리아는 1870년에 통일국가를 건설한 이래 프랑스의 나폴레옹 정부를 모방하여 고도의 중앙집권적 정치제도를 유지해왔으나, 1970년에 뒤늦게 지방자치를 시작해 15개 지역에서 동시에 지방정부(우리나라의 광역자치단체에 해당)를 출범시켰다. 자치권을 가진 지방정부가 없던 상황에서 새로 출범한 15개 지방정부는 연방의회가 제정한 법에 따라 '똑같은' 형태로 구성되었다.10) 퍼트남은 새로운 제도와 기관들이 생겨나면서 거기에서 나타나는 성과를 비교, 연구했다.

이탈리아 국토는 크게 북부, 중부, 남부로 구분된다. 그중 북부 이탈리아는 유럽 선진국에 비해 손색이 없을 정도로 발전한 반면, 남부 지역은 개발도상국 수준에도 못 미칠 정도로 낙후했다. 이런 상황에서 퍼트남은 지방자치를 실시하면 지방 행정을 잘하는 곳과 그

---

10) 이보다 수년 전에 5개의 특별 지방정부가 출범하여 지방정부는 모두 20개가 되었다.

렇지 못한 곳 사이에 어떠한 차이가 나타나는지 밝혀내기 위해 20년 동안 관찰했다.

그 결과 중부와 북부는 계속 발전했지만 남부 이탈리아는 어느 곳이나 예외 없이 제자리걸음을 할 뿐 별 성과를 올리지 못했음을 발견했다. 20년 전에도 남부와 북부 사이에 커다란 격차가 있었는데, 20년이 지난 후에는 그 격차가 더욱더 벌어져 있었다.

왜 남부 이탈리아는 중앙집권이 아닌 지방자치를 실시했음에도 한 결 같이 낙후된 상태에서 벗어나지 못했을까? 퍼트남은 이 불가사의한 현상의 원인을 사회적 자본의 차이에서 찾았다. 즉 같은 나라지만 이탈리아 남부와 북부 사이에는 사회적 자본의 축척 정도에 차이가 있었다는 것이다. 북부는 신뢰와 협동을 중요시하는 시민정신이 확산된 데 비해, 남부는 사회학자 밴필드(Banfield, 1958)가 '부도덕한 가족주의(amoral familism)'라고 표현할 정도로 철저한 가족이기주의에 기초한 불신과 부정부패가 만연해 있었다.

남부 이탈리아는 중앙정부로부터 받아온 예산을 지역 발전을 위한 시책에 효율적으로 사용하기보다 서로 나눠먹기에 급급했다. 지역민들의 생활수준을 향상시키는 데 쓰여야 할 예산이 대부분 부정부패로 유용되었다. 왜 북부와는 달리 남부의 지방정부는 부패했을까? 남부 지방의 정치인들이 모두 다 부도덕한 사람들이었기 때문일까?

그 이유는 다름 아니라 지역 주민들이 그와 같은 것을 원했기 때문이라는 것이다. 북부 지방 사람들은 법과 질서를 잘 지키는 동시에 공동체를 위해서 서로 양보하고 협조할 줄 알았다. 반면 나와 내 가족밖에 모르는 남부 사람들은 협조가 될 리 없었다. 모두가 나밖에 모르는 사회에서는 가용자원으로 지역공동체를 발전시킬 생각보다는 어떻게 하면 내 차지를 만들까 하는 것만 생각한다.11) 지역 주민들이 정치권에 빌붙어 특혜를 요구하고, 그 대신 정치적으로 지지표를 몰아주겠다는 식의 교섭을 한다면 부정부패가 만연한 사회가 될 수밖에 없다.

퍼트남은 이탈리아의 지방자치 연구를 통해 한 사회 공동체가 가진 신뢰와 협동, 도덕 같은 사회적 자본이야말로 민주주의와 시장경제를 가능케 하는 밑거름이라고 결론지었다. 그렇다면 민주주의와 시장경제가 대세를 이루는 21세기의 승자는 신뢰와 협동이라는 공동체적 삶의 규칙을 제대로 이행하는 민족과 국가가 될 것이다.

퍼트남의 저서를 읽으면서 나는 남부 이탈리아와 우리나라의 사정이 참으로 흡사하다는데서 당혹감을 금할 수 없었다. 우리나라는 불과 50여 년 사이에 다른 나라들이 100년, 혹은 몇 백 년 동안 이룩해온 것과 맞먹는 비약적인 발전을 해왔다. 그러나 그 과정에서 계층간, 지역간 갈등이 심화되고 과정보다 결과를 중시하는 도구주의적 가치관이 확산되는 부작용을 가져온 것도 사실이다. 도구주의적 가치관의 극단적인 형태는 목적을 위해 수단과 방법을 가리지 않는 편법주의이다. 불행히도 오늘날 한국 사회는 과정의 정당성을 무시하고 목적 달성에만 집착하는 편법주의 행태가 정치, 경제, 사회의 모든 분야에서 관행이 되고 있다.

우리나라의 정치 또한 남부 이탈리아의 지방 정치와 사정이 크게

---

11) 최근 몽골 정부가 외국 기업들로부터 광산 개발에 대한 로열티를 받아 풍부해진 자금을 국민들에게 현금으로 나눠주었는데, 산업에 투자하여 국민주를 나눠주겠다는 정부의 제안에 대해 국민들은 정치인들이 국민주를 휴지로 만들어버리고 자기 차지로 만들 것이라는 불신 때문에 그냥 현금으로 달라고 요구했다고 한다.

다르지 않다. 국민들은 그래도 나은 사람이라고 생각해서 표를 주고 국회로 보내겠지만, 어찌 된 일인지 국회에만 가면 누구랄 것 없이 매일같이 싸움만 일삼는다. 스위스 로잔에 소재한 국제경영개발원(IMD)이 매년 발표하는 국가경쟁력 부문에서 우리나라는 번번이 낙후한 정치 시스템과 정부의 비능률이 경쟁력을 저하시키는 요인으로 지적되어왔다.

세월이 지나고 정권이 몇 번씩 바뀌어도 이 같은 상황은 여전히 개선되지 않고 있다. 물론 정치 혼란의 일차적인 책임은 정치인에게 있으며, 그들의 책임이 큰 것이 사실이다. 그러나 퍼트남이 남부 이탈리아의 예에서 지적했듯이, 민주주의 체제에서는 정치인들만 탓할 것이 못 된다.

불행히도 우리는 정부 수립 50년이 채 안 되어 나라 살림이 파산할 뻔했다. 냉정하게 말하자면 1987년 6월 항쟁으로 민주주의를 회복한 지 불과 10년 만에 외환위기에 빠져 IMF의 구제금융 신세를 지지 않을 수 없게 되었다. 왜 그렇게 되었을까? 김영삼 전 대통령이 무능했기 때문이었을까? 국정의 최고책임자로서 적시에 적절히 대처하지 못한 책임을 면할 수는 없겠지만, 전적으로 대통령의 무능 때문이었다고만 할 수는 없다. 근본적인 원인은 우리가 민주시민으로서 제 역할을 못했기 때문이다. 정부, 기업, 금융기관, 국민들까지 전반적인 도덕적 해이(moral hazard)에 빠졌기 때문에 나라 살림이 거덜 났던 것이다.

"한국은 선진국"이라고 주장하는 제프리 존스 회장도 한국이 위기에 직면했음을 인정하면서 그 본질을 "신뢰의 위기"라고 지적했다. 한국인들이 위기에서 벗어나려면 무엇보다 국민이 지킬 수 있는 법을 만들고, 국민 개개인은 그 법을 철저히 지켜야 한다고 존스 회장은 말한다. 법을 준수함으로써 신뢰를 쌓고 갈등을 지혜롭게 해결하며 타협과 협동을 할 수 있는 토대를 만들어야 한다는 것이다.

후쿠야마(Fukuyama, 1995)는 한국의 미래를 비관적으로 보았다. 1960~1970년대 한국이 보여준 한강의 기적은 자연스런 경제 발전이었다기보다 개발독재에 의한 인위적인 발전이었으며, 민주화가 가속되는 21세기에는 신뢰에 근거한 경제발전 체제가 요구되는데, 한국은 아직 준비가 되어 있지 않다는 게 그 이유였다.

유감스럽게도 이 같은 내용을 담은 책이 발간된 지 불과 3년도 되지 않아 우리나라는 외환위기에 빠지게 되었는데, 외환위기의 원인이 국가신뢰도의 추락에 있었다는 사실은 과거에 그다지 중요하지 않게 생각했던 신뢰의 문제가 얼마나 심각한 것인지를 여실히 입증했다.

퍼트남과 후쿠야마를 비롯한 현대의 정치, 경제, 사회학자들은 민주국가가 지속적으로 발전하려면 물적 자본이나 인적 자본만으로는 한계가 있고 사회 구성원 사이에 신뢰, 배려, 협동이 잘 이루어지는 가를 의미하는 사회적 자본이 중요하다는데 대부분 동의하고 있다. 민주주의와 시장경제가 전 세계의 단일 체제가 되는 21세기에는 사회적 자본이 곧 최대의 자본이 된다는 것이다.

누가 우리 사회의 적인가

'사회적 자본'이 현대 사회의 여러 가지 문제, 예컨대 민주주의, 경제 성장, 교육, 복지, 지역 발전 등의 문제를 해결하는데 가장 중요한 변수 중의 하나이며, 시민사회와 사회운동의 활성화에 기여해 간접민주주의의 한계를 극복하고 실질적 민주주의에 접근하는 중요한 자산이 되리라는 주장이 학자들이나 새로운 정책 대안을 찾는 사람들에게 점차 설득력을 얻어가고 있다. 그러나 아직도 일반인들에게는 '사회적 자본'이란 용어가 낯설지 않을까 싶다. 학자들에 따라 조금씩 다르게 정의하지만, 사회적 자본이 사회 구성원들 간의 '신뢰'에서 비롯된다는 점에는 인식을 같이한다.

'신뢰'라는 말 자체는 하등 새로울 것이 없다. 신뢰와 협동, 남을 배려하는 마음, 원칙과 법 지키기 등과 같은 사회적 자본의 주된 내용은 너무도 익숙한 전통적인 미덕이어서 새삼스럽게 그 중요성을 강조할 필요가 없어 보이기도 한다. 그러나 신뢰나 협동은 다름 아닌 '자본'이다. 이 시대의 협동은 바로 '사회적 자본'이다.

개발독재 시대에는 공장과 기술과 노동력이 부를 생산하는 자본이었지만, 민주화 시대에는 신뢰와 협동 같은 성숙한 민주시민의식이 한 국가의 부의 원천이다. 퍼트남의 말을 빌리자면 "화폐 경제가 물물교환보다 더 효율적인 것처럼 '일반화된 호혜성'(generalized reciprocity)으로 특징지어진 사회가 불신사회보다 더 능률적이다." (Putman, 2002, p. 7).

다시 말해 신뢰와 협동 같은 시민의식이 국가를 부강하게 하는 또 하나의 필수요소라는 말이다. 아무리 서둘러도 신뢰사회를 만들지 않고서는 근본적인 개혁도, 국가의 안정적인 발전도 이룰 수 없다는 말이다. 국가가 위기에 처하면 국민 개개인의 삶이 얼마나 위태로워지는가를 우리는 1997년의 외환위기를 통해 충분히 경험했다. 미국도 1929년 대공황이 몰아치기 전에는 불법과 탈법이 횡행하는 무법자들의 천국이었으나 대공황을 거치면서 엄정하게 법을 집행해 사회의 원칙을 바로 세웠다.

과거에는 한 국가의 생산 잠재력이 물적 자본(physical capital)과 노동력에 의해 결정된다고 보았다.12) 그러나 1950년대부터는 단순히 노동력의 양뿐만 아니라 기술 수준이나 지식(교육) 수준 같은 질을 중요하게 여기고 이를 인적 자본(human capital) 혹은 인적 자원(human resource)이라고 불렀다.

인적 자본이 한국의 경제 발전에 크게 공헌했음은 부인할 수 없는 사실이다. 해방 후부터 지금까지 식을 줄 모르는 뜨거운 교육열은 개발도상국으로서는 상상하기 어려운 높은 교육 수준을 낳았다. 우리나라의 빠른 경제 성장은 국민들의 높은 교육열로 인한 인적 자본의 축적에 힘입은 바 크며, 이점은 오바마 미국 대통령이 자주 언급할 정도로 널리 인정받고 있다.

지식산업 시대, 정보화 시대인 21세기에 인적 자본이 얼마나 중요한지는 새삼 강조할 필요조차 없다. 그러나 그것만으로는 부족하다. 물적, 인적 자본이 아무리 풍부해도 사회 구성원들이 각자 능력을 최대한 발휘할 수 없다면, 그 사회는 발전의 잠재력을 부분적으로 낭비하고 있기 때문이다. 만인이 만인에 의존하며 사는 민주주의 시장경제 체제 아래서 신뢰와 협동 같은 사회적 자본은 절대 빼놓을 수 없는 중요한 요소이다. 민주주의와 시장경제는 사회적 자본이라는 윤활유가 풍부하게 공급될수록 활기차게 돌아가는 기계인 것이다.

---

12) 경제학에서 말하는 자본은 공장이나 기계 등 생산 과정에서 반복적으로 사용되는 물건을 의미하며, 이를 금융 자본과 구분하기 위하여 물적 자본이라고도 한다. 도로나 항만, 공항 등 공동으로 사용하는 사회간접자본도 물적 자본의 일부이다.

불행한 일이지만 지금 우리 사회는 만인이 만인을 믿고 의존하며 사는 사회와는 거리가 멀다. 오히려 만인이 만인을 상대로 투쟁하는 사회에 가까워지고 있다. 정치권의 정쟁은 IMF 이전보다 조금도 나아지지 않고 있다. 정치권의 행태에 실망한 시민단체들은 자신들이 부적격 정치인이라고 판단한 사람들에 대해 공천반대운동을 시작하여 나중에는 낙선운동으로 전선을 확대했다.

하지만 '누구는 안 된다'는 식의 네거티브 캠페인에는 한계가 있다. 시민단체의 낙선운동으로 무능하거나 부패한 후보들이 퇴출된다고 해도 그로 인해 우리의 정치풍토가 근본적으로 달라지기를 기대하는 것은 너무 순진한 생각이다. 무엇을 반대하기는 쉬워도 새롭고 더 나은 제도와 관행을 정착시키기란 참으로 어려운 일이기 때문이다.

오랜 세월을 거치며 고착된 정치권의 잘못된 관행과 사회 전반의 부정부패가 문제인데, 몇 사람 바꾼다고 정치 풍토가 달라지기를 바란다면 너무도 안일한 생각이다. 알다시피 지난 수차례의 총선에서 각 정당이 공천을 통해 새 인물들을 많이 내세웠지만 정치 행태는 전혀 새로워지지 않고 있다.

사실 '물갈이'라는 표현 자체가 잘못된 것이다. 물이 썩었는데 물고기만 바꿔 넣는다고 잘 되겠는가? 잘못된 제도를 고치고 사회 환경을 바로잡아 정치문화를 정화하려는 노력은 미룬 채 부패하고 무능한 정치인들을 일부 퇴출시킨다고 해서 정치가 바로서지는 않는다. 그런 의미에서 정치 개혁을 위해 이른바 '인적 쇄신'을 주장하는 사람들은 문제의 본질을 파악하지 못했거나 이를 외면하고 있는 셈이다.

이래서는 안 된다. 건전한 토론과 경쟁을 장려하고, 당파 간의 극한투쟁과 집단이기주의를 극복하여 국민들이 공동의 이익에 참여하고 자발적으로 협조하는 '사회통합'을 이루며, 부정부패가 발을 들여놓을 수 없는 '투명사회'로 가는 길을 찾아야 한다. 그 길은 바로 사회적 자본의 핵심 요소인 신뢰의 축적임은 두말할 나위도 없다.

사회통합을 이루는 방법은 두 가지가 있다.

첫째, 홉스(Thomas Hobbes)가 『리바이어던(Leviathan)』(1651)에서 제안한 것처럼 제3자(국가)가 강제로 국민들을 협력하게 만드는 것이다. 그러나 제3자는 국민으로부터 부여받은 강제력을 반드시 국민을 위해 사용한다는 보장이 없을 뿐 아니라, 이 같은 체제에서는 특권층이 권력을 남용할 가능성이 매우 크다는 단점이 있다.

실제로 과거 공산권의 일당독재 정권이나 중남미의 군사독재 정권이 국가를 파탄으로 몰고 간 예가 허다하다. 1970년대 초까지만 해도 아시아에서 일본 다음으로 앞서나갔던 필리핀도 마르코스(F. Marcos)의 독재(1966~1986)가 장기화하면서 마르코스 부부와 측근들은 막대한 재산을 긁어모은 반면 국가는 아시아의 빈국으로 전락하는 것을 우리는 보았다.

둘째, 민주적인 정부 아래서 국민의 자발적 참여를 유도하는 것이다. 민주주의는 자유주의와 공화주의라는 두 개의 보완적이며 경쟁적인 원칙에 입각한다. 자유주의 원리에 의하면 각 개인은 권리와 평등, 이성의 원칙과 함께 다른 시민들과 국가의 개입으로부터 자유로울 권리가 있다. 반면 공화주의는 절차적·제도적 장치만으로는 민주주의가 제대로 작동하여 발전하기 어렵고, 민주주의의 발전은 시민의 성격, 민주주의와 사회공동체에 대한 시민의 태도와 깊은 관련이 있다고 생각한다. 따라서 공화주의는 공공선에 대한 시민의 헌신, 공적 결정에 대한 적극적 참여 등 시민의 덕을 강조한다(최장집, 2002, pp. 224~227). 바버는 이러한 자발적 참여가 강한 민주주의(strong democracy)를 가능하게 한다고 역설했다(Benjamin R. Barber, 1984).

그러나 국민의 자발적 참여를 통한 국민통합이 모든 민주사회에서 저절로 이루어지지는 않는다. 동구 공산권이 붕괴한 후 민주주의 체제로 전환한 국가들 가운데 폴란드, 체코, 헝가리 등은 단시일 내에 정치적 안정을 이루었지만, 러시아를 비롯하여 구소련의 해체로 생성된 CIS 국가들은 민주주의의 안정적 정착에 어려움을 겪고 있다.

인도는 1947년 영국으로부터 독립한 이래 줄곧 민주주의 체제를 유지해왔으나, 경제는 반세기 동안 침체의 늪에서 헤어나지 못했다. 그러나 1991년부터 재무장관 싱(Manmohan Singh, 현 총리)의 주도하에 사회주의 노선을 버리고 시장경제의 기능을 강화하는 구조 개혁을 시작한 결과 이제는 IT 강국으로 발돋움하고 있으며, 중국에 이어 신흥 경제 대국으로 부상할 것이라 예견되고 있다. 그러나 아직 산업 구조적, 지역적, 사회적 불균형이 심각하고 사회적 자본이 빈약해 선진국으로 가는 과정이 순탄치만은 않을 듯 보인다. 한편 종교적 이유로 인도에서 분리 독립한 파키스탄은 그 후 정치적 안정을 이루지 못하고 민주주의와 독재 정치가 반복되는 가운데 사회 혼란과 경제 파탄에서 벗어나지 못하고 있다.

자신들을 포함한 전 세계를 비극으로 몰고 간 독일의 나치 정권도 민주적 절차에 의해 수립되었고, 필리핀을 아시아의 선두대열에서 세계의 가난뱅이로 전락시킨 마르코스 정권도 민주적인 선거에 의해 시작되었다는 사실은 민주주의가 국가와 사회의 자동적인 발전을 보장하지 않는다는 것을 여실히 증명해준다. 민주주의는 '인류가 고안해낸 가장 좋은 정치제도'임에도 불구하고 모든 문제를 해결해 줄 수는 없는 것이다. 특히 오랜 독재 정치를 청산하고 새롭게 민주주의를 정착시켜 나가는 것은 간단한 일이 아니다.

필리핀의 마르코스 대통령 밑에서 육군 참모총장 재임 중 민중혁명(people power revolution)을 지원하여 민주화에 기여한 공로를 인정받아 아키노 정권의 국방장관이 된 라모스(Fidel V. Ramos)는 이후 수십 번에 걸친 군사 쿠데타 기도를 막아 민주 헌정 질서를 지키고 아키노에 이어 대통령까지 역임했다. 독재 정권에서 민주주의로 이행하는 과정의 어려움을 누구보다 잘 아는 그는 1998년 호주국립대학에서 행한 연설에서 이렇게 말했다.

> 독재 정권 아래서는 국민들이 생각을 할 필요가 없고 선택을 할 필요도 없으며, 결심을 하거나 동의를 해줄 필요도 없다. 국민들이 해야 할 일이란 따르는 것뿐이다. 이것이 최근 필리핀의 정치 경험에서 배운 쓰라린 교훈이다. 반면에 민주주의는 '도덕적 시민의식(civic virtue)' 없이는 존립할 수 없다. …… 지구상의 모든 사람들에 대한 정치적 도전은 단순히 권위주의 정권을 민주적인 것으로 교체하는 것만이 아니라 민주주의가 보통 사람들을 위해 작동하도록 하는 것이다.[13]

---

13) Fidel Valdez Ramos, "Democracy and East Asian Crisis", Inaugural Address at Center for Democratic Institutions, Australian National University, Canberra, November 26, 1998.

부연하자면 민주주의는 "절차적 최소 요건을 갖춤으로써 스스로 자기 발전의 경로를 따라 움직이는 것이 아니라, 그 사회가 어떤 지적·도덕적·문화적 토양을 발전시키는가에 따라 더 좋은 내용으로 발전할 수도 있고 그 반대일 수도 있다"(최장집, 2002, p. 7). 즉 민주주의가 보통 사람들을 위해 작동하도록 하기 위해서는 국민들이 공동의 목표 달성을 위해 자발적으로 협동하는 '도덕적 시민의식'이 필요하다는 것이다. 학자들은 이와 같은 시민의식이 사회통합의 핵심 요소가 된다고 지적하는데, 이것이 바로 사회적 자본의 중요한 내용이다.

우리나라는 아시아에서 가장 성공적으로 민주화를 이룬 나라로 꼽히고 있다. 그러나 한국의 민주주의는 내용면에서 심각한 난관에 봉착해 있는 것이 사실이다. 비효율적인 정부와 갈등증폭형 정치에 정부와 투쟁만 하려드는 국민이 만들어낸 합작품이 한국의 민주주의다. 우리나라의 보수 언론이든 진보 언론이든 다 같이 건전한 비판을 넘어 사회적 갈등을 부추기는 데에 몰입하고 있는 것은 이에 동조하는 불신 풍조가 사회에 만연해 있기 때문이다.

우리나라가 얼마나 비타협적인 나라인지는 "타협으로 얻은 100원보다 투쟁으로 얻은 10원이 더 소중하다"는 노동계의 경직된 사고에서 극명하게 드러나고 있다.14) 심지어 국회에서 여야 대표들이 합의한 사항을 놓고 서로를 믿을 수 없다며 합의를 깨고 파국으로 치닫기도 한다. 미국의 만화가(Walt Kelly)가 남긴 유명한 말이 있다. "우

---

14) 정철근, "파업은 예정된 절차?", 중앙일보, 2004년 7월 22일.

리는 적을 만났다. 그는 바로 우리 자신이다(We have met the enemy and he is us)."15)

요즘처럼 분열과 갈등의 골이 깊어지고 불신이 심화된다면 우리 자신이 사회의 적이 되고 말지도 모른다. 지금부터라도 사회적 자본을 축적해나가야 한다는 것은 막연하고 추상적인 구호가 아니다. 이는 우리나라가 진정한 선진국으로 도약하기 위해 반드시 필요한 일이다. 사회적 자본은 하루아침에 축적할 수 있는 것이 아니다. 퍼트남(Putnam, 1993)은 1000년이라는 장구한 세월을 거치는 동안 이탈리아 북부와 남부 사이에 사회적 자본의 차이가 생겨났다고 분석했다.

인적 자본은 개인이 축적하고 개인이 독자적으로 활용할 수 있으나, 사회적 자본은 개인들 간의 '관계' 속에 존재하며 공동으로만 활용할 수 있는 '공공재(public good)'의 성격을 띠고 있다. 따라서 사회적 자본은 한두 사람의 노력만으로 축적할 수 있는 것이 아니다. 국민 모두가 공감대를 형성하여 민주시민으로 거듭나려는 노력을 꾸준히 할 때 비로소 가능하며, 그 혜택 또한 국민 모두에게 고루 돌아가는 것이다.

국가를 이끌어가는 지도자들이 국가 발전에 대한 장기적인 비전을 가지고 스스로 모범을 보이면서 국민들이 범국민 의식 개혁 운동에 자발적으로 참여하도록 설득하고 독려한다면 사회적 자본의 축적은 보다 빠른 시일 안에, 보다 효율적으로 이루어질 것이다.

---

15) Walt Kelly가 1970년 지구의 날 포스터와 1971년 지구의 날에 게재된 연재만화 Pogo의 주인공의 입을 빌려 한 말임.

2장 민주주의와 사회적 자본[16)]

민중해방의 시대

20세기 후반은 인류 사회 발전에 획기적인 변화가 일어난 시기이다. 지금으로부터 8,000년~1만 년 전 농사를 짓기 시작하면서부터 인류는 사회와 국가를 형성하기 시작했다. 그 후 근·현대에 이르기까지 오랜 세월 동안 강자가 약자를 수탈하고 지배하는 구조가 지속되었다. 통치자들은 힘없는 백성을 수탈했고, 남성은 여성을 지배했으며, 강대국은 약소국을 식민지배하면서 탄압과 착취를 일삼았다.

이 같이 낡은 질서는 불과 68년 전 제2차 세계대전이 종식된 후에야 무너지기 시작했고, 그 대신 인류 역사상 최초로 '더불어 사는 지구공동체'가 형성되기 시작했다. 전 세계적으로 대대적인 탈식민지

---

16) 이장의 앞부분(민중해방의 시대, 시장경제와 민주주의)은 유종근(2000)에서 상당 부분을 재활용했음을 밝혀둔다.

화가 진행되어 수많은 신생 독립 국가들이 출현했으며, 민주주의가 세계 전역으로 확산되고 있다. 그와 더불어 남성과 여성의 평등화도 눈에 띄게 진전되고 있다.

인류 역사에 큰 획을 그은 제2차 세계대전이 끝난 후 역사상 볼 수 없었던 새로운 현상이 나타났다. 즉 전쟁에서 이긴 나라가 패배한 나라로부터 무엇인가를 빼앗아가는 것이 아니라 오히려 패전국과 전쟁 피해 국가들에게 경제 원조를 해준 것이다. 미국의 도움에 감동한 영국의 처칠(Winston Churchill) 수상은 이를 두고 "위대한 이타주의 행위(a great act of selflessness)"라고 평가했다. 그러나 1997년 마셜 플랜 50주년을 기해 마셜 플랜을 재평가한 학자들은 50년 전 미국이 행한 경제 원조는 이타적인 행위가 아니라 '개화된 이기주의(enlightened self-interest)'에 입각한 것이었다고 지적했다. 즉, 자국의 이익을 위해 이웃을 도와주었다는 것이다.

왜 다른 나라를 도와주는 것이 자국의 이익이 되는 것일까? 다름이 아니라 시장경제가 발전하여 상호의존성이 깊어졌기 때문이다. 다 같이 자유를 누리고 함께 번영을 구가하는 것이 남을 희생시켜 혼자만 잘살려는 것보다 더 나은 전략임을 깨달은 것이다.

시장경제가 발전하기 전에는 자급자족의 가족농업이 경제의 중추를 이루었다. 생산자가 곧 소비자인 자급자족 체제에서는 남에게 의존하지 않고 필요한 물건을 자기 손으로 생산해 소비하면 그만이었다. 그러나 생산자들 사이에 잉여생산물의 교환이 발생함에 따라 이를 매개하는 중간상인이 등장하여 생산자와 소비자가 분리되기 시작했다. 그리하여 생산의 목적이 차츰 자가소비에서 교환으로 바뀌었으며, 소비자와 생산자를 중개하여 원활한 교환을 돕는 시스템이 나타났는데 그것이 바로 시장이다.

시장경제는 분업을 가능케 해 생산성의 향상을 가져왔다. 자급자족 경제에서는 가족 구성원들 사이에 제한된 분업이 가능했으나 무제한적 대량생산을 위한 분업은 불가능했을 뿐 아니라 자신들이 소비할 물량 이상의 대량생산이 불필요했다. 그러나 불특정 다수의 잠재적 소비자들을 대상으로 생산·공급하는 시장경제에서는 (기술과 시장 여건이 허용하는 범위 내에서) 더 많이 생산해서 더 많이 팔수록 더 큰 이익이 창출되기 때문에 대량생산의 필요성이 대두되었고, 이는 곧 분업을 낳았다.

분업화의 효과를 가장 극적으로 설명한 것은 애덤 스미스(Adam Smith)의 『국부론』이다. 이 책에서 스미스는 핀을 만드는 공장을 예로 들면서 10명이 18가지 공정을 분담하여 각자 한두 가지 일에만 전문화한 결과 혼자서 모든 공정을 다 완수하는 숙련된 장인들에 비해 1인당 생산성이 240배 이상 향상되었다고 했다(스미스, 1976, pp. 29~30). 이는 분업(협동)의 결과 각자의 능력을 240배 이상 능가하는 '시너지 효과'를 거둔 것을 의미하며, 이에 따라 생산단가는 240분의 1 이하로 하락했을 것이다. 이처럼 낮은 가격에 풍부한 물량을 생산·공급할 수 있는 것이 분업(협동)의 효과이다.

오늘날의 생산 과정은 스미스가 관찰했던 18세기 중엽에 비해 훨씬 더 세분화되었음은 물론이다. 작은 부품 하나를 만들더라도 여러 사람이 각각 공정을 나누어 맡고, 이렇게 만들어진 부품이 수천 개 혹은 수만 개씩 모여 제품이 완성되니 생산 과정에서만 해도 수많은 사람들이 서로 긴밀히 연결되어 있다.

이처럼 분업화의 시너지 효과로 생산성이 갈수록 향상되고 생산단가가 갈수록 하락하여 보다 많은 양의 상품들이 시장에 쏟아져 나와 보다 저렴한 가격에 교환되었으며, 이것이 우리들의 생활수준을 높여준 한 가지 중요한 요인이다. 뿐만 아니라 생산 활동에 참여하는 사람은 다른 한편으로 소비자이며, 학생이나 노약자 등을 제외한 다수의 소비자 또한 다른 한편으로 생산자이기 때문에 생산자와 소비자, 생산자와 생산자, 소비자와 소비자 등 전체 구성원이 긴밀히 얽혀 있는 것이 오늘날의 사회이다.

이와 같은 현상은 더 이상 어느 누구도 혼자 힘으로 필요한 모든 것을 충족할 수 없게 만들었으며, 만인이 만인에 의존하는 새로운 사회 질서, 곧 시장경제 체제를 형성하게 했다. 따라서 시장경제 체제에서는 '세탁소 경영에서부터 반도체 생산에 이르기까지' 모든 경제 활동에서 사회 구성원들의 협동이 필요하다(Fukuyama, 1995, p. 6).

시장경제 체제는 교환을 통해 다 같이 생활수준을 향상시키는 체제이다. 교환 행위는 반드시 물건을 사는 사람과 파는 사람이 있어야 가능하다. 모두가 팔려고만 하고 아무도 남의 물건을 사주지 않는다면 교환이 이루어지지 않아 결국 모두가 못살게 된다. 나라와 나라 사이에서도 마찬가지다. 모든 나라가 서로 수출만 하려하고 수입을 억제한다면 국제 교역이 위축되어 모두가 피해를 볼 뿐이다.

시장경제 체제의 상호 의존 관계는 세계대공황을 거치면서 극명하게 입증되었다. 1929년 미국 증시가 폭락하면서 은행의 연쇄 도산으로 인한 금융 경색이 미국 경제를 위축시키기 시작했다. 그 여파는 국제 무역 및 투자의 위축으로 이어져 미주와 유럽 국가들에게까지 영향을 미쳤다.

이때 미국을 비롯한 여러 나라가 자국의 경제를 지키기 위해 보호 무역 정책을 강화했다. 그리하여 서로 자국 제품을 팔려고만 할 뿐 외국 제품을 사려고 하지 않았다. 남이야 어찌 되든 나만 잘살면 된다는 논리로 '네 이웃을 거지로 만들라(Beggar thy neighbor)'는 정책을 다투어 실시했고, 급기야 세계대공황으로까지 악화되는 결과를 초래했다. 모든 나라가 수입을 억제하면 어떤 나라도 수출을 할 수 없으며, 결국 다 같이 못살게 된다는 시장경제 체제의 상호 의존성을 확인한 것이다.17)

제2차 세계대전은 자국의 시장(영토)을 확대하려는 제국주의적 경쟁에서 비롯된 전쟁이다. 두 차례의 세계대전을 거친 시장 확대 노력은 결과적으로는 전쟁에 가담한 나라들에게 이득은커녕 손실만 안겨주었다. 내가 잘살기 위해서는 이웃을 희생시킬 수밖에 없다는 제로섬(zero-sum) 관점에 입각하여 식민지 확보를 위한 전쟁을 일으키거나 보호무역 정책을 펼쳤지만, 그 결과는 다 같이 못살게 되는 네거티브섬(negative-sum) 게임이 되고 말았다.

이 같은 사실을 깨닫고 제2차 세계대전이 끝난 뒤 미국이 주동이 되어 국제관계를 공생공영의 포지티브섬(positive-sum) 게임으로 바꿔놓았다.18) 그런 의미에서 제2차 세계대전은 나만 잘살겠다는 이기적 경제 정책에서 다 같이 더불어 잘사는 새로운 국제 질서를 확립하려는 새로운 정책으로 바뀌는 계기가 된, 인류 역사에서 중요한 의미를 갖는 분기점이라 할 수 있다.

제2차 세계대전 이후 강대국들은 식민지의 독립 투쟁을 무력으로

---

17) 1929~1933년에 세계교역량이 4분의 1로 감소했고 산업생산은 44% 감소했다.
18) 예를 들어 두 사람이 내기를 하여 진 사람이 이긴 사람에게 1만 원을 주기로 한다면 이긴 사람이 얻은 1만 원과 진 사람이 잃은 -1만 원을 합(sum)하면 영(zero)이 된다. 게임 이론에서 게임의 결과를 합하여 영이 되는 경우를 zero-sum 게임, 그렇지 않은 경우를 non-zero-sum 게임이라고 하는데, 후자의 경우 합이 마이너스가 되면 negative-sum 게임, 플러스가 되면 positive-sum 게임이라고 한다.

탄압하는 것이 득보다는 실이 큰 네거티브섬 게임이라는 것을 인식했고, 결국 식민지를 포기하고 독립을 허용했다. 특히 미국이 마셜 플랜을 통해 패전국과 전쟁 피해국의 경제 복구를 지원하기로 한 것은 시장경제 체제의 상호 의존성을 깊이 인식한 결과였다.

미국이 천사의 나라여서가 아니라 이웃이 가난해지면 자기도 가난해지는 시장경제의 원리 때문이었다. 패전국의 경제가 안정되어야 정치가 안정되어 공산주의의 확산을 막고 또 다른 전쟁을 일으키지도 않을 것이라는 정치적 고려도 중요한 요인이었지만, 이웃 나라들의 생활수준이 향상되어야 국제 무역이 확대되고 미국도 그들을 상대로 수출을 늘릴 수 있다는 계산도 크게 작용했다.

또한 경쟁적 보호무역으로 교역이 위축되어 다 같이 못살게 되는 우를 다시 범하지 않고 오히려 교역의 확대를 통한 공동번영의 길을 닦기 위해 미국은 관세 및 무역에 관한 일반 협정(General Agreement on Tariffs and Trade, GATT)을 체결하는데 앞장섰으며, 이후 이를 더욱 강화해 오늘날의 세계무역기구(World Trade Organization, WTO) 체제로 발전시켰다.

미국의 계산대로 패전국과 일부 후진국은 미국의 막대한 경제 원조를 받아 경제를 안정시켰고, 크게 확대되는 세계교역량에 편승하여 여러 개발도상국가가 경제 발전에 박차를 가할 수 있게 되었다. 이 과정에서 우리나라도 세계에서 가장 가난한 나라 중의 하나에서 IMF가 선진국으로 분류할 만한 수준으로 발전했다.

WTO나 자유무역협정(Free Trade Agreement, FTA)에 반대하는 사람들은 시장 개방이 선진국에게만 유리하다는 패배주의적 주장을 펴고 있지만, 그것이 사실이라면 GATT와 WTO를 주도한 미국만 부유해지고 후진국들은 더욱 가난해졌어야 한다. 역으로 아시아의 개발도상국들이 수출을 통해 성장했는데 같은 논리에 의하면 그들에게 시장을 제공한 선진국들은 그에 따라 가난해졌어야 할 것이다.

그러나 시장경제의 원리는 세계화 반대 세력이 주장하는 것과 같은 제로섬이 아니라 교역을 통해 다 같이 잘살게 되는 공존공생의 원리이다. 제2차 세계대전 이후 세계 경제는 상호 교역을 통한 공동 번영의 추구가 일방적 수탈보다 우월한 전략임을 입증했다. 그리하여 '더불어 잘사는 세계'를 구축하기 위한 정치적, 경제적, 군사적 자구책을 강구하기에 이르렀다.

시장경제의 확대와 발전은 민주화를 촉진했다. 문명충돌론으로 유명한 헌팅턴에 의하면 제2차 세계대전 직후 지구상에는 불과 12개의 민주국가만 존재했었으나 1990년대 초에 이르러서는 전 세계 인구의 절반 이상이 민주주의 체제에서 자유를 누리게 되었다고 한다(Samuel P. Huntington, 1991). 한편 프리덤 하우스(Freedom House)의 분류에 의하면 자유국가의 수가 1977년 43개국에서 2011년 87개국으로 그동안에 100% 이상 증가하였으며, 부분적 자유국가는 48개국에서 60개국으로 25% 증가한 반면 비 자유국가는 64개국에서 48개국으로 25% 감소했다. 이 기간 중 구소련의 해체와 식민자치령들의 독립 등으로 분류대상 국가의 수가 155개국에서 193개국으로 38개국이 증가했으나 비자유국가의 수는 오히려 16개국이 감소했음을 주목할 필요가 있다. 20세기 후반에 얼마나 많은 사람들이 식민통치와 독재자의 탄압에서 해방되었는지 짐작할 수 있다.[19] 물

---

19) 2011년에는 알제리아, 이집트, 리비아 등 중동의 이슬람권 독재정권들이 무너지는 사건들이 발생하여 민주화에 대한 기대가 커지고 있으나 아직 이들 국가에서 민주주의가 정착되지는 않았다.

론 21세기에 접어든 오늘날에도 지구상에는 독재 국가들이 아직 많이 남아 있다. 그러나 그들은 이제 멸종의 위기를 맞고 있다. 민주화의 물결은 아무도 막을 수 없는 대세를 이루고 있다.

아프리카에서도 민주주의가 차츰 확대되고 있다. 사회주의의 몰락으로 시장경제가 유일한 대안이 되어버린 상황에서 시장경제와 민주주의는 동전의 양면과 같은 관계이기 때문이다. 민주주의를 떠난 시장경제, 시장경제를 떠난 민주주의란 절름발이와 같다. 둘 가운데 어느 하나만 실시해서는 일시적으로 성공할 수 있을지 몰라도 장기적으로는 성공하기 어렵다.

제2차 세계대전 이후 식민 국가들이 독립하면서 민주주의가 경제개발에 도움이 되지 않는다는 견해가 한때 설득력 있게 제기되었다. 당시에는 인적 자본과 사회적 자본의 중요성이 알려지지 않았기 때문에 경제 발전의 핵심 요소로 물적 자본의 축적에 관심이 모아졌다. 따라서 독재 정부의 강력한 공권력에 의한 강제저축과 투자의 촉진이 효과적인 것으로 보였다.

실제로 소련이 사회주의 혁명 이후 빠른 속도로 산업화를 달성한 것도 그 같은 견해에 힘을 실어주었다. 그 결과 개발도상 국가는 경제발전을 위해 자유를 포기할 것인가, 아니면 민주주의를 위해 경제발전을 포기할 것인가 하는 '잔인한 선택'을 할 수밖에 없다는 결론으로 이어졌다(Bhagwati, 1996, p. 204).

그러나 그 같은 결론이 잘못되었음이 곧 입증되었다. 아무리 많은 투자도 비효율적으로 이루어지면 결과가 좋을 수 없다는 사실을 간과했던 것이다. 동구권 사회주의 독재국가들이 막대한 투자에도 불구하고 낮은 효율성으로 인해 경제발전에 실패하는 모습을 보여주기 시작했다. 그리고 민주국가의 경제성장률이 비민주국가에 비해 별로 나쁘지 않다는 사실이 실증적으로 확인되었다(Kohli, 1986, p. 156). 특히 1980년대 후반 들어서는 민주국가들이 독재국가들보다 더 양호한 경제성장률을 기록하고 있다는 사실이 통계적으로 입증되었다(Przeworski and Limongi, 1993).

이 같은 사실을 어떻게 이해할 것인가? 마라발(Maravall, 1995)은 독재 국가가 경제개발에 성공하기 위해서는 독재자가 유능하고 사심이 없어야 하는데, 대부분의 경우 사심이 있기 때문에 실패한다고 지적한다. 또한 민주주의는 경제 주체의 의사결정 과정에 유용한 정보를 보다 많이 제공하고, 공공 재원의 유용을 방지하며, 집권자의 성과에 대한 유권자의 심판이 경제개발에 유리하게 작용한다. 아울러 개혁이 필요할 때 국민의 동의를 얻으면 성공할 확률이 높아진다. 그러나 민주주의는 아르헨티나처럼 포퓰리즘이라는 함정에 빠지기 쉽기 때문에 반드시 성공을 보장해주지는 않는다.

비록 시장경제가 필연적으로 민주주의를 가져온다고는 할 수 없어도 제대로 작동되는 민주주의는 모두 시장경제에서 발견된다는 사실을 주목할 필요가 있다(Lindblom, 1977). 시장경제 체제는 민주주의의 토대를 제공하고 시장경제의 성숙한 발전 역시 민주주의를 필요로 한다는 점을 주목하면서 김경원은 "정치적 민주주의는 자본주의 경제의 뱃속에서 잉태되었다 해도 과언이 아니다"라고 말한다(김경원, 2005, p. 290). 자본주의 국가가 독재 체제 아래서 시작되었다 해도 시장경제가 발전하면 시민사회가 성숙한 영역과 기회를 제공해서 민주화에 대한 압력이 증가하므로 결국 민주화하지 않을 수 없다는 것이다.

시장경제가 민주주의를 보장해주지는 않는다 해도 시장경제를 부인하는 사회주의 체제는 민주주의와 양립할 수 없다는 사실 또한 간과할 수 없다. 마르크스는 사회적 불평등과 이에 따른 착취와 탄압의 구조가 제거된 사회에서만 참된 자유가 가능하며, 이를 위해 모든 생산 수단을 사회화(국유화)하는 사회주의 체제만이 참된 민주주의라고 주장했다.

그러나 사회주의 체제에서 노동력이 유일한 재산인 프롤레타리아 계급은 자신의 노동력을 고용해줄 사용자가 국가뿐이라는 수요 독점의 노동시장에 처하게 된다. 따라서 유일한 고용주인 국가를 비판하다가 직장에서 쫓겨나면 갈 곳이 없어진다.[20] 구소련과 북한 등 사회주의 일당 체제에서 조직적인 반독재 운동이 나타날 수 없었던 것이 바로 이 때문이다(유종근, 2000, pp. 74~75).

지난 50여 년 동안 민주주의가 전 지구적으로 확산됨에 따라 정치·경제적 자유가 신장되고 있다. 민주주의는 남녀 간의 차별 철폐와 여성의 해방과 사회적 지위 향상에도 결정적으로 기여하고 있다. 유권자의 절반 또는 그 이상을 차지하는 여성을 차별하는 제도나 관행은 민주주의 체제에서 장기간 용인될 수는 없기 때문이다.

이처럼 시장경제의 발전은 경제적 필요에 따라 국제적 공생 관계를 정착시켜가고 있으며, 민주주의의 확산을 초래하여 탄압과 수탈과 전쟁으로 고통받아온 민중에게 진정한 해방을 가져다주었다.[21]

---

[20] 물론 유럽의 사회민주주의는 여기에 해당하지 않는다. 사회민주주의는 순수 사회주의가 아니라 민주주의의 기본원칙 하에 사회주의 정책을 부분적으로 적용하는 체제이기 때문이다.

이것은 만인이 상호 의존하는 시장경제의 발전이 가져다준 필연적인 결과로, 시장경제가 유일한 대안이 된 21세기에는 이 같은 체제가 전 지구적으로 확대될 것이 자명하다. 따라서 이 체제에 편입하기를 거부하거나 편입할 만한 역량이 없는 국가는 도태될 수밖에 없다.

시장경제와 민주주의

앞에서 살펴본 바와 같이 민주주의와 시장경제가 불가분의 관계인 것은 경제적 자유와 정치적 자유의 상호 의존성 때문이라고 할 수 있다. 그러나 시장경제는 사회 구성원들 사이의 사적 관계에 근거하는 반면 민주주의는 공적 관계에 근거하므로 사회를 조직하고 자원을 배분함에 있어 기본적으로 서로 다른 형태를 띠기 때문에 상호 보완적인 기능을 하며 양자 사이의 적절한 조화와 균형이 필요하다. 즉 능률적이긴 하지만 공평하다고는 할 수 없는 시장경제의 한 측면을 민주주의가 보완함으로써 어느 정도 균형을 유지하는 것이다.

시장경제 체제에서는 자원의 배분이 시장의 기능에 의해 이루어진다. 소비자의 선호가 특정 상품에 몰려 수요가 공급을 초과하면 상품의 가격이 올라가고, 가격이 올라가면 생산자는 공급을 확대한다. 역으로, 특정 상품에 대한 선호도가 떨어져 수요가 감소하면 공급이 수요를 초과해 가격이 떨어지고 이에 따라 생산자는 공급을 줄

---

21) 예일 대학교의 러셋(Bruce Russett, 1993)에 의하면 1815년 이래 민주주의가 정착된 나라들끼리는 서로 전쟁을 하지 않았다면서 민주주의의 확대는 세계 평화에 기여할 것이라고 한다.

인다. 이같이 시장경제에서는 소비자의 선호에 따라 가격과 공급이 조정됨으로써 무엇을 얼마나 생산할 것인가를 결정하는 자원의 배분이 이루어진다.

소비자의 수요가 실제로 나타나는 것은 시장에서 돈을 주고 직접 상품을 살 때이다. 소비자의 구매 행위는 구매한 상품의 공급을 원한다는 의사 표시, 즉 소비자가 그 상품에 대해 '돈으로 투표' 하는 행위이다. 다시 말해 시장경제 체제에서는 무엇을 얼마만큼 생산하고 거기에 필요한 생산요소들을 얼마만큼 투입할 것인가 하는 자원의 배분이 '돈의 투표'에 의해 좌우된다. 결국 돈 많은 사람들이 자원 배분에 더 큰 영향을 미치는 것이다.

시장경제 체제가 사회주의 계획경제 체제보다 효율적이라는 사실은 최근의 역사가 이미 증명했다. 그러나 '돈의 투표'는 효율적이기는 하지만 경제적 능력을 가진 사람이 투표권을 더 많이 갖게 되므로 공평하다고 보기는 어렵다. 시장경제 체제의 이러한 불평등을 보완해주는 제도가 바로 민주주의 1인 1투표제이다. 경제적으로는 '1원 1투표제'를 통해 효율성을 높이고 그로 인한 문제점을 '1인 1투표제'를 통해 정치적으로 보완하는 것이다. 선진 민주주의 국가들이 시장경제에서 발생하는 사회문제를 사회복지정책으로 보완하는 것이 좋은 예이다.

민주주의와 시장경제의 상호 보완성에 대해 좀 더 자세히 살펴보자. 시장경제 체제는 재산권에 대한 법적 보장과 제도적 뒷받침을 전제로 한다. 다시 말해 재산(노동력 포함)의 소유와 자유로운 교환의 권리를 토대로 시장경제가 성립되는 것이다.

반면 사회주의 체제는 소유와 교환에 관한 권리를 박탈하거나 제약한다. 자기 능력에 따라 원하는 것을 소유하고 자유롭게 교환할 수 있는 시장경제 체제는 본질적으로 다른 제도보다 더 자유를 보장해준다. 따라서 시장경제의 여러 가지 경제적 편익(예를 들어 소득 수준의 향상)을 무시한다 해도 이 제도가 보장해주는 소유와 교환의 자유만으로도 소중한 가치를 지닌다고 할 수 있다.

뿐만 아니라 시장경제에서 이루어지는 교환은 당사자들이 자유의사에 따라 참여하기 때문에 당사자 모두에게 이로운 결과를 보장해준다는 장점이 있다. 강요된 교환이 아니므로 교환을 원하는 쌍방이 각자 이득(금전적인 이익이든지 가격에 상응할 정도 또는 그 이상의 욕구 충족이든지)이 있다고 판단할 때에만 교환이 이루어진다. 자유교환이야말로 참여하는 당사자 모두가 이득을 보는 포지티브섬 게임, 즉 파는 사람도 이기고 사는 사람도 이기는 '윈윈(win-win) 게임'인 것이다.[22]

물론 교환의 자유가 모든 경우에 최선을 보장하는 것은 아니다. 예를 들어 먹고 살기 위해 몸을 팔아야만 하는 여성의 경우, 자유의사에 의한 교환이라 할지라도 사회적으로 보아 바람직한 선택이 아니다. 모든 교환 행위는 교환 당사자의 여건이 허락하는 범위 내에서 이루어진다. 그런 점에서 이 여인은 자신의 여건이 허락하는 범위 내에서 이 같은 자유교환을 선택했다 해도 사회적으로 바람직한 행위가 아니기 때문에 시장경제에서도 이 같은 교환을 금하고 극빈자의 생계 문제는 사회보장 정책으로 해결해주는 것이 원칙이다.

이처럼 시장경제 체제에서도 소유와 교환에 약간의 제약은 있다. 예를 들어 총기와 마약류 등 공익에 심각한 해를 끼칠 수 있을 때에

---

[22] 경제학에서는 이를 '파레토 효율(Pareto Efficiency)'이라고 한다.

는 법으로 소유와 교환을 제한한다. 그러나 이러한 제약은 법에 근거한 극히 제한된 경우이고, 기본적으로 소유와 교환의 자유를 제한하지 않는 것이 시장경제 체제의 원칙이다. 이는 성매매, 마약 거래, 총기 거래 등 몇 가지 특수한 경우를 제외하면 자유로운 교환이 제약이 있는 교환이나 강요된 교환보다 일반적으로 더 가치가 있고 효율성도 있기 때문이다. 이처럼 소중한 소유와 교환의 자유를 시장경제 체제가 대두되기 전이나 그 후의 다른 어떤 체제도 전면적으로 보장하지는 않았다. 시장경제가 발전한 곳에서만 민주주의가 발전할 수 있고 민주주의가 발전해야 시장경제도 발전할 수 있는 이유가 여기에 있다.

민주주의와 시장경제는 작동 원리에 있어서 자유주의 원리 외에도 다른 유사성이 있다. 즉 양자 모두 공급자들 사이에 경쟁 관계가 유지됨과 동시에 사회 구성원들 사이에 상호의존관계가 형성된다는 사실이다. 그러나 상호의존성이 중요하기는 하지만 이는 부차적인 현상이며 민주주의든 시장경제든 그 핵심은 경쟁에 있다.

자본주의 시장경제는 끝없는 확대 재생산 과정을 통해 인류의 생활수준과 기술력을 엄청나게 향상시켰다. 18세기 들어 서유럽을 중심으로 시장경제의 발전이 산업혁명을 이끌어냄으로써 인류 사회는 과거 수천 년 동안 경험하지 못했던 놀라운 변화의 소용돌이에 빨려들어갔다. 이 같은 변화는 인류 역사상 최초로 생활수준의 지속적인 향상을 가능하게 했으며, 그 결과 '가난 구제는 나라도 못한다'던 옛말과 달리, 이제는 북한이나 아프리카 독재 국가들처럼 가난 구제도 못하는 나라는 나라 구실을 못하는 '실패한 나라(failed state)'로 전락하게 되었다.

지난 300여 년 사이에 이와 같은 놀라운 변화가 일어날 수 있었던 것은 자본주의 시장경제의 이면에 경쟁이라는 압력이 끊임없이 작용했기 때문이다. 경쟁의 중요성은 애덤 스미스 이래 많은 경제학자들이 수없이 강조해왔다. 슘페터(Schumpeter, 1950)는 자본주의 시장경제의 경쟁 과정을 '창조적 파괴'라고 표현했다. 보다 새로운 것, 보다 생산성 높은 것, 보다 경쟁력 있는 것을 창조하기 위해 낡은 것을 무너뜨리는 창조적 파괴는 끊임없는 경쟁에서 도태되지 않고 살아남기 위한 필사적 대응이다. 따라서 창조적 파괴는 시장경제가 존속하는 한 계속될 수밖에 없다.

어떤 사람들은 경쟁을 혐오한다. 경쟁이 사람들을 천박하게 만든다는 것이다. 그런 면이 있는 것은 사실이다. 그러나 문제는 경쟁을 피할 길이 없다는 것이다. 내가 경쟁을 하지 않으려 해도 남들이 나와 경쟁하려는 것을 막을 수 없다. 경쟁을 무시하면 나만 도태된다. 만약에 모두 다 경쟁을 못하게 하면 어떨까?

경쟁을 배제해 총체적으로 궁핍해진 극단적인 사례로 냉전시대 공산주의 국가들을 들 수 있다. 국가가 경제의 모든 부문을 장악한 가운데 모든 경쟁을 배제한 결과 경제가 침체되고 끝내 파탄으로 치닫고 만 것이다. 경쟁은 이렇게 중요하다. 다만 자유 경쟁이 원만하게 이루어지려면 모두가 정해진 규칙을 따라야 한다. 운동 경기에 규칙이 있는 것과 같은 원리이다.

운동경기와 마찬가지로 경제 행위에서도 일정한 규칙이 지켜지지 않으면 효과적인 경쟁이 불가능해지고 혼란과 비생산적인 약육강식이 초래된다. 바로 이러한 이유로 우리나라를 포함하여 세계 각국이 공정 거래에 관한 법과 제도를 갖추고 있다. 최근 들어 전 지구적 경쟁 체제가 형성되어감에 따라 공정 경쟁을 촉진하고 경쟁을 저해하는 요소들을 제거하려는 노력이 WTO, OECD 등 국제기구의 주요 의제로 대두되고 있다.

정치의 영역에서도 경제에서와 마찬가지로 생산-소비의 관계가 형성된다. 따라서 유권자의 선택을 받기 위한 정당과 후보들의 경쟁은 시장경제 체제 못지않게 민주주의 정치 체제에서도 중요한 역할을 한다(자유주의 원칙). 경제 영역에서 소비자가 왕처럼 군림하는 것과 마찬가지로 정치 영역에서는 국민(유권자)이 주인이다. 정치인들이 생산하는 정치 상품(정책과 행정 서비스)을 국민이 소비한다.

국민의 신뢰를 얻지 못하는 정치인이나 정당은 도태될 수밖에 없다. 이것이 민주주의의 원리이다. 정책 시장에서의 소비자인 유권자들의 신임을 얻기 위해 정당 간의 경쟁이 얼마나 치열한지는 우리 국민들이 너무나 잘 알고 있다. 문제는 시장에서의 경쟁과 마찬가지로 공정한 규칙에 따라 페어플레이를 하지 않으면 정치 발전이 어렵고 국민이 피해를 보게 된다는 점이다.

시장경제가 경쟁과 동시에 상호 의존 관계 위에 서 있는 것과 같이 민주주의도 그렇다. 민주주의 체제에서 한 유권자의 선택은 모든 유권자들의 복지에 영향을 미치는 공공재의 성격을 띤다. 다수 유권자들의 잘못된 선택으로 정치가 퇴보하거나 그 반대로 유권자들이 현명한 선택을 하여 나라가 발전하게 되면 그 피해나 혜택은 다수 유권자들과는 다른 선택을 한 소수 유권자들에게도 똑같이 돌아간다. 따라서 민주주의 체제에서는 시민들의 상호 의존성이 시장경제보다 더 중요한 역할을 한다.

요컨대 민주주의와 시장경제는 자유 경쟁을 통해 발전을 도모하는 체제인 동시에 만인이 만인에게 의존하는 공생관계를 바탕으로 사회를 발전시켜가는 수레의 두 바퀴와도 같다. 따라서 경제든 정치든 이를 먹고 먹히는 제로섬 게임으로만 인식해서는 곤란하며, 사회 구성원들 간의 상호신뢰를 바탕으로 정치적·경제적 교환이 사적 이익과 공적 이익을 동시에 창출하는 윈윈 게임이 될 수 있도록 공동의 노력을 기울일 필요가 있다.

집합행동의 딜레마: 눈에 띄는 경쟁, 보이지 않는 상호의존성

이처럼 경쟁과 협동은 사회 발전의 양 날개와 같아서 어느 한편으로만 치우치면 추락할 위험에 빠지게 된다. 협동이 전혀 없이 너 죽고 나 살자는 경쟁만 치열하게 진행되면 서로의 역량 발휘를 방해하는 파괴적 경쟁으로 치닫게 되어 공멸의 함정에 빠질 수 있다. 반면 공산주의 국가들에서 경험한 바와 같이 경쟁을 배제한 채 인위적 협동만을 고집하는 것도 공멸을 피할 수 없는 길임이 입증되었다.

협동은 한 집단이 다른 집단(들)과의 경쟁에서 살아남고 앞서 나가기 위한 공동대응의 형태이다. 혼자의 힘으로 감당해내기 어려운 경쟁 상대를 공동으로 대응하면서 분업화를 통해 시너지 효과를 거두어 그 이익을 나누어 가지자는 것이 협동의 목적이다. 따라서 경쟁이 있는 한 협동 또한 없어서는 안 되는 것이다. 그러므로 경쟁과 협동의 양 날개는 민주주의와 시장경제의 대두 이전에도 사회 발전의 핵심적 역할을 해왔다.

최근 진화심리학자 로버트 라이트는 제로섬(zero-sum) 경쟁을 협동을 통해 포지티브섬(positive-sum)으로 바꾸려는 노력이 인류 사회·문화의 진화와 동물 사회의 진화뿐만 아니라 심지어 생물계의 진화 과정에서도 핵심적 역할을 했다는 주장을 폈다(Robert Wright, 2001). 단세포로 구성된 최초의 생명체들이 점점 더 많은 수의 세포로 구성된 복잡한 구조의 생명체로 진화한 것은 생명체가 생존경쟁에서 살아남아 자신의 유전자를 보다 많은 수의 후손들에게 물려주기 위한 협동의 과정을 통해서 이루어진 것이며 가족사랑, 이웃사랑, 희생정신, 애국심 등의 도덕 감정도 이 같은 진화과정의 산물이라고 설명한다(Robert Wright, 1995). 이처럼 생태계를 적자생존의 무한경쟁체제로 보던 생물학자들도 이제는 협력하여 공존하는 공간으로 파악하기 시작했다.23)

아무튼 협동은 경쟁에서 살아남기 위한 효과적 대응책임이 틀림없다. 그리고 앞서 설명한 바와 같이 시장경제의 발전은 인류사회의 상호의존성을 더욱 확대·강화하였기 때문에 협동의 중요성은 더욱더 커졌다고 할 수 있다.

문제는 협동의 중요성은 커져가고 있는데 협동을 필요하게 만드는 상호의존성은 눈에 띄지 않고 제로섬의 경쟁만 두드러지게 나타난다는 사실이다. 그래서 생존경쟁이라는 말은 있어도 생존협동이라는 말은 들어보지 못한다. 그러나 지나치게 경쟁만 의식하면서 상호의존성을 간과하는 사회에서는 협동이 그만큼 어려워진다. 특히

---

23) 1970년대에 동물들이 '이기적 유전자'에 의해 가까운 혈연끼리 돕게 된다는 '친족선택론'을 주장했던 사회생물학자 윌슨(Edward Wilson)도 최근 자신의 이론을 수정해 협동하는 집단이 생존경쟁에서 살아남는다는 '집단선택론'을 제시했다(허윤희, "핏줄에 끌려 돕는 건 결국 도태… 협동하는 유전자만 살아남는다", 조선일보, 2013년 3월 30일).

각자의 자유를 보장하는 민주사회에서는 더욱 그렇다. 민주화 이후 우리 사회에 두드러지게 나타나고 있는 갈등 양상이 그 증거라 할 수 있다.

민주주의는 주권자로서 국민 개개인의 권리를 인정하는 것을 기본 원칙으로 한다. 시장경제 또한 개인의 이익 추구를 당연시하고 이를 통해 경제의 효율적 작동과 성장을 추구한다. 앞에서 지적한 바와 같이 사유재산권의 확립과 경제활동의 자유는 정치적 자유의 중요한 기초로 작용했으며, 민주주의는 시장경제가 창출한 경제적 풍요를 기반으로 꽃필 수 있었다. 오늘날 세계 정치 및 경제의 대세를 이루는 민주주의와 시장경제는 공히 개인주의의 토대 위에 서 있다.

그러나 만인이 만인에게 의존하는 민주주의와 시장경제 체제하에서 어느 나라든 국민 모두가 각자에게 보장된 자유를 주장하며 자신의 이익만 앞세우고 공동의 이익에는 무관심하다면 나라의 발전에 커다란 장애가 될 것이 분명하다. 국민 모두가 공동의 이익을 더 중시하고 그에 따라 행동한다면 더 이상 바랄 것이 없겠지만, 이것은 현실적으로 기대하기 어려운 이상일 뿐이다. 따라서 민주사회가 고민해야 할 문제는 어떻게 하면 개인의 자유를 침해하지 않는 가운데 그들의 자발적 협조를 보다 많이 이끌어낼 것인가이다.

예컨대 한 마을의 농민들이 공동으로 사용하는 저수지가 있다고 하자. 마을 사람들은 저마다 공동 저수지에서 최대한의 효용을 얻겠다고 나름대로 '자신에게 합리적인' 계산을 한다. 그래서 남들이 물을 다 끌어가기 전에 자기 논에 물을 조금이라도 더 대려고 할 것이다. 그러나 모든 사람들이 하나같이 아전인수(我田引水) 격으로 물 사용량을 늘리면 저수지 물이 곧 말라버리고, 결국 마을 사람들 모두 농사짓기가 어려워질 것이다.

그렇다고 어느 누구도 자진해서 저수량에 맞추어 물 사용량을 조절해야 한다며 자기 논에 대는 물을 스스로 제한하려 들지는 않을 것이다(Ostrom, 1990; Tang, 1994).24) 남들은 자기 논에 대는 물의 양을 스스로 제한하지 않는데 나 혼자만 제한한다면 결과적으로 나만 손해를 보게 되기 때문이다. 즉 다른 사람들도 자진해서 자기들의 논에 대는 물의 양을 제한할 것이라는 확신이 있다면 나도 협조할 용의가 있지만, 그런 확신이 없다면 나만 손해 볼 필요가 없다고 생각하는 것이다. 이처럼 남을 신뢰하지 않는 상황에서는 남들이 자진해서 물 사용량을 제한하건 안하건, 자신은 일단 필요한 만큼 충분히 물을 끌어다 대는 것이 개인에게는 합리적인 선택이 된다.

이와 같이 사람과 사람 간의 집합행동(collective action)에서 합리적 공익정신을 혼란시키는 근본적인 딜레마를 하딘(Hardin, 1968)은 그의 고전적 논문 〈공유지의 비극(The Tragedy of Commons)〉에 등장하는 공동 목초지의 예를 들어 설명하고 있다.

> 합리적 존재로서 가축을 기르는 마을 주민 개개인은 각자 수익의 극대화를 추구한다. 명백히 혹은 암묵적으로 또는 다소 의식적으로 그는 다음과 같이 자신에게 묻는다. "한 마리의 가축을 추가함으로써 나에게 돌아오는 효용은 무엇인가?" 합리적인 그는 자신이 추구할 현명한 전략

---

24) Elinor Ostrom은 이 같은 문제의 분석에 기여한 공로를 인정받아 2009년도 노벨경제학상을 수상하여 경제학계 최초의 여성 수상자가 되었다.

은 결국 또 한 마리의 가축을 추가하는 것뿐이라는 결론을 내린다. 그리고 또 한 마리, 그리고 또 한 마리······. 그러나 이 전략은 공동 목초지를 공유하고 있는 마을 주민들 모두가 도달한 결론이다. 거기에 비극이 존재한다. 가축을 기르는 마을 주민 개개인은 자신들의 가축을 한없이 늘릴 수밖에 없는 체계에 갇혀버린다. 세상에는 한계가 있는데······ 공유지를 마음대로 사용할 수 있다고 믿는 사회에서 각 개개인이 자신만의 최대 이익을 추구하려 할 때, 그들이 돌진하는 종착역은 파탄이다.

이외에도 어민들이 물고기를 남획하여 연안의 어족이 고갈되는 사례, 과거 우리나라에서 농촌 주민들이 부근의 산에서 나무를 마구 베어다가 땔감으로 사용하여 전국의 산들이 대부분 벌거벗은 산들이 되어버린 사례 등 비슷한 예가 많다. 이와 같은 상황에서 사람들이 공동선을 위해 협력한다면 보다 나은 결과를 얻을 수 있다는 것이 명백하다. 그러나 서로의 이익을 위해 협력하지 못하는 것은 사람들이 무지하거나 비합리적이기 때문만은 아니다.

이처럼 공동의 이익을 위해 개인들이 협력할 필요가 있어도 협력이 이루어지지 않는 이유는 그들이 어리석거나 비합리적이기 때문이 아니라 오히려 합리적이기 때문이다. 왜냐하면 상호 신뢰가 없는 상황에서는 합리적인 개인은 공동체를 배신하고 '무임승차'하려는 동기를 갖게 되기 때문이다. 개인은 다른 사람들이 배신할 것이라고 '합리적'으로 가정하고 '배신당하는 자의 몫(sucker's payoff)'을 다른 사람들에게 떠넘기려 한다.

여기서 주목해야 할 것은 개인은 남들이 '반드시' 배신할 것이라고 확신해서가 아니라, 그들이 절대 배신하지 않을 것이라는 확신이 없는 경우 일단 그들이 배신할 것이라는 최악의 상황을 가정하고 자신은 어쨌든 배신하고 보는 것이 '합리적인' 선택이 된다는 사실이다. 만일 다른 사람들이 배신하지 않을 것이라는 가정 하에 자진해서 협력했는데 실제로 배신을 당하게 되면 자신만 손해를 보기 때문이다. 결국 나의 배신으로 다른 사람들이 피해를 보는 것이 그들의 배신으로 내가 피해를 보는 것보다 나으므로 이것이 모든 사람들의 '합리적 선택'이 되는 것이다.

예를 들어 공중화장실 앞에서 줄을 설 것인가 말 것인가를 결정해야 하는 개인은 다른 사람들이 모두 줄을 서서 차례를 기다릴 것이라는 믿음이 있으면 자신도 줄을 서서 차례를 기다릴 것이다. 그러나 다른 사람들이 그렇게 할지 안 할지에 대해 확실한 판단이 서지 않을 경우에는 그렇게 하지 않을 것이라는 가정 하에 눈치껏 행동하는 것이 유리하다고 판단한다. 따라서 결국 줄서기는 지켜지지 않는다. 같은 사람이 상황에 따라(예를 들어 한국 여행객이 일본에서는) 줄을 서기도 하고(중국에서는) 그렇지 않기도 하는 이유가 타인의 행동에 대해 신뢰하느냐 못하느냐에 달렸다는 말이다.

결과적으로 집합행동의 상황에서 개인들이 상호신뢰가 없는 경우에 각자의 입장에서 취한 '합리적인' 선택이 관련된 사람들 전체의 입장에서 보았을 때 '비합리적인' 결과를 가져오는 모순이 야기된다. 이러한 현상을 '집합행동의 딜레마'라고 한다.25) 요컨대 서로 신뢰할 수 있는 협약이 없는 상태에서 각 개인은 무임승차자 혹은 기회주의자가 되려고 하는데, 이것은 개인의 입장에서 가장 합리적

---

25) 집합행동의 딜레마를 '공유재의 비극', '무임승차자 문제', '죄수의 딜레마(prisoner's dilemma)', 또는 '사회적 함정(social trap)'이라고도 한다(Platt, 1973).

인 선택일지는 몰라도 집단 구성원 전체의 입장에서는 결코 합리적이지 못한 상황에 도달하게 되는 것이다. 결국 한 집단을 구성하는 개인들이 각자 자유의사에 따라 행동할 때 '집합행동의 딜레마'에 빠지는 이유는 공동체의 다른 구성원들이 보편적인 규범에 기초해 규칙을 준수하고 정직하게 협력할 것이라는 신뢰가 부족하기 때문이다. 요컨대 익명의 사회에서 서로 잘 모르는 사람들에 대한 신뢰가 없는 탓이다.

그러면 신뢰란 무엇인가? 대부분의 학자들은 신뢰를 "타인이 행위를 할 때 나의 이해와 관심을 고려할 것이라는 기대"라고 정의한다. 즉 신뢰의 개념에는 호혜성(reciprocity)이 핵심을 이루고 있다. 다시 말해 공동의 이익을 위해 나에게 개인적으로 최선인 것을 고집하지 않고 최적 이하의 보상이라도 수용할 의사를 내가 보일 경우 타인도 이 같은 행동으로 호응해줌으로써 아무도 그런 행동(모험)으로 인해 손해 보는 일 없이 모두가 보상을 받게 될 것이라는 기대를 내포하고 있다(린, 2004, p. 24). 모든 사회적 제도가 성공하느냐 못하느냐는 결국 이 같은 신뢰를 바탕으로 집합행동의 딜레마를 극복할 수 있느냐 없느냐에 달려 있다고 할 수 있다.

계몽주의의 선구자인 영국의 사회철학자 토머스 홉스는, 모든 인간은 조물주에 의해 평등하게 태어났으며 각자 자유와 행복을 추구할 권리가 있지만 자신만의 권리를 무한대로 추구한다면 상호 충돌이 불가피하여 '만인에 대한 만인의 투쟁'으로 이어질 것인즉, 사회계약을 통해 법과 나라를 만들고 각자 조물주로부터 받은 권리를 스스로 어느 정도 제한함으로써 공생의 길을 찾아야 한다고 역설했다. 홉스는 집합행동의 딜레마를 해결하기 위한 방법으로 '제3자의 강제 개입'을 제시했다(Hobbes, 1651). 이는 사회 구성원들 사이에 자발적 협력이 이루어질 것이라는 신뢰가 없기 때문에 제3자(리바이어던: leviathan)에게 무임승차를 막기 위한 강제 개입의 권한을 부여하기로 협약하자는 것이다.26)

이와 같이 개개인의 권리의 일부를 국가에 이양한 사회계약론의 정신은 비록 홉스가 절대군주제를 지지했다 하더라도 민주주의의 이론적 바탕을 마련했다는 점에서 매우 중요한 의미를 지닌다. 다만 제3자가 강제로 개입하게 되면 당사자 간 협약(계약)의 내용이나 어느 한쪽이 협약을 파기했을 때 보상의 정도 등을 판정할 필요가 있을 경우 이에 따른 비용이 들 뿐 아니라, 절대 권력을 가진 제3자가 배반하지 않을 것이라는 신뢰가 있는가, 그리고 제3자의 엄격한 중립성을 보장할 수 있느냐 하는 문제가 여전히 남는다.

이것이 홉스가 제시한 해법의 한계이다. 역사적으로도 남부 이탈리아의 경우 제3자인 국가와 지방정부가 집합행동의 딜레마를 해결해주지 못한다는 것을 경험했다. 우리나라의 경우 유신 정권과 5공 정권이 리바이어던 역할을 자임하고 국민들을 강제로 통합하여 일정한 방향으로 이끌어나갔다.

그러나 독재는 일시적으로는 효과를 볼 수 있을지 모르나 근본적인 해결책은 되지 못한다. 독재는 반드시 끝나게 마련이고, 민주주의가 시작되면 민주사회가 태생적으로 안고 있는 집합행동의 딜레마라는 문제가 결국 표면에 나타나게 된다. 만인에 대한 만인의 투쟁을 방불케 하는 우리 사회의 분열상도 우리 국민이 집합행동의 딜

---

26) '리바이어던(leviathan)'이란 성경에 나오는 거대한 바다동물의 이름(한글 성경에는 '리워야단')으로 홉스는 막강한 권력을 가진 국가를 이 동물에 비유했다.

레마를 푸는 해법을 찾지 못하고 있기 때문이다.

그렇다면 집합행동의 딜레마는 어떻게 해결할 것인가?

신뢰와 사회적 자본

최근 들어 신제도주의 경제학자들을 선두로 일군의 사회학자, 정치학자들은 집합행동의 딜레마를 풀어 사회 구성원들이 이기심의 덫에 걸리지 않고 서로 협동할 수 있게 해주는 핵심 요소로서 신뢰보다 더 포괄적 개념으로 사회적 자본을 강조한다. 이들은 사회적 자본이 자발적 결사체를 창조하고 유지할 수 있는 능력, 즉 건강한 공동체를 유지하는 능력으로서 정치·경제적 번영의 필수요소임을 주장한다. 집합행동의 딜레마를 극복할 수 있는가 없는가는 자발적 협력을 할 수 있는 사회적 배경이 형성되어 있는가에 달렸는데, 자발적 협력은 바로 사회적 자본에 의해 촉진된다는 것이다.

사회적 자본이라는 용어는 1916년 미국의 사회개혁가 해니펀(Lyda J. Hanifan)이 최초로 사용한 것으로 알려지고 있다. 그러나 사회적 자본이 근대 민주주의의 발전에 끼치는 영향을 최초로 분석한 사람은 프랑스의 정치사상가 토크빌(Alexis de Tocqueville, 1835)이었다. 그는 1830년에 미국을 여행하면서 교회, 직업사회, 자선단체, 학교, 병원, 강력한 민간기업 등 복합적인 관계망으로 복잡하게 결합된 미국인들의 모습을 보고 큰 감명을 받아 『미국의 민주주의』(Democracy in America)를 집필했다.

이 책에서 토크빌은 미국 시민사회의 결속력이 개인주의의 약점들을 극복하게 해주는 동시에 전체주의와 집단주의에 빠지지 않게 해주며, 프랑스보다 미국의 민주주의가 더 잘 돌아가게 만드는 자산이 되고 있다고 주장했다.

토크빌은 평등한 권한을 가진 개인들 간의 사적인 신뢰가 풍부히 형성되어 있으며 공적인 측면에서도 신뢰가 제도화되어 시민적 규범이 자리 잡고 있는 사회를 가장 성공적인 민주주의 사회라고 규정했다. 또한 토크빌은 미국인들이 철저하게 민주주의 이데올로기를 가지고 행동하지만 자신이 그때그때 취하는 행동에 대해 그 이유가 무엇인지 사려 깊게 생각하기보다 조상들의 전통을 그냥 따르는 것이라며, 시대에 따라 발달하며 정착된 평등주의적 '문화'와 윤리적 관습의 중요성을 강조했다.

이처럼 민주사회에서 사회적 자본의 중요성이 심도 있게 논의되기 시작한 지 180년 가까이 지났고, 해니펀이 이 개념을 표현하기 위해 사회적 자본이라는 용어를 만들어 사용한 지 거의 한 세기가 지났다.[27] 그러나 이 개념이 본격적으로 널리 통용되기 시작한 것은 불과 20년도 되지 않았다.[28] 그럼에도 사회적 자본의 역할은 이 개념이 처음 개발된 사회학과 정치학 분야에서 뿐만 아니라 경제학, 공중보건학, 도시계획학, 범죄학, 건축학, 사회심리학 등을 포함한 광범위한 분야에서 활발하게 연구되고 있으며, 그 중요성이 입증되고 있다(Putnam, 2002, pp. 5~6).

---

[27] 엄밀히 말하면 정치 발전에서 사회·문화적 측면의 중요성은 플라톤과 아리스토텔레스 이후 많은 학자들이 강조해왔지만 근대 민주주의와 관련하여 이러한 관점에서 최초로 심도 있게 분석한 사람은 토크빌이다.
[28] Hooghe와 Stolle는 10년 전에 펴낸 책에서 사회적 자본이 이제는 잘 알려진 개념이라는 뜻으로 다음과 같이 선언했다. "5년 전만이어도 우리의 저서와 같은 책은 사회적 자본의 개념을 정교하게 정의하는 것부터 시작했을 것이다. 오늘날 그럴 필요는 더 이상 없는 것으로 보인다."(Hooghe and Stolle, 2003, p. 1.)

그러면 사회적 자본은 어떻게 정의되고 있는가? 퍼트남은 사회적 자본을 "사회적 연결망(social networks)과 이와 관련된 호혜성의 규범들"이라고 규정하며(Putnam, 2002, p. 8), 협력적 행위가 이루어지게 하여 사회적 효율성을 향상시킬 수 있는 신뢰, 규범, 연결망 등과 같은 사회 조직이라고 부연했다(Putnam, 1993, p. 167). 이처럼 사회적 연결망과 거기에 배태된 자원이 사회적 자본의 핵심 요소라는 점에는 퍼트남 외에도 콜먼(Coleman, 1988, 1990), 부르디외(Bourdieu, 1983/1986) 등 거의 모든 학자들이 견해를 같이한다.

사회적 연결망이 사회적 자본의 기초가 된다는 가정 하에 퍼트남은 밀도 높은, 즉 호혜성의 정도가 높은 연결망은 시민의 참여를 증진시키고, 이는 다시 집단의 자본 축적에 기여한다고 결론지었다(Putnam, 2000, p. 19). 이러한 관계를 잘 보여주는 사례로 그는 우리나라를 비롯하여 세계 도처에서 찾아볼 수 있는 비공식 저축기구인 '계(契, rotating credit association)'를 제시한다(Putnam, 1993, pp. 167~169). 계는 사회적 연줄을 잘 활용하는 좋은 예이다. 퍼트남은 계가 집합행동의 딜레마를 해결해줄 뿐 아니라 일상생활에서 시장 기능을 보완하기까지 한다고 주장한다. 즉 계는 담보로 제공할 물적 자산이 없어 신용시장에 접근하지 못하는 사람들도 자신의 사회적 연줄을 담보로 제공함으로써 시장 기능의 효율성을 증대시킨다는 것이다.

여기서 주목해야 할 것은 국가가 계를 깨뜨리는 사람을 법으로 처벌하지 않는 곳에서도 계가 성행한다는 사실이다. 자발적인 계가 이토록 성행하는 이유는 계를 조직할 때 참여자들의 배신으로 계가 깨지는 일이 없도록 참여자들을 매우 조심스럽게 고르기 때문이다. 따라서 참여자들의 정직과 신뢰에 대한 평판이 계에 참여할 수 있느냐 없느냐를 가름하는 중요한 관건이 된다. 계는 집합행동의 딜레마를 해결하는데 사회적 자본이 활용되는 모습을 잘 보여준다.

그런데 한국처럼 거시적 관점에서 보면 사회적 자본이 제대로 형성되어 있지 않은데도 계가 발달한 이유는 무엇일까? 그 이유는 계의 특성에 있다. 첫째, 계는 구성원의 수가 적으며 신뢰할 수 있다고 여겨지는 사람들만으로 구성되기 때문에 신뢰가 보장되지 않는 많은 사람들로 구성된 공동체와는 본질적으로 다르다. 둘째, 계의 구성원에게 돌아오는 보상(payoff), 즉 사전에 얼마를 넣으면(비용) 얼마를 탈 수 있는가(혜택)가 뚜렷이 결정되어 있기 때문에 집합행동의 딜레마가 표출될 가능성이 매우 적다. 셋째, 보상(곗돈)을 먼저 받은 계원이 배신하면 소집단 내에서 가할 수 있는 제재(신뢰 상실로 인한 고립 등)가 확실하기 때문에 계에서는 집합행동의 딜레마가 거의 없다.
결론적으로 계와 같이 폐쇄적인 집단 내에서 형성되는 신뢰와 호혜성의 규범은 집단 내부에서 구성원들에게는 (미시적인) 사회적 자본이 되지만 집단 밖에서도 그렇게 된다는 보장이 없다.

이와 달리 구성원이 많은 대집단이나 구성원의 가입 요건에 제한이 없는 열린 공동체는 구성원들의 상호신뢰를 전제할 수 없고, 구성원의 입장에서는 집합행동으로 생기는 공동의 이익 중 자신의 몫이 돌아온다는 것 자체가 의심스러울 뿐 아니라 몫의 크기 또한 매우 추상적이기 때문에 집합행동에 참여하지 않고 다른 구성원들의 집합행동으로 확보된 이익만 즐기려는(무임승차하려는) 이기적인 행태를 보일 가능성이 매우 크다. 따라서 계는 거시적 의미의 사회적 자본을 논하는 일반적 공동체에서의 집합행동과는 기본 조건이 다

르다.29)

이처럼 민주주의와 시장경제의 발전이라는 거시적 관점에서 집합행동의 딜레마를 해결하고 사회 발전을 도모하는 데는 모든 형태의 연결망이 다 유익한 것은 아니다. 연결망은 경우에 따라서는 비민주적 단체일 수도 있고, 폭력 조직이나 범죄 조직 같은 반사회적 조직일 수도 있기 때문이다. 퍼트남도 연결망의 형태에 따라 사회적 자본이 다르게 작용한다는 점을 인정하고 사회적 자본을 내향적(inward-looking), 외향적(outward-looking), 가교형(bridging), 결속형(bonding) 등으로 구분하여 자신의 이론을 보완했다(Putnam, 2002, pp. 9~12).

또한 일부 학자들은 사회적 자본의 구조적 측면(연결망)과 정서적 측면(신뢰와 호혜성)을 구분하여 연결망 그 자체를 목적으로 보지 않고 정서적 측면을 강조하기도 한다(Hooghe and Stolle, 2003, p. 2).

이상에서 살펴본 바와 같이 사회적 자본을 공동체 내에 배태된 호혜성의 규범이라고 한다면 신뢰는 사회적 자본의 핵심 요소가 된다는 것을 부인할 수 없을 것이다. 그러나 가족, 씨족, 마을, 동창회 등 폐쇄적 연결망의 구성원들 사이에서 나타나는 인격적인 신뢰가 오늘날의 도시화된 익명사회에서 서로 잘 모르는 구성원들 간에도 비

---

29) 이러한 관점에서 올슨(Olson, 1965, 1982)은 폐쇄적 소집단은 다수의 이익을 희생으로 자신들의 이익을 추구하는 경향이 있고, 단체를 결성하기도 쉬운 반면 그들의 이익 추구 활동(입법 로비 등)으로 피해를 보게 되는 다수는 '무임승차자 문제'를 극복하기 어렵기 때문에 단체 결성이 어렵다고 한다. 그는 안정된 민주사회에서는 시간이 흐를수록 사적 이익 추구를 목적으로 하는 폐쇄적 단체가 늘어나 경제성장을 제약하는 요인이 된다면서 1970년대 미국 경제의 스태그플레이션 현상을 집합행동 이론으로 설명했다.

인격적(일반화된) 신뢰로 발전할 수 있으리라 기대하는 것은 논리적 비약이 아닐 수 없다.

베버(Max Weber)는 근대 자본주의가 성공하기 위한 전제조건으로 인격적인 신뢰에서 비인격적인 신뢰로 전이해야 한다는 점을 강조했다. 청교도적 기업가 정신에서 예증된 바와 같이 일반화된 신뢰가 근대 자본주의의 존립을 결정한다는 것이다. 즉 근대 자본주의 사회에서 사람들이 자신의 이익을 추구하기 위한 행위를 선택할 때 반드시 타인의 이해와 관심을 고려할 경우 이상적인 사회질서가 형성된다는 것이다(Weber, 1918/1968, pp. 55~58).

퇴니스(Toennis, 1957)는 공유하는 정서와 의무 등에 기초한 공동사회(Gemeinschaft)에서 관행적으로 실천되던 신뢰가 이익사회(Gesellschaft)에서는 더 이상 존재할 수 없다고 했다. 그러나 대부분의 사회학자들은 이익사회의 구성원들이 서로에 대한 신뢰가 전혀 없다면 사회 전체가 무너지고 말겠지만 실제로 그렇지는 않다는 점을 주목하면서 비인격적 신뢰에 대한 희망을 포기하지 않는다(린, 2004, p. 25).

앞에서 지적한 바와 같이 과거에는 경제발전 전략의 핵심으로 저축과 투자를 통한 물적 자본의 축적을 강조했으나 1950년대 이후 인적 자본의 축적이 그것 못지않게 중요하다는 이론이 제기되었다. 그리고 최근에는 이에 더해 민주국가에서 사회적 자본의 결핍은 정치, 경제, 사회의 발전을 결정적으로 제약하는 요인이 될 수 있다는 점이 널리 인식되고 있다.

그런데 인적 자본이 인간 개개인의 지식과 기술이라면 사회적 자본은 인간과 인간 사이의 '관계'에서만 존재한다(Coleman, 1988, p.

98). 따라서 사회적 자본은 사적으로는 소유할 수 없고 집단적으로만 소유할 수 있는 공유재이다. 뿐만 아니라 일반화된 신뢰에 기초한 호혜성의 규범들을 잘 준수하는 사회에서는 경험상 배신당할 우려가 없기 때문에 구성원들이 더욱더 서로 신뢰하게 되는 반면에, 호혜성의 규범들이 잘 준수되지 않는 사회에서는 규범을 지키는 사람들만 손해를 본다는 경험적 확신이 더욱 강해져 불신이 더욱더 심화된다.

사회적 자본은 이같이 사용하면 할수록 더 많이 축적되고 사용하지 않으면 더욱 고갈되는 속성을 지닌다. 또한 집합행동의 결과로 사회 구성원에게 돌아가는 혜택을 무임승차자도 누리게 되기 때문에 사회적 자본은 공공재의 성격을 띤다. 따라서 모든 공공재와 마찬가지로 사회적 자본도 사회적 적정량보다 적게 공급되는 현상을 보여준다(Putnam, 1993, pp. 169~179).

사회적 자본이 다수의 국가에서 결핍되는 이유가 여기에 있다. 선진국은 이 같은 문제를 슬기롭게 극복하고 사회적 자본을 풍부하게 축적한 나라들인 것이다. 후쿠야마(Fukuyama, 1995)는 미국이 오늘날과 같은 강대국이 될 수 있었던 것은 미국인들 스스로는 자신들이 까다로운 개인주의자라 믿고 있지만 사실은 역사적으로 높은 신뢰에 바탕을 둔 집단 지향적인 사회이기 때문이라고 말한다. 미국은 국가 형성 초기 단계부터 풍부한 자발적 연계망과 공동체 구조를 갖추고 개인의 편협한 이익보다 언제나 공동체의 이익을 중요시해왔다는 것이다.

후쿠야마는 또 미국과 독일, 이탈리아, 프랑스 등을 비교하면서 한 국가의 복지와 경쟁력은 지배적인 문화의 특성, 즉 한 사회가 고유하게 지닌 신뢰의 수준에서 결정된다고 주장한다. 다만 지난 두어 세대 동안 폭력 범죄와 민사 소송이 만연하고, 가족 구조가 와해되고, 이웃과 교회, 클럽, 자선단체 등 중개적 사회 구조가 쇠퇴하고, 주변 사람들과 공동체 의식을 느끼지 못한다는 미국인의 사회성 쇠퇴가 신뢰를 떨어뜨리고 협동에 장애를 가져와 앞으로 미국 경제에 부정적 영향을 미칠 것이라는 우려 섞인 전망을 하였다.30)

이처럼 사회적 자본이 경제 발전에 중대한 영향을 끼친다면 구체적으로 어떤 경로를 통해서인가? 콜먼(Coleman, 1987)은 사회적 자본의 기능을 크게 다음 두 가지로 제시한다.

첫째, 거래비용을 감소시키는 기능이다. 경제에 대해 논할 때 전통적으로 실용주의자들은 경제가 어떤 가치 체계와도 무관하며 자연 법칙에 속한 중립적인 체계라고 묘사해왔다.

그러나 실은 그렇지 않다. 물적 자본이 없으면 경제가 돌아가지 않는 것처럼, 인적 자본과 사회적 자본이 없어도 경제가 돌아가지 않기 때문이다. 한 사회 안에 신용과 정직과 성실이 존재하지 않는다면 어떻게 계약을 맺고 사업을 할 수 있겠는가? 상대방을 신뢰하지 않는 사람들은 공식화된 규범이나 규제의 체계 속에서만 협력하게 된다.

이러한 공식적 규범은 때로는 강압적 수단까지도 동원하여 교섭을 성사시키고 동의를 얻어내며 소송을 통해 갈등을 해결한다. 문제는 신뢰의 대체물이 되는 법적 장치를 이용하면 거래비용이 높아지는데, 이것이 우리가 지불해야 하는 사회적 비용이라는 것이다.

---

30) 미국 사회의 신뢰 성향이 과거에 비해 저하되었을 것이라는 후쿠야마의 우려는 그 후 퍼트남(Putnam, 2000)의 연구에서 확인되었다.

코우즈(Coase, 1960)의 정의를 빌려 시장에서의 거래(교환)에 드는 비용을 살펴보면 거기에는 거래하고 싶은 사람을 찾는 비용, 거래 조건을 알려주는 비용, 교환이 이루어지기까지 협의하는 비용, 계약서를 작성하는 비용, 계약 조건이 준수되는가를 확인하는 비용 등이 포함된다.

이 과정에서 한 사회에 불신이 팽배하게 되면 신뢰가 높은 사회에서는 부담할 필요가 없는 일종의 외부불경제(external diseconomy) 비용을 모든 경제활동에 대한 대가로 지불해야 한다. 신뢰가 높은 사회에서는 서면 계약으로 포괄하기 어려운 사항들을 상세히 구체화할 필요가 없으므로 거래비용을 감소시킬 수 있으며, 법적 분쟁이 줄어들어 개인들이 자신을 보호하기 위해 지불해야 하는 다양한 비용(예컨대 변호사비, 뇌물, 사적 보안을 위한 지출 등)을 절약할 수 있다(이재열, 1998).

둘째, 규범이나 사회적 제재력으로서의 기능이다. 사회적 자본이 축적되면 사회 규범이 강화되어 규칙을 따르지 않는 사람들에게 부정적인 제재를 가하는 효과를 갖게 된다. 예를 들어 교통 법규를 어기는 사람을 비난하는 사회 규범이 형성되면 그와 같은 행위를 하는 사람에게 별도의 사회적 비용(예를 들어 경찰 관련 비용)을 지출할 필요 없이 주위 사람들의 따가운 시선만으로도 효과적인 제재를 가할 수 있다. 시민적 규범이 기회주의를 효과적으로 제재할 수 있다면 감시 비용과 계약 이행을 감독하는 비용을 절약해 다양한 투자를 할 수 있으며, 동시에 풍부한 사회적 자본 덕분에 경제적 거래의 효과를 높일 수 있다.

일본의 기업들은 신뢰를 바탕으로 거래 관계를 형성하고 유지하는 것으로 잘 알려져 있다. 예를 들어 대기업과 중소기업이 기술이나 정보가 유출되지 않는다는 상호신뢰가 있기 때문에 신기술이나 신제품을 공동 개발하는데, 이런 신뢰의 규범이 세계적 부품·소재 기업을 키워내는 배경이라고 한다(이우광 p. 146).

그러나 우리나라에서는 중소기업이 애써 신기술이나 신제품을 개발했다가 대기업에게 가로채이는 경우가 다반사인데, 이는 이 같은 반칙을 사회적 규범으로 제재하지 못하고 있을 뿐만 아니라 공적 제도에 의한 제재마저 제대로 이루어지지 않고 있기 때문이다. 이 또한 우리나라가 치르고 있는 불신의 대가이다.

사회적 자본은 정치에서도 똑같이 적용된다. 언뜻 보기에 정치는 정부와 정당 활동으로만 구성되는 것처럼 보이지만 사실은 시민공동체와 그들이 공유한 가치, 그리고 시민사회의 결속과 같은 사회적 자본에 그 성패가 달렸다고 해도 과언이 아니다. 사회적 자본은 민주시민의식을 고양시켜 유권자로 하여금 공직자의 업무 수행이 공평무사하도록 밀착 감시하게 하므로 집합행동의 딜레마를 극복할 수 있게 해준다.

반면에 사회적 자본이 결여되어 집합행동의 딜레마를 해결하지 못한 사회에서는 구성원들이 공직자의 업무 수행이 공평무사함으로써 자신들에게 돌아오는 이익에는 관심이 없고 공직자들이 자신에게 유리하게 업무를 집행하도록 유도하려 들기 때문에 부정부패가 만연하고 정치가 퇴보하게 된다.[31] 또한 신뢰관계가 잘 다져진 사회에서는 정책을 장기적으로 예측할 수 있으므로 관료들이 소신을 갖

---

[31] 최근 온 나라를 뒤흔든 사행성 성인오락(속칭 바다이야기) 관련 비리나 저축은행 관련 비리는 이 같은 사회적 배경에서 배태되었다.

고 정책을 추진할 수 있다.

사회적 자본은 국제 사회에서도 중요한 의미를 가진다. 계약과 조약이 보호되고 지켜지는 규범이 존재하지 않는다면 세계시장 역시 유지되기 어려울 것이다.32) 더욱이 세계가 하나의 시장으로 통합되어가는 세계화 시대에는 한 민족과 국가가 축적한 사회적 자본은 그 민족과 국가의 발전 및 번영을 담보하는 유용한 자원이 될 수밖에 없다.

16년 전 우리가 겪었던 외환위기가 국가신뢰도의 추락으로 외국 금융기관들이 서둘러 자금을 회수하는 바람에 발생했다는 사실이, 그리고 세계화 시대에는 국가신뢰도 유지가 경제 정책의 중요한 목표 중 하나라는 사실이 이를 입증한다.

결론적으로 사회적 자본은 정치, 경제, 사회적 체제가 원활하게 작동되도록 하는 윤활유와 같아서 사회적 자본이 고갈되면 정글의 법칙이 횡행하는 사회로 전락하여 체제의 작동에 심각한 장애가 온다.

반면에 풍부한 사회적 자본은 단순한 윤활유 이상의 역할을 한다. 사회적 자본은 협동을 통해 개인의 최대 능력 이상의 성과를 거둘 수 있게 하는 사회적 시너지 효과를 유발하기 때문이다.

---

32) 그런 의미에서 2010년에 북한이 금강산 관광 관련 남측 자산을 몰수한 것은 북한을 신뢰할 수 없는 투자 대상으로 확인시켜주어 향후 북한의 투자유치 노력에 매우 부정적 영향을 미칠 것이다. 금강산 여행객 박왕자 씨 피살 사건으로 인해 북한은 여행하기 위험한 나라가 되었는데 이에 더해 투자자산 몰수 조치로 인해 투자하기도 위험한 나라가 되었다.

세계화와 사회적 자본

21세기는 인류가 한 울타리 안에 있는 지구촌(global community) 또는 세계화(globalization)의 시대이다. 경제적으로 국경이 없는 하나의 시장으로 급속히 통합되어가고 있을 뿐 아니라 정치적으로도 국가 간 정책을 국제 규범에 맞추어 조정해나가지 않을 수 없는 동질화가 가속화되고 있다.

예를 들어 OECD는 우리 정부에 정규직 보호를 완화할 것과 서비스 부문 규제를 철폐할 것, 농업 분야의 직접 지원을 축소할 것 등을 권고하고 있다. 이러한 정책 권고를 예전에는 내정 간섭이라고 일축할 수 있었으나 이제는 OECD 회원국 간 정책의 조화를 도모하여 공동번영을 추구하려는 세계화의 한 단면으로 보아야 한다.

사실 세계화는 어느 날 갑자기 시작된 것이 아니다. 시장경제가 대두된 이래 시장의 끊임없는 확대와 그에 따른 시장 영역의 지속적인 통합 과정이 일관되게 진행되어왔다. 세계화는 시장경제 체제가 발달함에 따라 나타나는 필연적인 결과이며, 옳든 그르든 거스를 수 없는 역사의 흐름이라고 할 수 있다. 이에 대해 마르크스와 엥겔스는 이미 1848년 공산당 선언에서 가격 경쟁이 국가 간의 경제적 장벽을 무너뜨리고 부르주아적 생산양식(요즘 용어로는 글로벌 스탠더드)을 채택하지 않는 나라는 도태될 수밖에 없다면서 세계화의 필연성을 지적한 바 있다.

이 같은 대세 속에서 중국은 1970년대 말부터 사회주의 체제의 한계를 인식하고 시장경제 체제로 이행하기 시작했다. 그리고 1990년을 전후로 베를린 장벽이 무너지고 소련과 동구 공산권이 붕괴하며 반세기에 걸친 냉전이 종식되자 민주주의와 시장경제가 유일한 대안으로 받아들여지게 되었다.

그 결과 세계화는 새롭게 탄력을 받아 성난 파도처럼 지구촌 전역을 휩쓸고 있다.[33] 중국이 시장경제 체제를 받아들인 이래 얼마나 빠른 경제 성장을 이루고 있는지는 오늘날 우리가 목격하는 바와 같다. 시장경제 원리를 배격하고 사회주의 노선을 견지하던 인도는 40여 년의 침체 끝에 20세기가 끝날 무렵에 결국 사회주의 노선을 버리고 시장경제를 수용함으로써 경제가 활력을 얻기 시작하여 잠재적 경제 강국으로 기대를 모으는 수준에까지 이르렀다.

한편 미국에게 치욕적인 군사적 패배를 안겨주었던 베트남은 경제전쟁에서는 미국을 이길 수 없었다. 베트남은 냉전이 끝난 이후 경제개발을 촉진하기 위해 세계 경제에 문호를 개방하고 미국의 투자를 환영하였다. 뿐만 아니라 세계 시장에 진입하기 위하여 미국이 주도하는 WTO 가입조건을 수용할 수밖에 없었다.

그리하여 베트남은 2000년 11월 WTO에 가입하게 되었다. 세계에서 가장 폐쇄적인 나라인 북한이 핵무기를 포기하고 한국 및 미국과의 관계 개선을 적극적으로 모색하지 않으면 안 되는 것도 세계시장을 계속 외면하고서는 더 이상 살아남을 길이 없기 때문이다. 이는 지난 40여 년간 개방적 무역 정책을 편 나라들이 폐쇄적 정책을 편 나라들보다 현저히 높은 경제성장률을 기록했다는 사실(Sachs, 2005, pp. 356~357)이 확인해준다.

---

[33] 2008년 가을에 시작된 국제금융위기의 반작용으로 금융 산업의 규제를 강화해야 한다는 주장이 있었지만 세계화의 대세에 밀려 실효성 있는 규제개혁은 이루어지지 않았다.

세계화 시대의 산업 생산은 국경을 넘어 전 지구적 사슬로 묶이게 된다. 1995년 1월에 발족된 WTO 체제는 과거와 같은 상품 교역만이 아니라 자본의 자유로운 이동과 서비스 산업의 자유로운 해외 진출을 보장하는 것은 물론이고, 각국에 진출한 외국 기업을 내국 기업과 동등하게 대우할 것을 의무화하고 있다. 초국적 기업의 주도로 해외직접투자가 활발해지고 IT 기술의 혁신에 힘입어 제조업 부문에서도 공간적 제약이 사라져 자본, 서비스, 금융, 노동, 지식, 기술이 자유롭게 국경을 넘나든다는 것은 그만큼 경쟁이 치열해진다는 것을 의미한다. 이제는 더 이상 관세장벽이나 시장보호 정책에 의지해 국내 시장에서 우리끼리만 경쟁할 수 있는 시대가 아닌 것이다.

세계 경기의 등락은 곧바로 국내 경기에 영향을 미치고, 국내 경기의 등락은 직접 외부와 연결되어 매우 빠른 속도로 사회를 내부로부터 해체해나간다(Martin and Schumann, 1997). 기업 경영에서 글로벌 스탠더드를 지키지 못하는 기업은 도태되고 노동시장에도 급속한 변화를 가져와 지식정보화의 흐름에 신속하게 적응하는 노동자와 그렇지 못한 노동자 사이에 격차가 심해진다(이재열, 2000). 21세기를 맞이해 우리가 직면한 이러한 변화는 인류가 그동안 경험했던 그 어떤 것보다 충격적이고 피할 수 없는 변화의 과정이다. 우리는 이러한 사실을 질실히 인식하고 신속하게 적응해나가야 할 것이다. 그렇지 못하면 외환위기를 통해 확인한 것처럼 도태되고 마는 것이 바로 시장경제의 경쟁 원리이기 때문이다.

날로 치열해지는 세계화 시대의 경쟁에서 낙오하지 않으려면 우선 시장경제에서의 경쟁의 원칙을 제대로 이해하는 한편 우리 식대로 하자는 폐쇄적 사고방식에서 벗어나야 한다. 과거에 내가 이런 말을 하면 많은 사람들이 이렇게 반박했다. "결국 자본주의 시장경제 논리는 강대국의 논리이다. 우리가 미국과 경쟁해서 이길 수 있겠는가? 그러니까 우리는 우리 방식으로 해야 한다."

이것은 두 가지 면에서 잘못된 말이다. 첫째는 우리가 미국과 경쟁하면 진다는 패배의식이 문제이다. 앞에서도 말했듯이, 국제 경제관계는 서로 교역하면서 더불어 잘사는 관계이다. 미국이라는 나라와 한국이라는 나라가 1대 1로 경쟁하는 것이 아니라 미국에 있는 기업들과 우리나라에 있는 기업들이 제각기 경쟁을 하는 것이다. 분야에 따라 경쟁에서 이기는 기업도 있고 지는 기업도 있다. 그 결과 경쟁에서 지는 기업은 도태되고 이기는 기업은 살아남는 것이다. 그렇게 하면서 미국은 미국대로, 우리는 우리대로 번영하는 것이다.

우리나라는 1960년대 초 수출 주도형 경제발전전략을 추진하기 시작한 이래 주로 미국과 일본을, 그리고 최근에는 주로 중국을 상대로 수출을 확대해 오늘날 이 정도로 잘사는 나라가 되었다. 그 과정에서 우리나라가 잘 살게 된 만큼 미국과 일본이 가난해진 것도 아니고, 우리가 경쟁에서 패배하여 못살게 된 것도 아니며, 우리나라와 미국, 일본, 그리고 중국까지 모두가 더욱 잘살게 되었다. 교역을 통한 원윈(win-win) 게임의 실질적 사례이다.

같은 이유로 중국의 경제적 부상이 우리나라에 큰 위협이 될 것이라고 경고하는 이른바 전문가들의 주장도 경쟁의 한 가지 측면만 보고 말하는 단순논리이다. 중국 기업과 경쟁하는 국내 기업에게 경쟁이 그만큼 힘들어진다는 한 가지 사실만 보고 확대되는 중국 시장이 새로운 기회를 제공한다는 사실을 간과하기 때문에 이 같은 단순논리에 빠지게 된다.

또 하나의 문제는 폐쇄주의적 발상이다. 동서고금을 막론하고 쇄

국주의는 결국 자신들에게 크나큰 손해로 돌아온다는 사실이 우리나라뿐 아니라 세계 도처에서 역사적 교훈으로 전해지고 있다. 한 예로, 15세기 명나라는 서양인들의 부러움을 한 몸에 받던 나라였다. 당시 명나라 정화(鄭和) 제독은 1405년부터 1433년까지 일곱 차례에 걸쳐 1,500톤급이나 되는 함대를 이끌고 동아프리카까지 진출했으며, 콜럼버스보다 71년 앞서 신대륙을 발견했다고 전해진다. 정화의 함대는 60여 척의 큰 배에 3만 명이 항해했는데, 이런 대규모 항해는 태평양전쟁을 제외하고는 일찍이 볼 수 없었던 장관이었다고 한다(조좌호, 1988, p. 280).

그러나 명나라는 스스로 고립을 택했다. 1463년에 명나라는 "한 조각의 널빤지도 바다에 들어가서는 안 된다"며 해군을 없애고 해양 통상을 금지하여 중국 경제의 고립과 쇠퇴를 자초했다. 물론 명나라의 '해금(海禁) 정책'은 정치적·군사적 전략의 일환이기도 했지만 기득권을 유지하려는 보수 세력과 몽골의 영향력에서 벗어나 전통적 유교 질서를 확립하려는 고립주의적 성향도 작용했다(Kennedy, 1988, pp. 4~9).

그 결과 수백 년 후 중국은 자신들이 발명한 화약을 이용하여 개발한 대포를 앞세우고, 자신들이 발명한 나침반을 들고 쳐들어온 유럽 군대에게 무릎을 꿇고, 자신들이 발명한 종이 위에 항복문서를 쓰는 치욕을 당하게 되었다.

미국이 세계 최강대국이 된 데에는 여러 가지 이유가 있지만, 그 중에서도 제도화된 신뢰에 기초한 미국 사회의 개방성이 중요한 요인 중 하나로 꼽히고 있다. 미국은 원래 이민자들로 구성된 나라이며 지금도 꾸준히 이민을 받아들이고 있다. 그리고 이민자들 중 유능한 사람에게는 출생지와 관계없이 능력을 발휘할 수 있는 기회를 부여한다. 한국인 이민 1세 중에서도 김창준 씨가 연방 하원의원을 역임한 바 있는데, 동족이라도 타 지역 출신이면 찍어주지 않는 우리나라와는 너무 대조적이다.

미국은 이처럼 세계 각국의 뛰어난 인재를 받아들여 국력 신장에 활용하고 있다. 미국으로 이민한 중국계 필리핀인의 딸인 예일 대학 교수 에이미 추아는 최근 페르시아, 로마, 당, 몽골, 영국, 미국 등 역사상 위대한 제국들은 모두 이방 민족들을 포용하여 제국에 자발적으로 협력하도록 동기를 부여하고 인재를 잘 활용하였기 때문이라는 분석을 제시하여 국제적으로 큰 관심을 받고 있다(Chua, 2007).

우리 사회의 폐쇄주의가 어느 정도인지는 국내의 화교 사회를 보면 잘 알 수 있다. 세계 어느 나라를 가든 화교들은 거의 예외 없이 잘살고 있고, 자신들의 경제활동 구역인 차이나타운을 형성하고 있다. 이것은 그 나라 경제에 그만큼 기여하고 있다는 증거이다.

그러나 우리나라는 화교들을 극심하게 차별한 결과, 1970년대 초부터 30여 년 사이에 화교 인구가 10만 명에서 2만 명으로 줄었다. 화교들의 말을 들어보면 1등 화교는 미국이나 캐나다로 이민을 갔고, 2등 화교는 대만으로 갔으며, 국내에는 대부분 3등 화교만 남아 있다고 한다. 같은 기간에 일본은 화교를 지원해 인구가 5만 명에서 100만 명으로 늘었고, 현재 이들은 중국 시장 개척의 역군으로 활약하고 있다. 어리석은 차별정책으로 유능한 화교들을 쫓아내 미국, 캐나다, 대만 등에게만 좋은 일을 해준 우리와는 너무나 대조적이다.[34]

이 같은 폐쇄적인 국민정서로 인해 우리는 오랫동안 외국 자본을 무조건 배척해왔으나 외환위기를 겪으면서 우리가 어리석었다는 사실을 깨닫게 되었다. 배타적이고 까다로운 이민 관련 법률을 글로벌 시대에 맞게 개정하여 화교 자본만이 아니라 유대인 등 세계 여러 민족의 자본을 활용하는 지혜를 발휘해야 한다.

물론 글로벌 스탠더드를 거부할 수 없다고 해서 세계화에 아무런 문제가 없다는 것은 아니다. 세계화에는 분명 부작용이 따르는 것이 사실이고, 이는 곧 시장경제의 부작용이기도 하다. 시장경제의 부작용에 대한 문제는 산업사회 출발 당시부터 끊임없이 제기되어왔다. 그러한 비판에도 불구하고 시장경제는 인류의 생활수준을 꾸준히 향상시켜온 것이 사실이다. 세계화의 폐단이 비록 심각하다 해도 세계화 그 자체를 외면할 수 없는 것은 중국과 베트남은 물론이고 세계에서 가장 폐쇄적인 쿠바와 북한마저도 체제 붕괴의 위험이 없는 범위에서나마 세계 시장에 편입하려고 애쓰는 것만 보아도 알 수 있는 일이다.

어차피 세계화가 개인 혹은 국가의 의지에 따라 거부할 수 있는 것이 아니라면 그 부작용을 최소화할 수 있도록 다각도로 노력을 기울여야 할 것이다. 다만 세계화의 부작용을 없앤다고 서툰 처방을 내리면 오히려 큰 손해를 볼 수도 있음을 명심해야 한다. 세계화 시대에는 자본의 이동이 그 어느 때보다 자유로워졌기 때문에 서투른 정책이 오히려 외국인 투자를 어렵게 하고 국내 기업을 나라 밖으로 몰아내는 결과를 초래할 수도 있다.

예를 들어 세계화 시대에는 노동시장이 급속한 변화를 흡수할 유

---

34) 우리나라에서도 현대자동차가 화교 출신 설영흥 씨를 고위직에 기용하여 중국 진출에 성공했는데 이는 정몽구 회장이 어릴 때부터 잘 알고 지내던(즉 사적 신뢰를 쌓은) 사람을 기용한 특별한 사례이다.

연성을 확보하지 못하면 큰 문제에 부닥치게 된다. 경기에 따라 고용을 탄력적으로 조절하지 못한다면 외부의 충격에 제대로 대응하기 어려워 경쟁력이 저하되는 한 요인이 될 수 있다. 한번 고용하면 회사 사정이 아무리 어려워도 마음대로 해고할 수 없고, 종업원들의 작업 배치를 조정할 수도 없는 경직된 구조에서는 당장 추가 인력이 필요해도 정규직의 고용을 꺼리고 시간제 또는 해고가 용이한 비정규직으로 채우게 된다.

최근 우리나라에서 비정규직이 크게 늘어난 것도 이 같은 이유에서다. 그러나 미국이나 영국처럼 해고가 자유로우면 인력이 필요할 때에 나중 일을 두려워할 필요 없이 추가 인력을 고용하게 된다. 따라서 오히려 고용이 탄력적으로 창출되고 실업률이 저하된다. 그러나 우리나라처럼 이미 경직된 노동시장을 유연화하려는 정책을 무리하게 추진하려 하면 노동자들의 심한 반발에 부딪힐 수밖에 없다.

세계화 시대에 노동시장의 유연성은 필수불가결한 요소이다. 노동자들이 이러한 사실을 인정하고 스스로 세계화 시대에 적응하는 노력을 기울일 수 있으려면 무엇보다 '직장의 안정'을 포기하는 대신 '생계의 안정', 즉 사회가 자신들의 생계를 책임져줄 것이라는 국가 정책에 대한 신뢰가 있어야 한다.

즉 세계화에 따른 부담을 노동자들에게 일방적으로 떠넘기려 하지 않는다는 확실한 믿음이 있어야 한다.35) 지금 우리나라의 노사 간, 노정 간 갈등의 대부분은 이 같은 신뢰의 부재에서 야기되는 것

---

35) 쌍용자동차 파업 사태에서 나타난 바와 같이 '해고는 곧 죽음'이라는 두려움이 구조조정 대상자들을 결사항전으로 내몰아 노사 간의 협상을 통한 합의를 이끌어내는 것을 어렵게 만든다.

이다. 세계화의 부작용은 민주적 절차에 따라 국민 다수의 합의를 이끌어낼 때에만 최소화할 수 있으며, 그것은 곧 우리 사회가 통합된 신뢰사회로 거듭날 때 가능한 일임을 잊지 말아야 할 것이다.

3장 사회적 자본과 효율성

민주사회의 성공과 실패

근대 경제학은 사적 이익을 추구하는 인간의 합리성을 전제로 자유경쟁 체제에서 전반적인 효율성이 보장된다는(부분적인 시장 실패는 있으나) 신고전학파 이론을 근간으로 하고 있다. 이 이론에 따르면, 수요와 공급의 상호 작용에 의해 가격이 결정된다는 결론은 한국에서도 합당하고 미국에서도 합당하며, 몽골이나 카자흐스탄, 짐바브웨에서도 합당한 것이다. 이 같은 이론은 후쿠야마의 표현을 빌리자면 80% 정도는 맞지만 20% 정도는 맞지 않다(Fukuyama, 1995, pp. 13~21). 그 이유는 신고전학파 이론이 인간의 완전한 합리성을 가정하고 있으나, 실제로 인간은 항상 100% 합리적인 존재만은 아니고 그럴 필요도 없다는 '제한된 합리성(bounded rationality)' 때문이다.

최근에 일부 학자들은 이 같은 사실에 주목하여 신고전학파 이론에 수정을 가하기 시작했다. 예를 들어 수요·공급의 법칙은 어느 사회에서든 타당한 이론이지만, 수요를 결정하는 요인 중에서 사회문화적 차이를 무시할 수 없다는 것이다. 다시 말해 경제 변수들이 비슷한 경우에도 문화적 차이에 따라 결과가 크게 다를 수도 있다는 것이다. 신고전학파 이론을 수정하는데 있어 제도의 역할을 중요시하는 제도주의 학파가 있다. 제도주의적 접근 방법은 '신제도주의(new institutionalism)'의 기치 아래 경제학뿐 아니라 다른 사회과학 분야에서도 활발하게 연구되고 있다.

그러면 '신제도주의' 학파가 강조하는 '제도'란 어떠한 의미를 갖는가? 노스(North, 1990)에 의하면 제도는 우선 사회에 적용되는 '게임의 규칙'이다. 다시 말해 제도는 인간 사이의 상호작용을 제약하도록 고안해낸 규정이다. 그 결과 제도는 사회 구성원들의 행위를 촉진 또는 억제하는 유인(incentive)을 결정한다. 둘째, 제도는 개인이 선택할 수 있는 가능성의 범위를 정의하고 제한한다. 셋째, 제도는 법이나 규칙 같은 공식적 제도와 관습, 규범, 행동 양식과 같은 비공식적 제도로 구분된다. 특히 신제도주의 학파는 공식적인 제도뿐 아니라 비공식적 제도가 정치, 경제, 사회의 발전에 중요한 영향을 미친다는 사실을 강조한다.

신제도론자들은 이론과 방법론에서 적지 않은 차이가 있지만 두 가지 기본적 관점에서 견해가 일치한다.

첫째, 제도는 구성원들의 사회활동의 틀을 만든다. 제도를 구성하는 규칙 및 절차들은 사회적 행위를 구조화함으로써 그 행위의 결과에 제도의 모습(imprint)을 남긴다. 즉 제도는 구성원들의 정체성, 권력 관계, 행동 전략의 틀을 만듦으로써 행위의 결과에 영향을 미친다는 것이다.

올슨(Olson, 1996)은 잘사는 나라와 못사는 나라의 차이는 천연자원이나 인적·물적 자본의 부존량에 있는 것이 아니라, 재산권(계약 이행의 공정한 집행 포함)을 보장하는 제도가 제대로 구축되어 있는가, 그리고 그릇된 정책으로 경제활동이 왜곡되는 일은 없는가에 달렸음을 실증 분석으로 보여준 바 있다. 재산권이 제대로 보장되지 않는 사회에서는 안심하고 거래를 할 수 없으므로 교환이 발달하지 않고, 그렇게 되면 전문화와 분업이 발달할 수 없기 때문에 가난할 수밖에 없다는 것이다.36)

실제로 구한말 우리나라에서 제도의 차이가 경제활동에 미친 효과를 극명하게 보여준 기록이 있다. 당시 한반도와 그 주변을 여행했던 영국인 비숍(Isabella Bird Bishop)에 의하면 한반도의 조선인들은 게으르고 가난했지만 러시아의 연해주에 정착한 조선인들은 부지런하고 잘살았는데, 그 이유는 재산권의 차이에 있었다고 한다. 한반도의 상민들은 재산이 약간이라도 있다는 소문이 나면 탐관오리와 양반의 착취를 피할 길이 없었던 데 반해, 연해주의 조선인들은 "반드시 준수해야 할 규칙에 대해서는 단호했으나 그 외에는 최대의 자율을 허용하던 러시아 정부 아래 자치를 누리고 있었고 …… 그들에겐 자유와 재산권이 있었던 것이다."(Bishop, 1970; 유정호, 2004, pp. 136~137에서 재인용) 부지런히 일해서 재산을 모아도 결국 빼앗기고 말 것이라면 누가 일을 하겠는가?

---

36) 물론 예외적 사례들도 있다. 2차 대전 이후 일본, 대만, 한국 등에서의 토지개혁이나 15세기 말 영국의 인클로저(Enclosure) 운동은 재산권의 침해에도 불구하고 경제 발전에 기여했다(장하준, 2004, p. 157). 토지개혁은 부분적이나마 보상이 따랐고 1회에 그친 특단의 조치였으며, 인클로저 운동은 공유지를 사유지화 함으로써 공유지의 비극을 제거하고 토지의 효율적 사용을 가능케 했다.

같은 맥락에서 조선 중기 이후 소나무의 벌목을 금한 '송금법(松禁法)'이 민둥산을 만들어냈다는 정약전의 지적 또한 재산권의 침해가 국부를 파괴하는 결과를 초래한다는 것을 잘 보여주고 있다. 자기 산에서 소나무를 베어다 쓰거나 남이 주인 몰래 베어가도 산주에 대한 처벌이 가혹했기 때문에 나무가 없는 것이 오히려 안전하다는 생각으로 소나무가 아예 자라지 못하게 싹부터 제거하여 벌거벗은 산이 되었다면서, 정약전은 산과 나무에 대한 재산권을 보호해주는 것이 숲을 가꾸는 길이라고 주장했다(김정호, 2006, pp. 165~167). 이처럼 제도는 긍정적 또는 부정적 유인을 제공함으로써 사회 구성원들의 행동 전략과 결과에 강력한 영향을 미친다.

둘째, 제도는 역사에 의해 형성된다. 다른 여러 요인들도 제도 형성에 영향을 미치는 것이 사실이지만 제도는 무엇보다도 관성(inertia)과 견고성(robustness)을 지닌다. 다시 말해 역사는 '경로의 존적(path dependent)'이기 때문에 먼저 일어난 일이 나중 일을 조건 짓는다(North, 1990, pp. 92~104). 따라서 제도는 역사적으로 변화해 온 궤적과 전환점을 보여준다.

제도의 관성과 경로의존성을 보여주는 대표적인 사례가 북한이다. 해방 직후 한반도가 남북으로 분단되면서 북한은 사회주의 1당 독재 체제를 선택했다. 이 체제는 1990년대에 이미 파탄 상태에 이르렀고, 북한 정권도 개혁과 개방 없이는 회생이 불가능한 상태임을 깨닫게 되었다. 그럼에도 북한에서는 과감한 체제 전환이 이루어지지 않고 있다. 기존 체제에서 기득권을 향유하는 지도층이 그것을 버릴 마음이 없기 때문이다.

기득권 중에서도 가장 내놓기 싫은 것이 정권이다. 그래서 개혁과 개방이 불가피하다는 것을 잘 알면서도 정권이 무너질 위험성이 크기 때문에 제도의 큰 틀은 유지하면서 부분적으로 조금씩 만지작거리고 있을 뿐이다.

이처럼 제도를 바꾸는 것은 어렵다. 제도개혁의 이익은 불확실한데 기득권의 상실은 분명하기 때문에 찬성론자들의 여론보다는 반대론자들의 저항이 훨씬 더 강하기 때문이다. 그래서 "첫 단추를 잘 끼워야 한다."(공병호, 2005, pp. 95~102)

퍼트남(Putnam, 1993)은 이상 두 가지 주제를 이탈리아의 지방자치에 대한 연구를 통해 검증했다. 즉 제도적 변화가 이탈리아 사람들의 정체성, 권력 및 행동 전략에 어떤 영향을 미치는가, 그리고 제도의 성과가 역사에 의해 어떻게 조건 지워지는가를 연구했다. 그러나 퍼트남 연구의 가장 큰 성과는 제도의 실제적 성과는 제도가 작동하는 '사회적 맥락'에 의해 규정된다고 주장한 대목이다. 이 장에서 퍼트남의 연구를 자세히 다루고자 하는 이유도 '맥락이 중요하다(context matters)'는 부분에 있다.

고사성어 중에 남귤북지(南橘北枳) 또는 귤화위지(橘化爲枳)라는 말이 있다. 중국 춘추시대 말기 제(齊)나라의 안영이라는 재상이 초(楚)나라 영왕의 심술에 기지로 대응하면서 사용했다는 유래를 지니고 있는데, '강남의 귤을 강북에 옮겨 심으면 탱자로 변한다'는 뜻으로 사람은 환경에 따라 악하게도 되고 착하게도 된다는, 사회적 맥락의 중요성을 강조하는 말이다. 같은 사람이 상황에 따라 줄서기를 하기도 하고 안 하기도 하는 것이 남귤북지의 전형적 예라 할 수 있다.

이와 마찬가지로 동일한 정치 및 경제 제도가 사회적 맥락이 다른 곳에서는 각기 다르게 작동하거나 심지어 변질되는 경우를 자주 볼 수 있다. 선진 민주국가의 식민통치와 독립운동 과정을 통해 한때 정치적으로 민주주의를 경험했던 국가가 독립 후에는 별반 발전이 없거나 갈수록 퇴조하는 경우가 있다.

영국이나 미국으로부터 독립한 제3세계 국가들 중에는 인도처럼 경제적 낙후에도 불구하고 정치적으로는 민주주의를 꾸준히 유지한 나라도 있지만 파키스탄, 버마(미얀마) 등과 같이 경제적 낙후가 정치적 퇴조로 연결되는 경우도 적지 않으며, 짐바브웨처럼 일인독재로 국가가 파탄지경에 이른 경우도 있다. 여기서 하버드대 사회학 교수 패터슨(Orlando Patterson)이 인구 300만 명을 가진 카리브 해의 조그만 섬나라 자메이카의 예를 한 일간지에 기고한 내용을 중심으로 살펴보자.[37]

자메이카는 1962년 약 300년 만에 영국으로부터 독립했다.[38] 자메이카는 식민통치기에 영국으로부터 배운 언론의 자유, 사회·정치적 토론 문화, 활발한 시민사회, 선진화된 대중문화 등의 덕으로 카리브 해의 제3세계치고는 민주주의가 성공적으로 운영된 나라였다. 자메이카는 국민들의 투표로 양대 집권 정당을 수시로 교체할 정도로 민주적인 정권 교체를 경험해왔다.

그러나 정치 지도자들이 이른바 '요새 지역구(garrison constituency)'를 만들면서 정치 발전이 퇴색하기 시작했다. 요새 지역구란 자신의 선거구에서 항상 자동으로 당선되기 위해 공공자금으로 주택단지를 지어놓고 자신의 지지 세력만 골라서 이주시킨 구역을 말한다. 고정 지지 세력을

---

[37] Orlando Patterson, "Jamaica: A Typical Case of Democracy without Development", *International Herald Tribune*, July 24, 2001.
[38] 보다 정확하게 말하면, 자메이카는 1494~1655년까지 스페인의 통치를 받다가 1655-1962년까지 300여 년간 영국의 지배를 받은 후 독립했다.

인위적으로 확보해 누구도 선거로 자신을 이기지 못하도록 하려는 속셈에서였다.

요새 지역구는 현 자메이카 노동당 당수인 에드워드 시애거(E. Seaga)가 1960년대에 시작했으며, 이에 질세라 다른 당의 유력 정치인들도 그것을 따라했다. 현재 핵심을 이루는 요새 지역구는 약 15개에 달하는 것으로 알려져 있다.

문제는 이러한 요새의 패거리들끼리 선거 때 정치판에서만 싸우던 것이 점차 사회 전체로 확산되어 현재는 폭력적인 갱들의 세력 싸움으로 변질되고 말았다는 데 있다. 즉 처음에는 정치적 목적으로 싸우던 것이 이제는 마약 거래 등 각종 불법적 이권에 손을 대며 사회적으로 치명적인 문제가 되고 있다.39)

후쿠야마(Fukuyama, 1995)는 공산주의 체제에서 최근 시장경제 체제로 전환한 동유럽 국가들 중 헝가리, 폴란드, 체코공화국을 민주주의 국가로 성공할 가능성이 가장 큰 나라들로 지목했다. 이들 나라는 비록 초기 단계이긴 하지만 당초 자신들이 가진 신생 시민사회(nascent civil societies)의 내력을 공산주의 체제 아래서도 내내 유지해왔기 때문이라는 것이다. 실제로 이들 국가는 많은 전문가들이 예상한 바와 같이 10여 년이라는 짧은 기간 안에 민주주의를 공고히 하는데 성공했다.

---

39) 2010년 5월 하순에 자메이카 정부가 집권 노동당을 재정적으로 후원하는 마약 조직의 두목 크리스토퍼 코크를 미국 정부의 압력에 못 이겨 미국으로 인도하기로 결정하자 무장한 조직원들이 군경합동검거단과 4일 동안 총격전을 벌여 민간인 포함 50명의 사망자가 발생하는 사태가 발생했다. 요새 지역구들이 정치권과 결탁된 범죄 조직들의 소굴로 변한 결과 자메이카는 살인범죄율이 세계에서 가장 높은 나라 중의 하나라는 불명예를 얻게 되었다.

왜 자메이카 같은 나라는 영미식 정치 체제를 학습했음에도 정치적으로 퇴보하고, 파키스탄, 짐바브웨 등은 민주화가 요원해 보이는 반면, 헝가리나 폴란드, 체코공화국 같은 나라는 공산주의 체제를 경험했음에도 짧은 기간에 민주주의를 정착시키고 체제를 공고히 할 수 있었는가?

민주주의 제도의 성패를 사회문화적 요인에 초점을 맞추어 분석하는 방식은 매우 오래전부터 시작되었다고 할 수 있다. 가장 오래된 연구는 플라톤의 『국가론(Republic)』에서 찾아야 할 것이다. 신제도주의 학파의 근대판 고전이라고 할 수 있는 『시민문화론(The Civic Culture)』에서 아먼드와 버바(Almond and Verba, 1963)는 시민문화로 명명된 일련의 정치적 행태와 경향을 가지고 미국, 영국, 이탈리아, 멕시코, 독일의 민주정치의 차이를 설명했다.

또한 이 분야의 대표적인 저서라 할 수 있는 『미국의 민주주의』에서 토크빌은 한 사회의 관습과 정치적 관행의 연관성을 깊이 연구하면서, 시민적 결사는 안정되고 효율적인 민주 제도에 매우 중요한 '마음의 습관(the habits of the heart)'을 강화한다고 설파했다.

이 같은 맥락에서 퍼트남(Putnam, 1993)은 20년이라는 장기간의 연구를 통해 이탈리아 지방자치에 대한 방대한 자료를 수집, 분석했는데 이 책은 발간된 지 얼마 되지 않아 이 분야의 새로운 고전으로 여겨지게 되었다. 퍼트남의 연구 결과는 우리나라에도 시사하는 바가 크기 때문에 아래에 그 내용을 간략하게 소개한다.

제도 개혁의 성과와 시민문화

1970년대 이탈리아는 오랜 중앙집권 체제에 대한 개혁 움직임이 일면서 지방자치제를 실시함으로써 중앙정부의 권력과 자원이 유래 없이 지방정부로 이양되었다. 퍼트남은 여기서 지방자치제라는 제도 개혁이 이탈리아의 정치 관행과 정부 서비스의 질에 미친 영향, 기존 제도의 타성 속에서 개혁이 이루어낸 성과, 그리고 새로운 제도가 실제로 정치인들 및 주민들의 행태에 어떠한 영향을 끼쳤나 등을 고찰하고자 했다.

이를 위해서 퍼트남은 1970년부터 1989년까지 이탈리아의 20개 지방정부를 대상으로 한 각종 통계 조사를 비롯해 여론 주도층, 지방정부, 유권자를 대상으로 한 수십 차례에 걸친 개인 면담 등 총 700여 회에 달하는 인터뷰, 우편 조사, 법안 분석, 그리고 전국의 유권자를 대상으로 여섯 번의 조사를 실시하는 등 다양하고 광범위한 데이터를 수집, 분석했다.

퍼트남이 연구한 주요 내용은 다음과 같다. 첫째, 경제 발전의 정도와 지방자치 기관의 성과 사이의 관계, 그리고 이 기관의 성취도와 시민공동체(civic community) 사이의 강력한 연관성을 밝힌다.[40]

---

40) 여기서 설명하고 넘어가야 할 내용이 있다. 이 책에서 계속 사용하고 있는 '시민공동체'는 'civic community'를 번역한 것인데, 보다 엄밀하게는 '시민적인 공동체'라고 해야 본뜻을 이해하기 쉬울 것이다. 공동체 중에는 보다 시민적인(more civic) 것들과 덜 시민적인(less civic) 또는 비시민적인(incivic) 공동체들이 있음을 보면 이해할 수 있을 것이다. 그러나 이 책에서는 흔히 쓰는 '시민공동체'라는 표현을 계속해서 사용하고자 한다. 왜냐하면 '시민적(civic)'이라는 표현을 고집하면 우리에게 너무도 익숙한 '시민의식(civic virtue)'이나 '시민문화(civic culture)'도 '시민적 의식' 또는 '시민적 문화'라고 표현해야만 하기 때문이다. 그러므로 이 책에서 사용하는 시민공동체를 '시민적인(civic)' 공동체로 이해해 주기 바란다.

둘째, 무엇 때문에 지역에 따라 시민공동체의 발전 수준에서 차이를 보이는가를 역사적 연원에서 찾는다. 셋째, 성공적인 정부를 만드는 데 있어서 사회적 자본의 중요성을 탐구한다.

퍼트남은 이탈리아 정부가 지방자치라는 제도 개혁을 실시한 이후 각 지방정부 간 성취도에 차이가 나타난 원인을 분석하기 위해 기관의 성취도와 시민공동체의 발전 정도 사이의 상관관계를 고찰했다. 퍼트남은 시민 참여의 연결망과 규범이 활성화된 지역과 이와는 달리 수직적으로 구조화되고 불신의 문화가 팽배한 지역을 비교, 분석해 시민문화상의 차이가 제도의 성패를 좌우한다는 결론을 도출했다.

퍼트남의 연구 결과를 살펴보기에 앞서 먼저 시민공동체의 의미를 짚어보자. 퍼트남은 자신의 저서에서 시민공동체가 내포하는 의미를 이탈리아 지역 주민들의 시민성(civicness)으로 표현하고 있는데, 이 책에서 논의하고자 하는 사회적 자본을 이해하는 데도 시민공동체 또는 시민성의 의미는 매우 중요하다.

퍼트남은 시민공동체의 의미를 공화주의 이론을 바탕으로 한 토크빌 등의 철학적 논쟁에서 다음과 같은 몇 가지 핵심 주제를 추출해서 설명한다.

첫째, 시민공동체의 시민은 공적인 일에 적극적으로 참여하는 특징이 있다. 공공의 쟁점에 지속적인 관심을 기울이고 공공의 대의를 위해 헌신하는 것이 시민 덕목(civic virtue)의 핵심이라는 것이다. 시민공동체의 시민들은 이기심 전혀 없는 이타주의자들이라는 말이 아니라 자기 이익을 추구할 때에도 토크빌이 주장하는 '올바로 이해된 자기 이익(self-interest properly understood)'을 추구한다. 즉 근시안적 자기 이익만이 아니라 보다 넓은 공공의 필요성이라는 맥락에서 정의된 개화된 자기 이익(enlightened self-interest), 다시 말해 다른 사람들의 이익에도 충실한 자기 이익을 추구한다는 것이다.

둘째, 시민공동체의 시민들 사이에는 호혜주의와 협동의 수평적 관계가 발달되어 있다. 시민들은 서로 동등하게 대하며 후견인과 하수인(patron and client), 또는 통치자와 청원자(governor and petitioner)의 관계로 대하지 않는다는 것이다. 따라서 어떤 사회에서 시민들 사이의 정치적 평등이라는 이상에 근접해 호혜주의의 규범을 준수하면서 자치를 실시하면 그 공동체는 그만큼 시민적이다.

셋째, 시민공동체의 시민들은 어떤 문제에 대해 의견이 다를 때에도 서로에게 도움이 되려고 하며 서로 존경하고 신뢰한다. 이러한 시민들은 공공의 쟁점에 대한 소신이 강하기 때문에 의견 대립은 분명히 있으나 상대방에게 관용을 베풀 줄 안다. 우리나라에서처럼 반대 의견을 어떻게 해서든 제압하고 자신들의 의견만을 관철시키려 하여 사회적 갈등을 일으키는 일이 없다는 말이다. 시민공동체는 신뢰가 두텁게 형성되어 있기 때문에 집합행동에서 나타나는 기회주의적 행태를 보다 쉽게 극복할 수 있다고 한다.

넷째, 시민공동체의 규범과 가치는 시민들의 결사체라는 사회적 구조와 시민들의 협동이라는 개인적 습관에 구현되어 있고 이런 것들에 의해 강화된다. 시민결사체들은 대내적으로는 개별 회원들 간에 협동의 습관과 연대성 및 공공정신을 함양하고 대외적으로는 결사체 간의 2차적인 네트워크를 통해 효과적인 사회적 협동을 구현

한다.

　퍼트남은 이탈리아 20개 지방정부의 효율성을 '기관의 성취도'로 측정하는 한편, 이와 같은 시민공동체의 핵심 주제들을 응용하여 지역 주민들의 시민성을 측정함으로써 상호 연관성을 검증했는데 그가 이 연구에서 얻은 결과는 다음과 같다.
　첫째, 각 지방의 경제적 근대성의 정도와 기관의 성취도 간에 상당히 밀접한 관계가 있는 것으로 나타났다(상관계수 r=0.77).
　둘째, 시민성의 정도와 기관의 성취도는 더욱 밀접한 관계(r=0.92)가 있는 것으로 나타났다. 이는 지방정부의 효율성(기관의 성취도)에 대해 경제 발전 수준이라는 요인의 예측력보다 시민공동체 요인의 예측력이 더 뛰어나다는 것, 즉 어떤 지역이 더 시민적일수록 그 지역의 정부는 더 효율적이라는 것을 의미한다.
　여기서 주목할 것은 경제 발전 변수에서 시민공동체의 영향을 제거하고 나면 경제 발전과 기관의 성취도 사이의 상관관계가 통계학적으로 의미가 없을 정도로 낮아질 뿐 아니라 그 상관성의 방향도 역의 관계에 있음(r=-0.34)을 발견한 반면 시민공동체와 경제 발전 사이의 상관관계를 측정한 결과 매우 밀접한 관계가 있음을 찾아낸 것이다(r=0.77).
　결론적으로 지방정부의 효율성은 각 지방정부의 시민성이 높을수록 증진되며, 경제 발전 수준은 이러한 효율성의 결과일 뿐이지 경제 발전 수준이 지방정부의 효율성에 영향을 미치는 것은 아니라는 것이다.

　이탈리아에서 시민문화가 가장 덜 발달한 곳은 전통적인 수준을 벗어나지 못한 남부 지방이다. 이 지역에서의 삶은 상하 간의 경직된 위계와 착취로 특징지어지며 시민 상호간의 신뢰와 연대성이 결여되어 있다.41) 반면 에밀리아-로마냐(Emilia-Romagna)와 같이 시민문화가 발달된 북부 도시들은 가장 현대적이고 부유하며 기술도 앞서 있는데, 이들 도시는 사회적 연대성이 강하고 공공의식이 투철한 시민들이 거주하는 것으로 나타났다.

시민문화가 발달한 지역의 시민들은 동료 시민들의 준법성에 대한 신뢰를 바탕으로 규칙을 준수하는데, 그러한 신뢰에 의해 시민들 상호 간에 자발적인 협조가 이루어지고 또한 시민들 스스로 규칙을 지키기 때문에 정부는 간섭을 덜 해도 결과적으로 힘 있는 정부가 되는 것으로 나타났다. 반면 미발달 지역의 경우, 남들이 규칙을 준수하지 않으리라 기대하고 각자 규칙에 반하는 행동을 하게 되어 결국 모든 시민들의 냉소적인 기대가 현실화되는 것으로 나타났다.

이처럼 시민들 간의 연대와 자신을 통제하려는 노력이 결여되어 있을 때 시민들은 결국 강력한 위계질서와 경찰력에 의존할 수밖에 없으므로 보다 강력한 정부를 요구하게 된다. 그러나 이러한 사회에서는 비협조적이고 규범을 경시하는 풍조가 만연한 비시민적 문화로 인해 위압적인 정부조차 제 기능을 못하는 힘없는 정부로 전락하고 만다.42) 한마디로 시민문화가 발달하지 못한 지역은 악순환의 고

---

41) 잘 알려진 바와 같이 폭력범죄조직 마피아의 본거지가 남부 이탈리아의 시칠리아에 있다.
42) 우리나라에서도 미국산 쇠고기 수입 결정에 항의하는 촛불시위에 정부가 속수무책이었던 사실이나 평택의 미군기지 이전 예정 지역에서 군인들이 죽봉을 휘두르는 시위대에 얻어맞았던 사실, 용산 재개발 예정 지역 철거민들을 설득하여 평화적으로 해결하지 못하고 철거민들과 경찰들 공히 사상자들이 발생한 사실 등에서 힘없는 정부의 모습을 볼 수 있다. 공권력이 이렇게 무력한 민주국가는 별로 없을 것이다.

리에서 벗어나지 못하게 된다는 것이다.

이상에서 우리는 퍼트남의 연구를 통해 한 나라 안에서도 지역에 따라 시민문화의 축적 정도가 심각한 차이를 보이면 정부의 효율성에서도 큰 차이가 난다는 것을 살펴보았다. 그러면 어떤 원인이 시민문화의 차이를 가져왔는지 알아보자.

성과의 지역적 차이와 역사적 연원

이상의 연구 결과에 대해 퍼트남은 왜 어떤 지역은 다른 지역보다 더 시민적인가 하는 의문을 제기한다. 이에 대한 해답으로 그는 거의 1000년 전의 역사적 전환기에서부터 이러한 지역적 차이의 연원을 찾아낸다.

1100년 무렵 이탈리아에는 두 가지 대조적인 정치 체제가 수립되었다. 즉 남부에는 하나의 강력한 군주제 식민정권이, 북부에는 몇 개의 공동체적 공화제가 각각 들어섰다. 그때부터 형성된 시민성의 차이가 지속되어 19세기 후반 이탈리아 통일을 계기로 중앙집권적 단일 체제로 제노적 통일을 이룬 후에도 시민 참여와 사회적 연대의 패턴에는 여전히 주목할 만한 지역 간 차이가 남게 되었다. 이러한 전통적 차이는 아직까지도 그 지역 주민들의 공적·사적인 삶의 질에 결정적 영향을 미치고 있다는 것이다.

예컨대 북부 지방에서는 시민사회의 질서가 확립됨에 따라 상인들이 상업적 거래망을 확대하게 되었고 이는 분쟁 조정, 정보 교환, 위험 분산 등과 관련된 법적·준(準)법적 제도의 발전에 기여해 금융 및 상업 부문의 성장을 가져왔다. 특히 계약과 법률이 공정하게 집행되리라는 확신과 당사자 상호 간에 신뢰가 바탕이 되어 은행과 같은 신용 제도의 발달을 가져오게 되었다.

13세기에 이탈리아에서는 시장 거리에 작은 테이블과 벤치(banco)를 놓고 환전 업무를 해주는 사람들이 출현했는데, 그들은 차츰 화폐의 예탁 및 대부 등의 업무로 확대하여 오늘날의 은행의 효시가 되었다(은행을 지칭하는 banco, 영어로 bank는 여기에서 유래했다). 자본주의 경제 발전에 있어서 심장과 같은 핵심적 역할을 하는 금융제도가 이렇게 시작될 수 있었던 것은 시민들 사이의 높은 신뢰가 있었기에 가능한 일이었다. 오늘날에도 금융기관에게 신뢰가 생명과 같이 소중한 것임은 말할 필요도 없다.

퍼트남은 1860년부터 1920년에 이르는 반세기 동안 시민 참여의 전통과 1970년대의 시민공동체를 비교한 결과 거의 완전한 상관관계(r=0.93)가 있음을 발견했다. 이는 이탈리아가 1860년부터 100여 년 동안 엄청난 사회 변화를 거치면서도 시민 참여의 전통은 놀랄 만큼 변하지 않았다는 것을 보여준다. 즉 100여 년 전에 사회적 연대와 시민 참여가 가장 활발했던 바로 그 지역들에서 오늘날에도 정치적·사회적 삶이 가장 시민적으로 나타난 것이다. 뿐만 아니라 거의 1,000년 전에도 바로 이 지역들에서 공공생활이 뚜렷하게 시민적이었으며 길드, 주민 결사체, 기타 시민 참여 조직들을 포함한 공동체의 활동이 유달리 번성했음을 확인했다.

마지막으로 퍼트남은 경제적 발전만이 시민 참여 문화를 부양할 수 있다는 경제결정론에 의문을 제기하면서 경제 발전과 시민적 전통 사이의 진정한 인과관계를 찾으려고 노력했다. 퍼트남이 발견한 것은 1900년대에 시민 참여가 많았던 지역은 1970년대의 시민 참여로 지속되면서 사회경제적 발전을 이루었으나, 반대로 1900년대의 사회경제적 발전 정도가 1970년대의 시민 참여를 설명하지는 못했다는 것이다. 아울러 퍼트남은 1,000년 가까이 북부와 남부 지역 간 시민성의 차이가 경제적 발전상의 차이보다 더 일관성 있게 유지된 것을 발견하고, 20세기에 어떤 지역이 사회경제적으로 발전할 수 있었던 것은 그 지역의 애초의 사회경제적 발전 수준보다는 시민문화의 전통에 더 좌우되었다는 결론을 얻었다.[43]

따라서 퍼트남은 현대에 나타나는 시민성과 경제 수준 사이의 상관관계는 기본적으로 시민성이 경제 수준에 끼치는 영향을 반영하는 것이지, 그 반대의 경우가 아니라고 하면서 기존의 경제결정론에 이의를 제기한다. 다만 이탈리아의 경우를 연구해서 내린 결론, 즉 문화적 전통이 경제 발전의 선행 조건이라는 것은 일반화할 수 있는 이론적 수준이라기보다는 문제 제기 수준이라고 조심스럽게 주장한다.

그러면서도 퍼트남은 비록 시민적 전통이 경제 발전의 유일한 또는 가장 중요한 결정 요인은 아닐지라도 '경제 상태→시민성'이라는 인과관계는 찬성하지 않으며, 최소한 현재의 경제 발전은 이전의 경제 발전 수준보다는 시민문화의 전통에 훨씬 더 영향을 받는다는 주장은 결코 양보하지 않는다.

이처럼 중요한 역할을 하는 시민성은 1,000년이라는 오랜 세월을 거치며 형성된 것이어서 100년 전에 더 시민적이었던 지역이 100년

---

43) 1100년경에는 남부 이탈리아가 북부보다 경제적으로 더 앞서 있었다고 한다.

후에도 더 시민적이라는 퍼트남의 연구 결과가 일견 시민성이 결여된 지역에서는 사회 개혁을 위한 어떠한 노력도 성공할 수 없다는 절망적 선언으로 들릴 수 있다. 그러나 퍼트남은 시민성의 역사적 연원을 강조하면서도 지방자치제라는 공식적 제도의 개혁이 이탈리아의 북부뿐 아니라 남부에서도 주민들의 정체성, 가치관과 권력관계, 그리고 행동 전략과 같은 정치적 관행에 어느 정도 변화를 가져왔다는 사실을 주목했다.

물론 기존에 축적된 사회적 자본의 차이로 인해 남부와 북부 간에 뚜렷한 차이가 있기는 했지만 기본적으로 공식적인 제도 개혁은 남부와 북부 모두에 보다 온건하고 실리적이며 관용적인 엘리트 정치 문화를 배양했으며, 주민들이 행정기관에 접근하기가 보다 쉬워졌음을 간과해서는 안 된다는 것이다.44) 결론적으로 그는 역사적 과정뿐 아니라 제도를 포함한 사회적 맥락 또한 기관의 효율성에 지대한 영향을 미친다고 강조한다(Putnam, 1993, pp. 182~184).

여기서 한 가지 유의할 점은 시민성이 낮은 사회에서는 모든 제도가 매우 낮은 성과밖에 내지 못할 것이라고 속단해서는 안 된다는 것이다. 그 이유는 시스템에 따라 인센티브가 다르기 때문이다. 어떤 시스템은 강한 경제적 인센티브를 부여하고, 어떤 시스템은 경제적 인센티브는 없으나 도덕적·사회적 인센티브를 부여하며, 또 어떤 시스템은 경제적 인센티브를 박탈하기도 한다. 물론 사람들은 경제적 인센티브에 가장 강하게 반응한다.

앞에서 소개한 조선 말기의 사례에서도 러시아의 통치 시스템이

---

44) 우리나라에서도 지방자치 제도의 도입은 지역 간의 경쟁을 유발하여 지방 행정이 지역 주민들의 의사를 보다 충실히 반영하려는 방향으로 변화를 일으키고 있다.

경제적 인센티브를 부여했기 때문에 연해주의 조선인들은 부지런히 일해서 잘살게 되었다. 그러나 조선 사회의 통치 시스템은 경제적 인센티브를 박탈했기 때문에 사람들이 게으르고 가난해졌던 것이다. 또 한 가지 사례로 임진왜란 후 일본으로 끌려간 조선의 도공들이 일본의 인센티브에 반응하여 일본의 도자기 산업을 일으키고 메이지 유신의 경제적 기반을 다졌으나 조선에 남아있던 도공들은 조선의 경제 발전에 전혀 기여하지 못하였는데, 이에 대해 윤덕민(1998)은 조선의 실패는 시스템(제도)의 실패였다고 지적한다.

퍼트남과 우리의 관심은 민주주의 제도 개혁의 성과에 관한 것이다. 민주주의 제도는 경제적 인센티브보다는 도덕적·사회적 인센티브를 부여한다. 그러나 불행히도 도덕적·사회적 인센티브에 대해서는 경제적 인센티브만큼 강하게 반응하지 않기 때문에 사회적 자본의 중요성이 부각되는 것이다.

한편, 최근 들어 이탈리아 시민성의 지역적 차이에 관한 역사적 연원을 추적한 퍼트남의 가설에 반론이 제기되고 있다. 적어도 19세기의 이탈리아는 정치적으로나 경제적으로 발전 정도에 있어서 남부와 북부 사이에 체계적인 차이가 없었으며, 따라서 오늘날 존재하는 시민성의 지역적 차이는 문화적 경로의존성으로 만족스럽게 설명할 수 없다는 것이다(Huysseune, 2003).

오히려 이탈리아 시민성의 지역적 차이는 20세기 들어와 형성되었으며, 막강한 중앙정부와 집권 기독교 민주당의 정략적 정책과 후견정치(patronage politics)의 산물이라는 것이다.[45] 이러한 관점에서 보면 사회적 자본의 형성이 단지 경로의존적 과정에 의해서만 이루어지는 것은 아니며 당대의 제도적 측면도 중요한 역할을 한다고 할 수 있다(Hooghe and Stolle, 2003, p. 240). 또한 앞에서 설명한 바와 같이 자메이카가 300여 년 동안 영국의 정치 제도를 학습했음에도 독립 이후에 민주주의가 오히려 퇴보했다는 사실은 경로의존성이 절대적 영향력을 미치는 것은 아니라고 볼 수 있다.46)

이탈리아 시민성의 지역적 차이의 역사적 연원에 관한 논란은 여기서 자세히 다룰 성질의 것이 아니다. 그러나 중요한 것은 퍼트남 자신도 한 사회의 시민성이 비교적 짧은 기간에 변화할 수 있음을 시인했다는 사실이다.

예를 들어 미국의 경우 1960년대 초에는 국민의 55%가 '대부분의 사람들을 신뢰할 수 있다'고 응답했으나 1990년대 말에는 35%만이 '그렇다'고 응답하여 미국 국민들의 신뢰 수준이 현저히 저하되었음을 발견했다(Putnam, 2000). 퍼트남은 이 같은 변화가 세대 간의 차이에서 비롯된다고 설명한다. 즉 젊은 세대가 부모 세대보다 현저하게 낮은 신뢰도를 보여주고 있는데, 지난 40년 동안 세대교체가 이루어지면서 전체적인 신뢰도가 저하되었다는 것이다.

다른 나라의 경험에서도 신뢰도가 변화할 수 있다는 사실을 발견하게 된다. 예를 들어 미국과는 반대로 독일에서는 민주화 이후 신

---

45) 그렇다면 똑같은 후견정치가 남부와 북부 간에 다르게 영향을 끼친 이유가 어디에 있는지 설명이 필요하다.
46) 정치학에서는 권위주의 체제에서 민주주의로 이행하는 과정이 그 후 민주주의를 어떤 유형으로 공고화하는데 영향을 끼치는가에 대해 두 가지 견해가 있다. 쉐보르스키(Przeworski, 1991) 등 일부 민주화 이론가들은 민주화 이후의 민주주의는 (정당 간) 경쟁의 제도적 효과가 발휘되어 스스로 공고화되고 변화한다고 본다. 반면, 오도넬과 슈미터(O'Donnell and Schmitter, 1986) 등은 민주주의로의 이행이 어떤 경로와 유형을 따랐는지가 그 후의 민주주의 발전에 영향을 미친다는 경로의존성을 강조한다 (최장집, 2002, p. 111). 내 생각으로 단기적으로는 경로의존성이 더 강하게 나타나고 장기적으로는 경쟁의 제도적 효과가 지배적이겠지만 후자가 전자를 극복하기까지 얼마나 걸릴 것인가는 시민성에 달려 있다고 본다.

뢰도가 점진적으로 향상되었다. 한편 스칸디나비아 국가들에서는 큰 변화 없이 신뢰도가 비교적 높은 수준에서 유지되고 있다(Hoogh and Stolle, 2003, p. 6). 이상의 연구 결과를 비교해보면 신뢰 또는 불신은 어려서부터 형성되고 공고화되기 때문에 성인이 된 이후에는 크게 변하지 않는 특성이 있지만 시간이 흐름에 따라, 적어도 세대가 교체되어감에 따라 변화할 수 있다는 사실을 부인할 수 없다.

결론적으로 시민성이 결여된 사회에서 사회적 자본을 축적해나가기 위해서는 두 가지 접근 방법을 동원할 수 있을 것이다.

첫째, 가치 형성 과정에 있는 아동과 청소년들을 대상으로 하는 가치 교육을 통해 그들의 신뢰성을 향상시켜 세대교체가 이루어짐에 따라 사회 전체의 신뢰도를 높여가는 것이다.

둘째, 세대교체만을 기다리지 않고 제도 개혁과 시민사회 등의 역할을 증진시켜 신뢰 구축에 유리하게 사회적 맥락을 변화시키는 것이다.

민주주의 작동의 열쇠

이상에서 살펴본 바와 같이 정치 영역이든 경제 영역이든 어떠한 제도가 어느 정도의 성과를 낼 수 있는가는 사회 구성원들의 시민성에 영향을 받는다. 한 사회에서 구성원들이 상호 이익을 위해 협력할 필요가 있을 때 집합행동의 딜레마가 방해 요소로 등장하는데, 집합행동의 딜레마를 성공적으로 극복하느냐 혹은 자기패배적인 기회주의에 빠지느냐는 특정한 집합행동이 나타나는 보다 넓은 '사회적 맥락'에 의해 결정된다.

사회적 맥락과 관련해 집합행동의 딜레마를 극복하는 방법으로 사회 구성원들의 자발적 협력에 의한 방법과 홉스식 방법이 있다고 앞에서 말했다. 퍼트남은 이탈리아 남부와 북부를 비교 및 분석한 연구를 통해 이러한 두 가지 방법 모두 제각기 선순환과 악순환을 거쳐 나름대로 사회적 균형에 이르는 것을 보여주었다. 예컨대 전자의 경우 포괄적 호혜성의 규범과 시민적 참여의 연결망(network)이 구성원들 사이의 기회주의적 인센티브를 감소시키고 미래의 협력을 위한 모델을 제공하기 때문에 사회적 신뢰와 협력을 촉진시킨다.

신뢰는 개인적 속성이기도 하지만 그보다는 사회 체계의 발현체이므로 한 개인이 남을 신뢰할 수 있는 것은 자신의 행동이 맥락 지워지는 사회적 규범과 연결망이 결정적 역할을 한다. 사실 어떤 사회든 공식적·비공식적 의사소통과 교환의 연결망에 의해 특징지어진다고 할 수 있다.

다만 동등하지 않은 행위자를 위계질서와 종속의 비대칭적 관계로 연결시키는 수직적 연결망보다는 이웃 간의 모임, 합창단, 협동조합, 운동 클럽과 우리나라의 계, 두레, 상호 부조 단체와 같은 수평적 시민 참여의 연결망이 호혜성과 관련된 보다 강력한 규범을 만들어낸다. 수평적 시민 참여의 연결망에서는 의사소통이 원활해지고 개인의 신뢰도에 관한 정보의 흐름이 크기 때문에 개별 거래에서 배신자가 지불해야 하는 잠재적 비용이 매우 커짐으로써 상호 신뢰가 차츰 증가하게 되고 협력하기가 쉬워져 집합행동의 딜레마를 최소화할 수 있기 때문이다.

여기서 주목할 것은 사회적 자본은 축적할수록 더 쉽게 축적되는 경향이 있다는 사실이다. 어떤 조직의 구성원들이 서로 믿음을 보이면 보일수록 배신의 경험이 줄어들기 때문에 상호간 신뢰가 더 두터워지는 것이다. 다시 말해 신뢰, 규범, 네트워크 등 사회적 자본은 자기 강화적인 선순환의 특징을 보인다. 이러한 선순환은 보다 높은 수준의 신뢰, 호혜성, 협력, 시민적 참여와 집단적 복지라는 사회적 균형을 가져온다.

이와 마찬가지로 비시민적 공동체에 이러한 속성이 부재한 것 또한 자기 강화적이어서 배신, 착취, 고립, 무질서, 등의 경험이 더 큰 불신을 낳아 악순환의 고리를 강화시킨다. 따라서 신뢰가 무너지기 시작하면 자기 강화적 불신의 악순환에 빠져들기 쉽다. 결론적으로 신뢰는 구축하기는 어려우나 파괴되기 쉽고, 불신은 형성하기는 쉬우나 신뢰로 돌려놓기는 매우 어렵다는 비대칭성이 존재한다(유홍준, 2004, p. 241).

이와 같은 특성을 노스(North)는 '경로의존적' 특성으로 설명한다. 사회적 신뢰가 형성되지 않은 특정 공동체에서는 항상 배반하는 전략이 개인에게 이롭기 때문에 사회적 자본이 점차 축소되게 마련인 반면, 사회적 신뢰가 형성된 공동체에서는 서로 협동하는 전략이 이롭기 때문에 사회적 자본이 점점 축적되므로 양 공동체 간 사회적 자본의 격차가 점차 커진다는 것이다.

이탈리아 남부와 북부를 비교 분석한 퍼트남의 연구를 보면, 적어도 지난 1,000년 가까이 북부와 남부는 집합행동의 딜레마에 대해 매우 상이한 방식으로 접근해왔음을 알 수 있다. 북부 지방은 그 지역에 내재된 신뢰, 시민 참여 등의 사회적 자본으로 남부보다 훨씬 높은 수준의 정치·경제적 발전과 제도적 성과를 누릴 수 있었다. 반면 남부는 불신의 악순환에 빠져들어 집합행동의 딜레마에서 헤어

나오지 못하고 있다.

이와 비슷한 사례는 다른 나라에서도 쉽게 찾아볼 수 있다. 미주 대륙을 예로 보면, 중남미 국가들은 중앙집권적 권위주의, 가족주의와 후견주의라는 중세 말기 스페인의 유산을 물려받은 반면, 미국과 캐나다는 지방분권적이고 의회주의적인 영국의 유산에서 혜택을 보았다(North, 1990). 현재 북미와 중남미 국가들 사이에 나타나는 경제·사회적 발전의 격차는 이탈리아 북부 및 남부의 사례와 매우 유사하다.

지금까지의 논의를 요약하면, 이탈리아 남부와 북부, 그리고 북미와 중남미 국가들 사이에 존재하는 사회적 자본의 격차가 오랜 역사적 연원을 갖고 있는 데서 알 수 있듯이 사회적 자본을 축적하는 일은 그리 쉽지가 않다. 퍼트남은 지방자치 실시 이후 이탈리아에서 제도 개혁의 성과가 지역에 따라 크게 차이가 나고 그 원인으로 역사적 요인이 작용했음을 지적했지만, 한편으로는 제도 개혁이 정치 문화에 어느 정도의 변화를 가져왔음을 발견하고 사회적 맥락의 중요성을 강조했다.

다시 말해, 공식적인 제도의 변화는 '실제로 해봄으로써 배우는(learning by doing)' 사회적 학습을 통해 비공식적 제도(관행, 규범 등)의 변화를 수반함으로써 이러한 변화가 서서히, 그러나 지속적으로 유지될 수 있는 자생력을 갖게 된다는 것이다(Putnam, 1993, p. 184).

그리고 실생활에서도 공식적 제도가 사회적 자본의 형성에 실제로 영향을 끼치는 예로 캘리포니아 주의 샌 루이스 오비스포(San Luis Obispo) 시의 경험을 소개했다. 시의회는 새로 짓는 모든 주택이 베란다를 서로 마주보게 하도록 법률로 규정했는데, 그 결과 주민들 간의 사회적 연계망이 높아졌다는 것이다(Putnam, 1995).

물론 제도의 성패를 결정하는데 사회적 자본만이 중요한 것은 아니다. 그러나 민주주의와 관련된 제도들은 대부분 경제적 인센티브보다는 도덕적·사회적 인센티브에 의존하게 되는데 이 같은 인센티브는 강력하지 못하기 때문에 사회적 자본이 요구되는 것이다. 사회적 자본은 우리나라가 사회통합을 이루고 진정한 선진국이 되기 위해서 하루빨리 증진시켜야 할 요소이다.

지난 50년 동안 우리나라는 저축을 통한 물적 자본의 축적과 교육, 연구, 개발 및 훈련 등을 통한 인적 자본의 축적에서는 선진국 수준의 비약적인 발전을 이루었다. 그러나 신뢰와 시민의식을 바탕으로 한 사회적 자본은 선진국 수준에 크게 못 미치고 있다.

독재 정권 시절에는 계획된 경제 정책을 추진하면서 홉스 식 해결책으로 집합행동의 딜레마를 해결하려고 했다. 그러나 민주화 이후 과거보다 시민의식이 더욱더 절실한 판에 오히려 갈수록 불신과 배반, 갈등과 무질서의 악순환에 빠져들고 있다. 한마디로 우리나라의 사회적 자본은 급속하게 진전된 물적 및 인적 자본의 수준과는 매우 심각한 차이를 보이고 있다.

우리나라가 민주주의와 시장경제의 제도적 완성을 이루어 진정한 선진국으로 발전하기 위해서는 사회적 자본의 증진이 무엇보다 시급하다. 다행히 이 분야의 연구 결과들은 사회적 자본도 노력하기에 따라서는 충분히 증진시킬 수 있다는 가능성을 보여준다. 사회적 자본은 일단 형성 과정이 시작되면 자기 강화적인 선순환의 특성으로 인해 계속 확대된다는 것을 앞에서 살펴보았다. 따라서 남은 과제는 사회적 자본을 어떻게 선순환의 고리로 진입시킬 것인가 하는 것이다.

사회적 자본을 증진시키기 위해 나는 앞에서 언급한 두 가지 접근 방법(아동 및 청소년에 대한 가치 교육과 기성세대의 신뢰 증진을 위한 제도 개혁 및 시민운동)을 토대로 2부에서 실현 가능한 현실적 대안을 제시하고자 한다. 그러나 정책적 또는 제도적 처방을 논하기에 앞서 우리가 가진 사회적 자본의 현주소를 먼저 분석해볼 필요를 느낀다. 그래야만 사회적 자본을 증진시키기 위한 효율적 대안을 이끌어낼 수 있기 때문이다.

4장 사회적 자본과 한국

한국의 사회적 자본

우리나라가 선진국의 문턱을 겨우 넘고 나서 중남미 국가들처럼 반복적인 위기를 맞거나 일본과 같은 장기 불황에 빠지지 않고 선진국의 반열에 확고한 기반을 다질 수 있도록 안정적인 발전을 구가하려면 올바른 경제 정책과 공적 제도의 개혁도 중요하지만 사회통합을 이루고 투명사회를 만드는 것도 이에 못지않게 중요하다. 그리고 이를 위해서는 사회적 자본의 축적이 절실하다는 점에 이제 어느 정도 공감대가 이루어졌으리라고 생각한다.

사회통합은 크게 세 가지 차원으로 이해할 수 있다. 첫째, 가능한 한 전체 국민을 포괄해 보다 높은 수준의 복지를 제공하는 것, 즉 '삶의 질'을 높이는 것이다. 둘째, 집단이나 지역 간의 차이에서 발생하는 갈등과 그에 따르는 폭력의 가능성을 줄이고 공동의 정체성을 강화해 사회적 조화와 잠재력을 증대시키는 것이다. 셋째, 사회의 여러 수준이나 여러 계층 간의 조화로운 상호 작용과 유대감을 증대시키는 것이다(Ghai and Alcantara, 1994).

어느 나라 어떤 사회든 다양한 계층과 이익집단이 존재하고 그에 따라 갈등이 생겨나게 마련이다.47) 무조건 양보하고 힘을 합치자는 구호로는 현실에 나타나는 집합행동의 딜레마를 해결할 수 없다. 사회통합은 사회의 분화나 갈등이 있음을 전제로 하고 그러한 갈등을 원천적으로 없애려 하기보다는 갈등이 제도적으로 표출되도록 유도하여 갈등의 조정을 제도화함으로써 사회적 역동성을 유지하는 가운데 사회 발전을 위해 갈등을 승화시키는 계기가 되도록 하는 것을 의미한다.

세계화, 개방화 시대의 사회통합은 선택이 아닌 생존의 문제이다. 자본, 문화, 무역의 개방이 급속히 진행되는 이 시대에는 사회 내부의 정치·경제적 상황과 갈등이 곧바로 외부와 연결되기 때문이다. 예를 들면 2008년 봄에 미국산 쇠고기 수입 결정 과정에서 발생한 촛불시위와 그에 대한 정부의 미숙한 대응으로 온 나라가 혼란으로 빠져든 것이 전형적인 사례이다. 이와 같은 외부로부터의 충격을 최소화하면서 내부의 갈등에 유연하게 대처하기 위해서도 사회통합은 반드시 필요하다.

사회통합을 가장 효율적으로 실현하는 길은 민주적인 정부 아래

---

47) 사회갈등은 "사회집단이 권력이나 사회적 지위, 희소한 자원 등을 차지하기 위해 상대 집단을 의식하면서 서로 경쟁하는 상태"를 말하며, 갈등이 표출되는 방식에는 선거, 공적 토론, 로비, 입법 청원 등의 제도적 방식과 집회, 시위, 폭동, 내전 등의 물리적 방식이 존재한다. Oberschall, A.(1978), "Theories of Social Conflict", *Annual Review of Sociology*, 4(1), 291~315.

서 국민들의 자발적 협력에 의하는 것임은 이미 여러 차례 말한 바와 같다. 국민들의 자발적 참여와 협력이 가능하려면 사회적 자본의 핵심 요소인 신뢰의 축적이 반드시 필요하다는 것 역시 이론적·역사적으로 살펴보았다.

그러면 우리 사회의 신뢰 수준은 어느 정도일까? 토크빌은 평등한 권한을 가진 개인들 간의 수평적 신뢰가 풍부히 형성되어 있고 공적인 측면에서도 신뢰가 제도화되어 시민적 규범이 자리 잡은 사회를 가장 이상적인 민주주의 사회로 보았다. 이러한 토크빌의 기준에 비추어 사회적 자본의 현주소를 알아보자.

우선 우리나라의 공적인 제도 혹은 사회적 규칙의 투명성은 어느 정도일까? 공적인 신뢰의 토대는 궁극적으로 사회적 규칙을 생산하고 집행하는 입법부, 사법부, 행정부의 정책의 일관성과 예측 가능성에서 찾을 수 있다. 마치 운동경기에서 규칙을 만들고, 그것을 적용하며, 규칙 위반자를 제재하는 원칙이 명확해야 선수들이 일관성 있는 작전을 세우고 경기를 진행할 수 있듯이, 사회적 행위자들도 규칙이 투명하고 위반했을 때 어떤 불이익을 당할지 분명히 예측 가능해야 비로소 사적인 신뢰를 넘어서는 열린 관계망을 구축해나갈 수 있다(이재열, 1998).

공적인 신뢰는 사적인 신뢰를 넘어서서 전 사회적인 협력과 합의를 가능케 하는 제도적 기반이 되기에 그 중요성이 더욱 크다. 그러나 유감스럽게도 한국 사회에서 공적인 신뢰의 기반이 허약하다는 것은 바로 규칙의 생산과 적용을 담당하는 입법부, 행정부, 사법부에 대한 국민들의 불신이 매우 크다는 점에서 명백히 드러난다.

현대사회연구소가 1994년에 실시한 국민 여론조사 결과에 의하면, 각 부문에서 우리 사회를 이끌어가는 지도층 인사들에 대해 '얼마나 믿을 만하다고 생각하는가?'라는 질문에 대한 응답에서 전적인 신뢰를 받는 경우를 100으로, 전적인 불신을 -100으로 척도화한 결과 국회의원이 가장 불신을 받는 집단(-41.4)으로 꼽혔고, 그 다음 기업가(-27.7), 지방 의원(-25.5), 장관(-22.7) 순으로 불신을 받는 것으로 나타났다. 이 같은 상황은 아래에서 보는 바와 같이 세월이 흘러 민주주의의 경험이 축적되어도 전혀 개선되지 않고 있다.

2006년 9월, 문화일보와 한국사회여론연구소(KSOI)의 여론조사에서 법원, 검찰, 변호사에 대해 '신뢰가 안 간다'는 응답이 각각 68%, 72%, 76%로 나왔으며 '신뢰가 간다'는 응답은 29%, 24%, 18%밖에 되지 않았다(문화일보, 2006년 9월 28일). 또한 국제 비교에서도 정치 지도자들에 대한 우리 국민들의 불신이 세계 최고 수준인 것으로 나타났다.

세계경제포럼(World Economic Forum, WEF)의 '국민의 소리(Voice of the People)' 2004년도 보고서에 의하면, 우리나라 국민의 85%가 '정치 지도자들이 정직하지 않다'고 응답했다. 이보다 높은 불신비율을 보인 나라는 조사 대상 60개국 중 에콰도르(96%), 멕시코(93%), 나이지리아(92%), 볼리비아(91%), 페루(91%), 인도(91%), 폴란드(90%) 뿐이었다. 한편 싱가포르는 응답자의 3%, 말레이시아는 13%만이 '정치 지도자들이 정직하지 않다'고 응답하여 우리나라와는 큰 대조를 이루었다(Chosun.com, 2004년 11월 25일).

최근에는 상황이 더욱 나빠졌다. 2012년에 세계경제포럼(WEF)이 발표한 세계경쟁력보고서에 의하면 한국의 국가경쟁력은 비교대상 144개국 중 19위를 기록하고 있는데 세부 항목 중에는 62위에 머무르고 있는 제도의 효율성, 각각 73위와 71위에 머무르고 있는 노동시장과 금융시장의 효율성이 국가 경쟁력을 저하시키는 요인이 되고 있다.

특히 '정치인에 대한 신뢰'는 117위, 정책결정의 투명성 133위, 기업 이사회의 효율성 121위, 노사 협력 129위 등으로 후진국 수준에서 탈피하지 못하고 있어 브로드밴드 이용률(2위), 인터넷 활용도(5위) 임금과 노동생산성(9위) 등 다른 분야의 높은 성과들을 무색하게 만들고 있다.48)

공적인 규칙에 대한 신뢰가 없는 상황에서 사회 구성원들은 힘 있는 사람과의 연고에 의존해 문제를 해결하려는 경향이 강하다. 즉 공적인 제도가 나의 정당한 권익을 보호해 줄 것이라는 신뢰가 부족한 상황에서 불확실한 미래에 대비해 가능한 한 피해를 최소화하고 이익을 최대화하기 위해 인맥을 통한 사적인 신뢰관계를 형성·유지하려는 경향이 강화되는 악순환이 지속되는 것이다. 이 같은 경향은 공부를 하기 위해서라기보다는 인맥 형성을 위해 각종 대학원 과정에 등록하는 우리 사회의 독특한 현상에서도 잘 나타나고 있다.

우리 국민들에게 가족은 여전히 개인의 생활에서 가장 중요한 위치를 차지하고 있다. 공보처가 1996년에 시행한 한국인의 의식 및 가치관 조사에 따르면, 조사 대상자의 93.5%는 소속감을 느끼는 집단으로 가족을 들었다. 이것이 문제가 되는 것은 아니다. 문제는 가족을 벗어나서는 소속감을 별로 가지지 않는다는 것이다. 이 조사에서 국가에 대해서는 10.3%만이, 그리고 이웃이나 지역사회에 대해서는 36.9%만이 소속감을 갖는 것으로 나타났다.

---

48) World Economic Forum, *Global Competitiveness Report 2012~2013*.

가족이기주의가 지나치게 팽배하면 가족이 아닌 '남'과의 관계에서는 기본적인 신뢰, 신용의 문화가 정착되지 않는다. 실제로 2005년도 세계가치관조사(World Values Survey)에서 한국인의 30.2%만이 '타인을 믿는다'고 응답하여, 스웨덴(68.0%)은 말할 것도 없고 중국(52.3%)이나 베트남(52.1%)보다도 낮은 신뢰도를 보여주었다. 이처럼 혈연, 학연, 지연과 무관한 사람들을 기본적으로 불신의 대상으로 보는 사회에서 그들은 철저한 이용의 대상이 될 따름이다(이재열, 1998).

또한 가족이기주의는 수단 가치를 무시하고 목적 가치를 중시하는 생각과 연결되어 있다는 데 문제의 심각성이 있다(김동춘, 1999). 이처럼 목적 가치를 중시하는 '부도덕한 가족이기주의'의 심각성은 2004년 온 나라를 경악케 한 수능시험 부정과 잇따라 드러난 고교 내신 조작 사건 등에서 극명하게 나타났다. 내 자식만 잘되면 그만이라는 생각으로 수단과 방법을 가리지 않는 학부모와 이에 동조하고 결탁하는 교사들 밑에서 배우고 자란 학생들이 양심적이기를 기대할 수 없다.

이렇게 극단적인 이기주의가 판을 치는 상황에서 그릇된 규범과 제도를 바로잡기 위해 감시 감독과 처벌을 강화하고 대입제도를 개선해야 한다는 여론이 비등했지만, 그런다고 이 같은 부정이 사라지지 않을 것임은 불을 보듯 뻔하다. 결국 2010년 벽두에 불거진 SAT 문제지 불법 유출 사건에서 가족이기주의와 도구주의의 폐단이 재확인되었다.

후쿠야마(Fukuyama, 1995)는 유난히 가족 간의 신뢰를 강조하면서 그 밖의 사람들에 대해서는 불신하는 국가로 중국, 프랑스, 이탈리아, 한국을 꼽았다. 그리고 동일한 유교 문화권인 한국과 중국, 일본을 비교할 때 한국인의 연고주의가 특히 두드러진다는 연구 결과도 있다(연세대 사회발전연구소, 1996). 연고주의가 문제가 되는 것은 사적인 연결망 내에서 관계를 맺는 대상의 권력이 강하면 강할수록 다수의 외부인에게는 미래의 불확실성이 더 커지는 폐해가 있는 반면, 내부인들 끼리는 오히려 그 불확실성을 감소시킬 수 있다는 점이다.

이재혁은 "파당화 되어 나타나는 '끼리끼리' 만의 높은 사적 신뢰는 공적 신뢰를 무너뜨리는 요인이 되기도 하며, 또한 역으로 공적 신뢰가 무너지면 (일종의 그 대안으로서) 파당적 사적 신뢰가 높아지게 된다."고 경고한다(이재혁, 2004, p. 137).

제도화된 규칙의 투명성이 뿌리내리지 않은 상황에서는 공적 자원과 규칙을 관리하는 공직자들이 공적 자원을 비공식적으로 통제함으로써 사유화하는 권리가 알게 모르게 보장된다. 이러한 상황에서 기업들은 일관성을 잃은 규칙 앞에서 제도적 환경을 자신들에게 유리한 방향으로 변화시키기 위해 공직자들과의 연고를 이용해 뇌물로 흥정하거나, 또는 공직자를 기업의 요직으로 영입하거나, 퇴임 후 지위를 보장하는 방법 등을 통해 자기편으로 끌어들이는 전략을 구사한다.

그러나 공직자들의 사적인 영향력 행사와 공적 자원의 사유화는 규칙의 예측 가능성과 일관성을 파괴함으로써 사회적 자본을 무너뜨린다는 점에서 그 폐해가 대단히 크다고 할 수 있다. 규칙의 일관성이 없기 때문에 시민들은 규칙을 따르기보다는 물리적 수단으로 자신들의 요구를 관철시킬 수 있다는 계산을 하게 되고, 그렇게 계산된 행동은 공적 제도의 일관성을 유지하기 더욱 어렵게 만든다. 이는 1988~2007년 기간 중에 합법적 시위를 통해 요구를 관철시킨

비율은 28.2%에 그친 반면 불법시위의 관철률은 42.2%에 달했다는 사실이 잘 보여주고 있다(김선혁 외, 2008).

우리 사회에서 공적 자원의 사유화와 규칙 위반은 비단 공직자들에게만 나타나는 것이 아니다. 재벌과 대기업에서도 총수의 사적 소유 관념이 매우 강하다. 그렇다고 총수의 독단적 경영 체제가 항상 나쁜 것만은 아니다. 경영 측면에서 보면 주주자본주의 체재보다 유리한 점도 많다. 여기서 문제 삼고자 하는 것은 공적 자원의 사유화와 그 폐해에 관한 것이다. 흔히 대기업들은 법적 근거도 없는 그룹 회장이라는 직제를 만들고 총수가 그 자리에 앉아 기획조정실 또는 구조조정본부와 같은 총괄 조직을 통해 제왕적 권한을 행사하면서 계열사의 불법 행위나 경영상의 문제로 주주나 채권자들에게 심대한 손실을 끼쳐도 어떠한 법적 책임을 지지 않았다.

외환위기 이후 정부는 기업의 지배구조를 개선하기 위해 상법, 증권거래법, 외자도입법 등 관련 법률을 개정하고 경영의 투명성을 높이기 위해 내부 규율과 자본시장, 금융시장, 상품시장의 외부 규율을 강화했다. 이로써 비교적 짧은 기간 내에 기업의 지배구조가 상당히 개선되었는데, 이는 외환위기라는 특수한 환경이 아니었으면 달성하기 어려웠을 것이다. 그러나 이 같은 제도 개선에도 불구하고 계속되는 대기업 비리 사건들이 보여주는 바와 같이 변화된 제도가 새로운 경기 규칙으로 확실하게 정착되지 못하는 실정이다(강명헌, 2004). 제도 개혁의 성과가 그 사회의 시민성에 달려있다는 점을 보여주고 있는 것이다.

후쿠야마(Fukuyama, 1995)가 지적하다시피 대기업 총수들은 기업의 규모가 가족 사업으로 감당하기 어려울 정도로 커졌는데도 사적 신뢰를 넘어서는 사회적 신뢰를 구축하지 못했기 때문에 가족 구성원이나 연고자를 중심으로 경영권을 이양하고 있다. 물론 후계자가 충분한 수련 과정을 거쳐 경영 능력을 인정받은 경우에는 문제될 것이 없다.

그러나 선진국에서는 창업주의 2세나 3세가 경영에 개입하지 않고 전문 경영인에게 맡기는 사례가 많은데, 우리나라에서는 비연고자에 대한 불신 때문에 경영 능력이 없어도 가족 내에서 후계자를 내세운다. 그 결과 때로는 창업주의 공든 탑이 무너지는 경우를 가끔 볼 수 있고, 경영권 승계를 무리하게 추진하는 과정에서 불투명한 내부 거래와 배임, 횡령 등이 자행되기도 한다.

평등한 개인들 사이에 깊은 신뢰관계가 형성되었을 때는 각종 거래비용을 낮춤으로써 공동체의 유대감을 강화하고 그로 인한 다양한 이득을 사회적으로 축적할 수 있다. 예를 들어 노사 간의 불신으로 인한 갈등이 우리나라 기업경쟁력에 적지 않은 타격을 주고 있는데, 한국노동연구원의 조사에 의하면 장기간에 걸쳐 노사 간에 신뢰가 축적되어 있으면 구조조정의 필요성에 대한 공감대 형성이 원활해지는 것으로 나타났다(김훈·박준식, 2000). 그러나 사회적 관계가 수직화 혹은 위계화 되었을 때는 보편적인 사회적 규범에 의한 통합을 가로막는 배타적 집단이 형성된다.

우리나라 기업은 내부의 사적 신뢰관계를 바탕으로 조직이 철저하게 수직적으로 위계화 된 대표적인 예로 볼 수 있다. 이는 필연적으로 총수 1인에게 권한이 과도하게 집중되는 결과를 가져왔고, 총수 1인의 판단이 기업 전체의 운명을 좌우하는 단계에 이르렀다. 소유와 경영이 분리되어 경영자들이 주주들의 단기 이익을 위해 노력하는 영미식 주주자본주의와 달리 한국의 재벌은 총수가 결정권을 갖기 때문에 장기적 안목에서 결정하여 신속하고 과감하게 투자를 할 수 있다는 장점이 있다.

그러나 개인의 판단 착오나 무능으로 전체 사업이 위험에 빠질 수 있고 이를 억제할 장치가 조직 내부에 없다는 점에서 시스템 실패의 위험성이 높은 조직 형태라고 할 수 있다. 이는 마치 왕도정치가 엘리트의 도덕적 모범과 탁월한 지도력을 기대하지만, 그 기대가 무너질 경우를 대비한 제도적 장치가 없기 때문에 쉽게 권위주의화할 수 있는 것과 유사한 취약점을 지녔다고 볼 수 있다(이재열, 2001).

대기업 내부의 수직적 위계화 못지않게 기업 간, 특히 대기업과 중소기업 간에도 수직적이고 불평등한 하청관계가 형성되어 있다. 즉 일방적 통제와 복종관계가 중심이 되는 수직적 연결망의 가장 극단적인 형태를 띠고 있는 것이다(이재열, 1998).

우리나라에서는 대기업이 하청업체들에게 일방적으로 납품 단가를 인하하는 사례가 자주 발생하는데 이는 우리나라 기업의 수직적 하청구조를 잘 보여준다. 이에 비해 이탈리아 북부 지역에서 발견되는 소기업 간의 연결망, 혹은 대만 중소기업 간의 연결망 등은 비교적 독립적인 기업들 간의 신뢰를 바탕으로 한 호혜적 관계를 형성하고 있다.

일본의 경우도 우리와 다르다. 제2차 세계대전 이전에는 한국의 재벌과 마찬가지로 창업자와 그 가족에 의해 일사분란하게 움직이는 통합된 구조였지만, 전후 일본 재벌은 공식적인 의사결정의 틀을 유지하면서도 다른 한편으로는 파트너들과 공동체적 신뢰관계를 구축했다(Gerlach, 1992).

이들은 우리나라 기업의 하청관계에 비하면 훨씬 장기적인 신뢰 관계에 기반을 두고 있으며, 자금이나 기술 지원 등을 통해 공생적 균형관계를 유지하고 있다.

공적 영역에서 제도화된 절차에 대한 믿음의 부재는 규칙과 규범을 지킬수록 나만 손해라는 잠재의식을 국민들에게 심어주어 집합행동의 딜레마를 극대화했다. 이것은 각종 불법·폭력시위와 우리 국민들의 낮은 기초 질서 의식에서도 잘 나타난다.

최근의 연구 결과에 의하면 한국은 비교 가능한 OECD 27개국 중 네 번째로 사회갈등이 심한 나라로 평가되었으며 갈등지수(0.71)도 다섯 번째 국가(이탈리아, 0.56)보다 거의 30%나 더 높게 나타났다(박준 외, 2009). 결론적으로 공적 제도에 대한 신뢰가 부족한 한국 사회는 정치, 행정, 기업 등은 물론이고 각계각층의 이익집단과 국민 할 것 없이 총체적으로 집합행동의 딜레마에 빠져 심각한 분열상을 보여주며 바람 잘 날 없이 갈등이 지속되는 피곤한 사회가 되고 말았다. 이것이 오늘날 우리가 가진 사회적 자본의 현주소이다.

우리나라 사회적 자본의 역사적 연원

퍼트남이 이상적으로 생각한 시민공동체의 시민은 공적인 일에 적극적으로 참여하는 특징이 있다. 공공의 논쟁에 지속적인 관심을 기울이고, 공공의 대의를 위해 헌신하며, 다른 사람들의 이익을 배려하면서 자기 이익을 추구하고, 상호 존중하고 신뢰하며 사회적 협동이 습관화되어 연대성을 발휘하는 시민이야말로 민주사회의 주인으로서 사회의 발전과 번영을 주도하는 존재라는 것이다.

이러한 기준에 비추어볼 때 우리 국민의 시민의식 수준은 어느 정도일까? 정치인들이 허구한 날 정쟁만 일삼는 현실에서 그들을 손가락질하고 욕하는 것이 국민들의 일상이 되다시피 한 것이 사실이다. 그러나 잘못된 정치에 대해서 정치인들만 탓할 수 있는가? 국민들에게는 책임이 없는 것인가? 집안일이 잘못되는 것을 머슴 탓으로 돌리고 머슴만 나무라는 주인처럼 정치인들만 탓하는 것은 아닌가?

정치란 국가를 경영하는 것이며, 국가 경영에서 민주주의적이라는 것은 경영의 결과에 대해 책임을 진다는 '책임 정치'의 원칙에 입각하여 국가를 경영하는 것을 의미한다. 불행히도 우리나라에서는 외환위기라는 절망적 상황에 도달하기까지는 너무나 오랫동안 이러한 책임 경영의 원칙이 지켜지지 않았다. 국가 경영을 잘하든 못하든 똑같은 경영 집단이 다시 경영권을 위임받고 또다시 위임받는 사태가 오랫동안 계속되었다. 그러다 보니 경영진은 더 이상 주인을 두려워하지 않게 되었다.

따라서 우리나라 정치가 국민들에게 희망을 주지 못하게 된 1차적 책임은 주인인 국민에게 있다. 물론 선거 때만 되면 관권, 금권을 동원하고 지역감정을 자극하며 공정한 선거를 방해한 세력에게도 책임이 있지만 궁극적으로는 그것을 용납한 주인의 책임을 묻지 않을 수 없다.

1987년 6월 29일, 전 국민의 힘으로 오랜 군사 독재 정권을 굴복시킨 사건은 우리 국민이 처음으로 주인 노릇을 해낸 쾌거였다. 그러나 그것만으로 민주적 책임 정치가 정착되는 것은 아니었다. 우리 국민은 그것으로 충분하다고 생각했고, 그래서 대통령을 직접 선출하는 선거만 치르면 되는 줄 알았다. 선거 과정에서 누가 경영을 제대로 할 수 있는가보다는 다른 고려에 의해 경영권을 위임했던 것이다. 그 결과 민주주의가 제대로 발전하지 못하고 반쪽 민주주의를 하게 되었으며, 주인을 두려워하지 않는 국가 경영진들로 인해 나라가 총체적인 위기를 맞이하기까지 했던 것이다.

우리 국민은 1997년 국난의 위기 속에서 역사상 처음으로 국가 경영진의 책임을 물어 경영권을 새 경영진에게 넘겨주었다. 이는 우리나라가 책임 정치를 정착시켜가는 과정에서 매우 중요한 관문을 하나 넘은 것이었다. 정치학자들은 민주주의가 안정적으로 정착되려면 적어도 두 번 이상 선거에 의한 평화적 정권교체가 이루어져야 한다고 말한다. 그런 의미에서 우리나라는 2007년 대통령선거에서 다시 한 번 정권교체가 이루어짐으로써 민주주의의 안정적 정착에 성공했다고 할 수 있다.

실제로 정권교체가 처음 이루어진 이후 우리나라는 정치, 행정, 기업 등 여러 분야에서 투명성이 차츰 강화되고 있으며, 대리인들이 주인을 위한 경영을 하도록 하는 제도 개혁에도 진전을 보이고 있다. 이는 앞으로 신뢰사회를 건설하여 국가 발전을 이룩하는데 크게 기여할 것이다.

그렇다면 왜 우리 국민은 1997년 말 외환위기라는 재난이 닥칠 때까지 국가 경영진에게 책임을 묻는 것을 주저했을까? 그 이유는 주권자로서의 권리를 앞세워 대리인들의 국가 경영에 영향력을 행사할 수 있다는 주인의식은 결여된 반면 힘 있는 사람들과의 연줄을 이용해 사적 이익을 도모하는 데 관심이 집중되었기 때문이다.

1996년 실시한 공보처의 한 여론조사에서 우리 국민은 통치자나 관리들을 비판할 뿐 스스로 문제 해결의 주체가 될 수 있다는 생각은 거의 하지 않는 것으로 나타났다. 스스로 정치적 주체라고 생각하기보다 '정치는 정치인에게 맡기는 것이 좋다'고 생각하는 사람이 응답자의 68%였으며, 이보다 많은 73%가 '나 같은 사람은 정치에 어떻게 하려고 해보았자 아무런 소용이 없다'고 생각해 심한 소외감과 무력감을 보여주었다.

이 같은 현실은 이른바 '참여정부'(노무현정부) 하에서도 달라지지 않은 것으로 나타났다. 한국종합사회조사(KGSS)에 따르면, 우리나라 사람 10명 중 9명은 주 2회 이상 정치 기사를 읽는 등 정치에 대한 관심이 비교적 높은 반면, 2004년 한 해 동안 기부금을 낸 경험이 있는 사람은 16.3%, 시위 등 정치활동에 참여한 경험이 있는 사람은 6.9%밖에 되지 않아 매우 낮은 참여율을 보여주었다(중앙일보, 2005년 3월 15일). 2005년 조사에서도 한국인의 정치활동 참여율은 비교자료가 확보된 20개국 중 꼴찌로 나타났다(중앙일보, 2005년 12월 19일). 최근 지병근·박종민(2008)도 민주화 이후 비선거적 정치참여가 점차 증가하고 있기는 하지만 여전히 미미한 수준임을 확인했다.

왜 이런 현상이 나타나게 되었을까? 우리 국민이 특별히 부족하기 때문일까? 국민성이 본래 그런 탓일까? 그렇다면 우리 국민은 민주사회의 당당한 주인으로서 시장경제와 민주주의에 제대로 적응해 나라를 발전시킬 수 있는 저력이 없다는 말인가? 결코 그렇지 않다. 국민성이란 영구불변한 것이 아니라 역사적 환경에 따라 변화하고 적응하는 것이다.

앞에서 언급했듯이, 구한말 한반도의 조선인들과 연해주에 정착한 조선인들이 상이한 행동 양식을 보여준 사실이 이를 입증한다. 즉 우리 국민이 책임 정치라는 민주주의 원칙과 그것을 실현시키는 현실적 주체로서 주인의식, 민주시민의식을 깊이 인식하지 못한 것은 그것을 학습할 만한 기회가 없었던 특수한 역사적 발전 과정에 기인한다고 할 수 있다.

현대 산업사회는 많은 사람들이 모여 살면서도 서로 누군지 모르는 거대한 익명의 사회(anonymous society)이다. 작은 집단을 이루어 살던 농경시대와는 달리 제각기 일정한 사회 규범에 따라 살아가는 타인들의 사회가 된 것이다. 서구 선진국들이 농경시대 이후 산업화를 이룩하고 신흥 부르주아를 기축으로 하는 시민사회를 건설하는 데 수백 년이라는 긴 세월이 걸렸다. 그러나 우리의 경우 식민통치와 전쟁을 경험하고 불과 한 세대 만에 산업화가 압축적으로 진행되었다. 산업화가 급속하게 이루어진 반면, 국민의 의식구조는 몇 세대에 걸쳐 서서히 바뀔 수밖에 없기 때문에 우리는 아직도 익명사회의 규범에 제대로 적응하지 못하고 있는 것이다.

식민지 시대를 거치면서 우리 국민은 공적인 규범과 절차는 식민지 지배 세력의 영역으로, 사적이고 가족적인 영역은 민족적인 것으로 동일시할 수밖에 없는 경험을 했다. 즉 근대성과 공공성을 주체적으로 가져보지 못한 채 사적 영역을 활용한 일상의 보존과 저항을 경험했다.

그리고 식민 통치로부터 해방된 지 얼마 지나지도 않아 발생한 한국전쟁은 보통 사람들에게 이념의 선택을 강요했다. 그러나 승자와 패자가 자주 뒤바뀌면서 승리감에 젖었던 한쪽은 곧 뒤바뀐 점령군에게 보복을 당했다. 자신이 속해 있는 정부와 공권력이 혼란의 와중에서 자신을 보호해주지 못하는 한계 상황을 경험하기도 했다.

이러한 불확실성은 '피난민의 심리'로 우리 내부에 자리 잡았다. 내가 가지고 있는 돈이 언제 휴지조각이 될지 알 수 없고, 혼란의 와 중에서 나를 지켜줄 수 있는 것은 멀리 있는 법이나 제도가 아니라 언제든 현금화할 수 있는 금붙이이고 힘 있는 사람과의 든든한 연줄이라는 것을 체득하게 되었다. 제도화된 절차나 공권력이 무너진 상황에서 불확실성을 극복하려는 개인의 합리적인 선택은 연줄에 대한 투자였다(이재열, 1998).

한편 1960년대 이래의 고도성장은 유례를 찾아보기 힘들 만큼 급속하게 진행되었다. 이는 농촌공동체의 전통적 신뢰의 기반이 되었던 동질적이고 중첩적인 사회적 연대가 급속히 무너지고 그 대신 도시에 기반을 둔 다양한 형태의 결사체들로 대체된 것을 의미했다. 뒤르켐(Durkheim, 1956)은 급속한 조직화는 전통적인 신뢰의 기반 대신 새로운 유기적 통합을 가능케 하는 제도화된 신뢰와 도덕성의 확대를 요구한다고 말했다. 그러나 우리나라의 경우 조직의 성장과 분업의 심화가 너무 빠른 속도로 이루어져 이에 걸맞은 사회통합을 가능케 하는 사회적 규범의 확대로 연결되지 못했다.

그 결과 전통적인 농업사회에서 볼 수 있었던 계, 두레, 향약 같은 공동체적이고 호혜적인 규범은 소멸된 반면, 이를 대체할 수 있는 현대적인 의미의 규범, 즉 민주적이고 자발적이며 합리적인 사회적 조정 양식은 자리를 잡지 못했다.

그 극단적인 예로 2005년 초 민주노총 내에서 노사정 참여를 반대하는 소수 세력이 폭력으로 민주노총의 총회를 세 번 연속 무산시킨 사건을 들 수 있다. '민주'라는 이름으로 구성된 집단이 자기들의 뜻에 맞지 않을 때 비민주적 수단을 합리화하는 것은 우리사회에서 자주 발견된다. 정부의 각종 공청회가 이해집단의 방해로 찬반 의견도 들어보지 못한 채 무산되고 마는 경우가 다반사다. 반대하는 이유를 제시하기보다는 집단의 힘으로 공청회 자체를 방해하는 것이 관행으로 고착되고 있는 것이다.

그렇다고 농촌에서만큼은 전통적인 신뢰의 기반이 보존되고 있는 것도 아니다. 소설을 쓰기 위해 고향 마을에 내려가 10여 년을 살아본 작가 한만수는 "자세히 들여다보니 고향은 어렸을 때 모습과는 딴판으로 변해 있었다. 정답기는커녕 사람들과의 관계는 폐쇄적이고 모든 것을 돈으로만 해결하려들고 살벌하기만 했다"면서 "농촌은 결코 아름답지 않다"고 말했다(중앙일보, 2004년 1월 31일).

남북이 분단된 우리 사회의 독특한 상황은 욕구의 다양성과 이념적 차이를 용인하지 않는 폐쇄적이고 권위적인 사회 구조를 만들어냈다. 폐쇄주의와 권위주의는 우리 국민의 시민의식을 싹부터 잘라 버렸다. 개인의 독립성과 주체성을 전제한 공민으로서의 '시민'으로 자율성을 획득할 수 있는 기회가 전혀 주어지지 않았다. 억압적인 정권은 국민 상호 간의 불신을 조장하고 자발적 결사체들의 생성을 억제함으로써 사회적 자본을 파괴한다(Booth and BayerRichard, 1998). 이는 과거 유신과 5공화국 독재 정권 시절에 친구들끼리도 안심하고 정치에 관해 얘기할 수 없었던 사실과 우리나라의 시민운동 단체가 거의 다 1987년의 민주화 이후에 결성되었다는 사실만 보아도 알 수 있는 일이다.

1980년대 후반에 정치 민주화가 이루어진 후 그동안 억눌렸던 욕구가 한꺼번에 분출되었다. 그러면서 이제 주인이 되었으니 무엇이든지 요구할 수 있다는 생각만 앞섰지 주인으로서 갖추어야 할 덕목은 생각할 겨를이 없었다. 그 결과 개인이나 집단의 이익을 확보하고 지키려는 다양한 이익집단이 급속히 성장했으나 정작 이익집단들 간의 사회적 갈등을 해소할 수 있는 자발적 결사체는 제대로 형성되지 못했다.

각종 국책 사업과 지자체 사업들이 타협 없는 결사반대만을 부르짖는 시민단체들에 의해 진행 도중에 표류하는 현실에서 우리 사회의 갈등 해결 능력의 부재를 실감하게 된다. 이것은 우리 시민사회가 아직도 미숙함을 드러내는 것이다.

미국의 오바마 대통령이 의료보험 개혁을 위해 의회와 끈질기게 협상하여 타협안을 도출해냈던 것처럼 정부와 여당이 정책을 결정하기 전에 야당과 대화와 타협으로 합의를 도출하려는 노력을 하기보다는 힘으로 밀어붙이기 때문에 결정된 정책에 대한 반대와 저항이 클 수밖에 없다.

그 결과 법제화된 정책이나 규칙이 예측 가능성과 일관성을 잃고 타협의 대상이 되고 집단이나 조직 간의 협동이나 조정이 어려워지며 사회 전체적으로 갈등에 따른 조정 비용이 급속히 증대한다.

2005년 7월 10일, 홍콩 첵랍콕 공항에서 264명의 승객 중 한국인 승객 44명이 탑승을 거부하고 농성을 벌였다. 항공기 정비 때문에 출발 시간이 두 시간가량 늦어진 데 대해 보상을 요구하는 농성이었다. 항공사(케세이 퍼시픽)는 탑승을 권유해도 끝내 거부하고 농성중인 한국인 승객들을 놓아둔 채 나머지 승객들만 태우고 떠났다. 한국인 승객들은 분노했고, 일부 국내 언론도 외국 항공사가 한국인 승객을 무시했다고 비난했다. 그러나 세계 어느 나라든 승객의 안전을 위해 항공기 정비를 하느라 출발이 지연되는 것에 대해 보상하는 법도 없고 소란을 피우는 승객들도 없다.

나는 미국에 사는 동안 비행기가 세 시간 또는 네 시간 이상 지연되어도 농성을 하는 것을 본 적이 없다. 같은 비행기에 탑승한 다른 승객들은 가만히 있는데 한국인 승객들만 보상을 요구하며 농성을 한 것은 국내에서 그렇게 하여 무엇인가 얻어낸 경험들이 있거나 그런 사례들을 잘 알고 있기 때문이다. 그것이 우리의 갈등 조정 비용이다. 사리에 맞건 안 맞건 사안만 있으면 집단을 구성하여 떼를 쓰며 보상을 요구하는 우리 사회의 관행이 국제적 망신을 산 것이다.

이 같은 갈등사회에서는 기업이나 개인들이 제도와 규칙의 비일관성을 극복하기 위해 엄청난 비용을 지불하게 된다. 예를 들어 기업이 인허가 절차를 마치고 합법적으로 공장을 건설하려고 해도 이를 저지하겠다면서(저지를 핑계로 돈을 갈취하기 위해서) '대책위원회'를 결성하고 공사를 방해하는 지역 주민들에게 바쳐야 하는 '지역발전기금'이 선진사회에서는 볼 수 없는 갈등조정 비용이다.

한편 개인들은 자신이 장악하고 있는 공적 자원을 사유화해 이익을 챙기려고 한다. 예컨대 일관성 없는 부처 간 인허가 기준을 악용하여 관료들이 공장 설립자들로부터 '급행료'를 챙기고, 교사는 학생의 내신 성적 관리 권한을 이용해 학부모와 뒷거래를 하고, 병원 사무장은 입원실 대기 순서를 바꿔주고 경찰은 단속 강도를 조절해 줌으로써 주머니를 불린다. 교수며 판사, 기자 등등도 마찬가지로 자신의 기득권을 이용해 대가를 요구한다(이재열, 1998).

이와 같이 우리 사회에서는 겉으로 드러나는 법, 규칙, 제도 등 명시적 규범과 겉으로 잘 드러나지 않는 암묵적 규범이나 행동 원리 간에 상당한 불일치가 발견된다. 또한 규범뿐 아니라 표방하는 가치도 실제 행위와 일치하지 않는다.

예를 들어 지연이나 혈연 또는 학연보다는 정책이나 능력, 성실성

등을 보고 투표해야 한다고 말하면서도 막상 선거 때가 되면 연고에 이끌려 투표권을 행사하는 식이다. 이러한 이중성의 근원 역시 급속한 근대화 과정에서 겉으로 드러나는 규범적 측면만 근대화되고 내면에는 아직도 가족주의와 같은 전통적인 요소가 남아 있는 탓이다. 세계에서 인터넷 보급률이 가장 높은 나라로 최첨단의 생활을 영위하면서도 아직도 농경시대적 사고방식을 완전히 떨쳐버리지 못하고 있는 것이 우리의 현실이다.

이러한 현상을 보여주는 실증적 연구가 적지 않다. 차재호(1994)는 외국인 견문록을 토대로 지난 100년간 한국인의 가치, 신념, 행동의 변화를 분석했는데, 대체로 신념(규범과 당위)은 많이 변했으나 행동(관행과 현실)은 별로 변하지 않았다는 결론을 얻었다. 또한 나은영·차재호(1999)는 1970년대와 1990년대 한국인의 가치관 변화와 세대차에 관한 연구에서 산업화 이전 세대와 이후 세대 간에 세대차가 많이 난다는 것을 발견했다. 즉 산업화 과정을 몸소 겪은 기성세대의 의식은 경제 발전의 수준에 따라가지 못하고 있다는 것이다.

급속한 근대화가 세대 간의 엄청난 차이를 만들어냈음은 잉글하트(Inglehart, 1990)의 연구에서도 확인된다. 전 세계 43개국을 상대로 탈 근대적 가치관의 확산과 정치, 경제, 문화적 변동과의 연관성에 대해 살핀 잉글하트는 한국은 물질주의에서 탈 물질주의로 가장 급속하게 변화했고, 그에 따라 세대 간 가치관의 차이도 가장 큰 사회라고 지적했다.

특히 신세대와 기성세대 간의 차이에서 드러나는 이질성은 한국 사회의 생활 체계가 공간적으로는 동일한 위치에 놓여 있지만 시간적으로나 집단별로는 매우 이질적인 것들이 공존하는 분절과 갈등의 사회라는 것이다.

　세대교체에 따른 가치 변화는 서구 사회에서도 확인되고 있다. 다만 한국은 고도성장의 결과 세대 간의 가치 차이가 가장 두드러져 세대의 교체와 더불어 가치와 의식의 변화가 매우 클 것으로 기대되고 있다. 문제는 신세대의 가치관이 기성세대보다 신뢰 구축에 더 긍정적일 것이라는 기대를 할 수 없다는 데 있다.

덕치주의와 민주주의[49]

　나는 우리나라의 사회적 자본 결핍과 그에 따른 제반 사회적 현상의 역사적 연원을 추적하려는 이상의 분석들이 대체적으로 타당하다고 생각하지만 가장 중요한 본질적인 면을 간과하고 있다고 본다. 우리 문화의 뿌리는 유교의 가치관에 의해 형성되었다고 할 수 있는데 한국인의 법과 제도에 대한 인식은 유교적 가치관에 기인한다는 것이 문제의 핵심이다.

　유교 정치철학의 전통적인 가치가 표방하는 것은 매우 바람직한 것이다. 백성을 위한 선정을 펼치려는 것이 근본 목적이기 때문이다. 맹자에 따르면, 천자(天子)는 하늘을 대신해 백성을 다스리는 사람으로서 글자 그대로 하늘의 아들이라는 뜻이 아니라 하늘로부터 통치권을 위임받은 사람을 지칭하며, 그 하늘은 곧 백성이라고 했다. 따라서 백성을 위해 선정을 해야 천자의 역할을 제대로 하는 것이므로 폭정을 하는 천자는 백성이 하늘의 이름으로 내쫓아도 된다

---

[49] 이 부분은 You(2001)을 토대로 발전시켰음을 밝혀둔다.

고 했다. 이와 같이 정치는 백성을 위한 것이고 통치권은 하늘로부터 위임받았으며 하늘은 결국 국민이라고 주장한 유교 정치철학이 표방한 순수한 이상은 서구 민주주의의 그것과 다를 바 없는 개념이다. 다만 이를 실현하려는 제도에 차이가 있을 뿐이다.

그런데도 외환위기 직후 서구의 논객들 중에는 아시아 국가들의 외환위기가 '아시아적 가치' 때문에 발생했다고 주장하는 사람들이 있었다. 나는 이 같은 주장이 가치와 문화를 혼동한 데서 비롯된 것으로 보고 다음과 같이 반론을 제기한 바 있다(You, 2001).

'민주주의와 아시아 사람들의 가치관 또는 문화는 양립할 수 있는가?'라는 의문을 제기하는 사람이 많다. 의문을 제기하는 사람들은 우선 아시아 사람들의 가치관을 그저 효도, 근면, 윗사람들에 대한 존경 등으로 너무 단순화시키는 오류를 범하고 있다. 아울러 최근 아시아의 금융위기를 해석함에 있어 주커만(M. Zuckermann) 같은 서양 학자들은 한국을 포함한 아시아 국가들의 경제 체제를 '연고자본주의(crony capitalism)'라고 격하시키며 그 원인을 아시아의 잘못된 가치관에서 찾으려 한다.

한편, 가치관이란 사회의 구성원들이 정의적인 면에서 추구하는 이상(ideal)을 의미하고, 이는 그 구성원들의 습관과 행태적 특성을 의미하는 문화와는 구별된다. 사실 민주주의 정치철학은 아시아에서 서양보다 2,000년이나 앞선 연원을 찾아볼 수 있다. 통치권과 관련해 서양의 로크(John Locke)는 '국민들의 위임(mandate of the people)'에서 찾고 있으나, 이는 동양의 맹자 사상에서 '민심'을 중요시했던 것과 같은 맥락이다. 또한 동서양의 민주주의 사상에는 양자 모두 '하늘의 뜻'을 강조한 공통점이 있다. 따라서 민주주의의 가치를 추구하는 데는 동서양에 차이가 없고 그 가치를 실현하는 배경, 즉 문화에 차이가 있었던 것이다. 동양에서는 그중에서도 특히 그 가치를 실현하는 기초인 법치주의 원칙이 지켜지지 않았다.

그렇다면 동양에서 법치주의가 정착되지 못한 이유는 무엇인가? 유교 정치철학의 실천적 방법론의 요체인 '수신제가치국평천하(修身齊家治國平天下)'는 비범하고 덕망이 있으며 집안을 잘 다스릴 수 있는 사람이 통치를 해야 백성을 위한 선정을 펼쳐 천하가 태평해질 수 있다는 점을 강조한다. 한마디로 덕치(德治)를 내세우는데, 내가 보기에는 이것은 '덕망 있는 사람의 통치', 즉 인치(人治)를 의미한다.

서구 민주주의는 권력을 행사하는 지배계층이 국민들의 신뢰를 저버릴 가능성에 대비해 정부기관 간의 상호 견제를 제도화할 뿐 아니라 위임받은 통치권을 국민을 위해 사용하지 않을 경우 국민이 통치권을 회수하여 다른 집단에게 위임할 수 있는 절차(선거)를 제도화하는 등의 조치를 취하고 있다.50)

이에 비해 유교의 정치철학에서는 그럴 필요성을 인정하지 않는다. 덕망 있는 지도자 스스로 자신의 욕망을 억눌러 사악한 길을 배척하고 덕치를 위해 노력할 것이라고 기대하기 때문이다. 이 경우 통치자를 비롯하여 지배계층을 구성하는 사람들이 비범하고 덕망이 있다면 아무 문제가 없다. 백성들은 모든 것을 통치자에게 맡기고 마음 편히 생업에 종사하며 격양가를 부르고 태평성대를 누리면 되는 것이다.51)

---

50) 서구의 정치철학에도 동양의 덕치주의와 비슷한 전통이 없는 것은 아니다. 예를 들어 프랑스 혁명이나 공산주의 혁명은 인간 이성의 완벽성을 전제로 이상적인 국가를 건설하려는 시도였다. 이에 관해서는 소웰(Sowell, 2002) 참조.

문제는 이 같은 덕치주의의 이상이 현실정치에서 실현되기가 매우 어렵다는 사실이다. 어떤 통치자건 훌륭한 치적을 남겨 역사에 좋게 기록되기를 원할 것이다. 그러나 통치자가 결정해야 할 사안들이 항상 선악의 구분이 분명한 것들만은 아니며, 또한 국민을 위한 옳은 결정이 현실적 제약으로 인해 자신의 정치적 역량의 한계 밖에 있을 수도 있다. 동시에 권력을 이용해 사적인 욕망을 충족하고 싶은 유혹 또한 없을 수 없다.

이처럼 이상과 현실이 상충되는 상황에서 국민을 위한 최선의 선택을 할 수 있는 경우는 현실에서 그다지 흔치 않다. 우리 역사를 돌아보아도 유교 정치를 공식 채택했던 조선 왕조 500년 동안 아마도 세종대왕 때를 제외하고는 덕치주의의 이상적 모델에 접근한 적은 거의 없었다고 할 수 있다.

유교의 덕치주의는 지도층이 수직적·수평적으로 올바른 인간관계, 즉 예(禮)의 모범을 보임으로써 백성들을 교화시킬 수 있다는 호혜성의 규범을 강조한다는 측면에서 사회적 자본의 역할을 암묵적으로 인정한 것으로 볼 수 있다. 그러나 덕치가 제대로 구현되면 공식적 제도에 구애받을 필요가 없어진다는 전제하에 공식적 제도의 개발을 등한시한 결과 덕치도 실현하지 못하고 제도에 의한 실용 정치마저 발전시키지 못하는 불행한 결과를 초래했다.

---

51) 유교의 정치철학이 정부기관의 상호 견제를 완전히 배제한 것은 아니다. 서구의 절대왕권 국가와 비교해 오히려 조선왕조의 왕들은 통치권 행사에 많은 제약을 받았으며 정부기관 사이에도 상호 견제가 어느 정도 제도화되어 있었다. 그러나 세도정치에서 나타난 바와 같이 한 파벌이 권력을 독점하여 정부의 모든 기관을 장악하면 그 같은 견제 시스템이 국민을 위해 제대로 작동하지 못하게 되는데 이를 개선하는 메커니즘이 없었다는 점에서 서구 민주주의와 본질적으로 차이가 있었다.

어떤 나라든 가능하면 능력만이 아니라 덕망도 겸비한 지도자를 원하는 것이 인지상정이다. 하지만 정치적 능력과 도덕적 완벽성을 겸비한 지도자는 동서양의 역사를 통틀어도 몇 명 되지 않는다. 237년 미국 역사에서 위대한 대통령으로 손꼽을 만한 사람은 워싱턴, 제퍼슨, 링컨 등 몇 사람에 불과하다. 또 그런 위대한 지도자가 등장한 시기는 평상시가 아니었다. 위인은 비상시에 배출되는 시대의 산물인 것이다.

덕치주의의 이상은 고귀하지만 비현실적인 측면이 있다. 현실이 이상에 미치지 못하면 그에 대한 불만이 따르게 마련이다. 덕치주의의 판단 기준은 객관적인 '규칙'이 아니라 도덕적인 것이다. 따라서 의견 대립이 있는 경우 모두 자기 입장이 도덕적이라고 주장하며 상대방은 그렇지 못하다는 독선에 빠지기 쉽다. 어느 편이나 다 자신들의 '도덕성'을 확신하면 소수라 해도 다수의 의견에 승복하기 힘들다.

또한 대립되는 의견들을 절충해 타협을 모색할 수도 없다. 참과 거짓, 선과 악은 다수 의견으로 결정할 수 있는 것이 아니고 타협을 해서도 안 되는 것이기 때문이다. 즉 옳은 것은 누가 뭐래도 옳다는 확신이 행동반경을 제약하기 때문이다.[52]

17대 국회에서 국가보안법의 폐지냐 개정이냐, 또는 대체 입법이냐를 놓고 충분히 타협이 가능한데도 그것을 거부하고 여야가 국회를 공전시킨 가운데 일부 의원들이 물리적으로 의사 진행을 방해한

---

[52] 백성의 안위와 상관없는 상례(喪禮)에 관한 견해 차이로 당파간의 갈등을 해결하지 못하고 치열한 당쟁으로 몰고 간 조선시대 사대부들의 행태가 이 같은 가치구조에서 비롯되었다고 할 수 있다.

것도 우리 사회의 도덕주의 경향에 기인한 것이라고 생각된다. 또한 천성산의 터널 공사를 진행하도록 한 법원의 판결에도 불구하고 목숨을 걸고 단식투쟁을 하여 정부를 굴복시킨 지율 스님의 투쟁 동기도 바로 이런 선악의 대결 구도에 있었다고 볼 수 있다.

사실 도덕적 가치 판단과 확고한 신념 없이 매사를 타협과 절충으로만 해결하려는 것은 결코 바람직한 일이 아니다. 그렇다고 도덕적 결단이 요구되는 사안이 아닌 경우에도 타협과 절충을 거부하고 매사에 결사투쟁만 한다면 대립과 분열을 초래할 따름이다. 유감스럽게도 우리는 이런 투쟁을 사회 곳곳에서 목격하고 있으며, 이로 인해 막대한 사회적 비용을 지불하면서도 적절한 대응책을 찾지 못하여 피해를 감수할 수밖에 없는 형편에 놓여 있다.

동양의 덕치주의에 비해 서구의 민주주의는 세종대왕이나 링컨 대통령 같은 위대한 지도자가 계속 나온다는 보장이 없다는 현실적인 인식하에 실용주의적 해결책을 발전시킨 것이다. 이 제도에서 지도자에게 요구되는 것은 도덕적으로 완벽에 가까운 인격보다는 유능하고 '규칙'을 지킬 줄 알며 봉사할 줄 아는 정신과 태도이다.[53] 이를 담보하기 위해 서구 민주주의는 '게임의 규칙'을 정해놓고 이 것을 지키도록 상호 견제하는 제도적 장치를 만들었으며, 아울러 책임 정치를 하지 않을 수 없도록 하는 최후의 보루로 주기적인 자유

---

[53] 재임 중 섹스 스캔들로 물의를 일으킨 빌 클린턴 미국 대통령이 임기를 마칠 수 있었던 사실이 이 같은 실용주의를 잘 보여준다. 우리나라 같으면 이런 부도덕한 사람을 지도자로 인정할 수 없다면서 자진사퇴나 탄핵으로 물러나게 했을 것이다. 또한 인권 운동가 마틴 루터 킹 목사의 혼외정사도 미국 시민들이 다 아는 사실이지만 그의 생일을 국경일로 법제화한 것에 반대하는 여론은 별로 없다.

선거제도를 수립했다.

　다시 말해 동양의 덕치주의는 통치자의 도덕성을 믿고 권력을 기한 없이 맡기는 인치주의인데 비해 서구 민주주의는 권력을 맡겨놓고도 그 속성을 신뢰할 수 없어 지도자의 부패와 타락의 가능성을 방지하기 위한 장치를 만들어놓은 제도에 의한 통치이다. 학자들은 후자를 가리켜 (권력을 부여받은 자들에 대한) '불신을 제도화'한 시스템이라고 설명한다.
　동양의 덕치주의는 이상을 추구하는 반면, 서구의 민주주의는 합리적 목표 달성에 중점을 둔다. 그리고 목표가 충돌하는 경우 이것을 어떻게 조정하느냐, 아니면 어떠한 선택을 하느냐 하는 기술과 이를 합리적으로 실현해낼 수 있는 제도 구축에 무게를 두고 있다. 또한 권력의 남용을 방지하기 위해 다소 비능률적이고 거추장스러운 절차를 법으로 정해놓고 이를 준수할 것을 요구한다.
　일의 절차보다는 성과를 더 중요시하는 한국 사회에서는 귀찮아 보이는 절차를 무시하려는 경향이 있다. 그러나 이 같은 비능률적이고도 거추장스러운 절차가 민주주의의 본질이다. 절차는 권력을 함부로 행사하지 못하게 하는 제도, 즉 권력의 남용과 부패와 타락을 예방하기 위한 제도이다. 절차가 귀찮다고 무시하려는 사람들은 민주주의를 할 수 없는 사람들이다. 그렇기 때문에 민주주의 제도에서는 지도자가 갖추어야 할 조건의 하나로 규칙을 존중하고 법을 지키는 정신을 요구하는 것이다.
　이상을 추구하는 것은 인간만이 누릴 수 있는 특권이다. 인간이 이상을 저버리고 매사에 현실과 타협하면 도덕성을 잃고 만다. 반면에 현실을 무시하고 이상에만 집착하면 아무것도 이룰 수 없거나 오히려 더 바람직하지 못한 결과를 초래할 수도 있다.

우리 사회의 이 같은 경향은 "스스로 거기에 접근하지도 못하면서 모두 서로를 훈계하고 가르치려드는 사회정신을 만들어낼 뿐 아니라, 법 제도와 도덕의 구분을 혼란스럽게 만들었다"는 지적이 있다 (임반석, 2004, p. 145). 이처럼 우리는 법에 의한 제도적 장치나 규칙보다는 인격과 도덕성에 의존하는 덕치주의의 이상 쪽으로 기울고 과정보다 결과를 중요시하는 경향이 있다.

민주주의가 정착되기 시작한 문민정부 시대부터 우리 사회에서는 제왕적 대통령의 '인치'를 배제하고 '법치'를 확립해야 한다는 주장이 끊임없이 제기되었다. 이후 진전이 없었던 것은 아니지만 우리나라 사람들이 여전히 정서적으로는 법치보다는 덕치를 선호한다는 것이 여러 경우에서 확인된다.

한 예로, 2001년 초 경기도 고양시장이 러브호텔을 허가해주고 시민과 언론으로부터 곤욕을 치른 일이 있다. 사실 시장으로서는 당시 법 규정에 따라 호텔을 허가해주지 않을 수 없었다. 그러나 시민과 언론은 법보다 정서를 고집했다. 심지어 모 방송국의 9시 뉴스 앵커맨은 "시장이 주민 정서를 외면하고 법 타령만 하고 있다"며 시장이 법을 지킨 것이 마치 잘못한 일인 것처럼 비난하기까지 했다.

법이 주민들의 정서에 맞지 않으면 지키지 않아도 된다는 것인가? 이래서 "헌법 위에 정서법이 있다"는 말이 나오는 것이다. 법이 잘못되었으면 먼저 법을 고쳐야지, 법 개정에 시간이 걸리니 그냥 법을 무시하고 이미 내준 허가를 취소해버리라는 것인가? 과문한 탓인지는 모르나 그 많은 시민단체에서도 먼저 법 개정부터 추진하자는 목소리가 들리지 않았다는 사실이 우리 국민들의 법치주의에 대한

의식을 잘 보여주고 있다.54)

　우리나라에서 법과 제도를 불신하는 풍조가 강한 이유로 전병재 (2000)는 다음 세 가지를 들고 있다.
　첫째, 우리의 전통 규범 문화에서는 덕주법보(德主法補) 또는 예주법종(禮主法從)이라 하여 법에 의한 질서를 낮추어 생각하고, 사회질서가 법 이전에 도덕과 인(仁), 의(義), 예(禮)로 이루어지는 것이 바람직하다고 생각해왔다.55) 앞에서 지적한 바와 같이 유교의 덕치주의는 공식적 제도인 법보다는 비공식적 규범을 우선시했던 것이다.
　둘째, 현행 법 제도는 19세기 말 서양에서 도입된 것으로 그 이전의 법 제도와는 사상적 기반이 다르다. 학자들(Hahm, 1986; 심의기, 1997 등)은 이를 법의 형식적 상부 구조와 전통적 규범 문화라고 하는 하부 구조 간의 괴리 현상, 또는 전통법과 근대법의 우주관과 인식론의 차이라고 지적한다.
　셋째, 우리나라에서 법에 대한 불신이 강한 보다 직접적인 이유는 서양의 법 제도를 도입해 이를 근대화하려는 노력이 자생적으로 이루어지지 않고 일제의 식민통치에 의해 강제되었다는 점이다. 즉 법 제도의 현대화가 일제의 착취 수단으로 행해졌기 때문에, 그리고 해

---

54) 나의 이 같은 지적에 어느 시민단체 대표가 자기가 소속된 단체는 법 개정이 우선이라는 주장을 했다고 알려주었다. 그러나 유감스럽게도 그런 합리적 주장은 정서를 앞세우는 다수에 의해 묵살되었고 그들의 큰 목소리에 묻혀 세상에 알려지지도 않았다.
55) 『논어』 「위정편(爲政篇)」에 "子曰, 道之以政 齊之以刑 民免而無恥, 道之以德, 齊之以禮 有恥且格"이라는 말이 있다. 즉 "(백성을) 인도하기를 정치술로써 하고 질서 있게 하기를 형벌로써 하면 백성들은 (형벌을) 면하려고만 하고 부끄러워함은 없다. 인도하기를 덕으로써 하고 질서 있게 하기를 예로써 하면(백성들은) 부끄러워함이 있고 또 이를 것이다"(이기동, 2005, pp. 81~82). 이기동은 '정(政)'을 '정치술'로 풀이했다. 그러나 '정'은 법, 제도, 정치 관행 등 '정'의 수단을 총체적으로 의미한다고 볼 수 있다.

방 후에는 법을 독재 정권이 권력 유지를 위해 국민들을 통제하는 수단으로 이용했기 때문에 법 제도에 대해 불신 내지는 적대적 태도를 갖게 되었다는 것이다.

사실 우리 의식 속에는 여전히 법이 우리를 위한 것이라기보다는 우리를 통제하기 위한 것이라는 관념이 강하다. 따라서 법을 어기는 것이 도덕적으로도 반드시 부당한 것은 아니라는 생각이 자리 잡고 있음을 부인하기 어렵다. 심지어 노무현 정부 초기에 현직 장관이 약자는 법을 위반해도 괜찮다고 말한 것은 우리 사회의 독특한 법의식을 반영한 것이라고 할 수 있다.

한편 한도현(2004)은 우리나라에서 법치를 저해하는 것은 주자학적 전통이나 유교 문화적 배경이라기보다는 격동기의 급변하는 사회 제도와 국민들의 역사적 경험에 기인한다고 주장한다. 즉 식민통치나 전쟁, 군사 독재 등 격동기의 역사적 경험에 의하면 법은 통치의 한 수단이었고, "개인의 권익을 정부의 횡포로부터 보호하는 장치로서의 법"은 우리 국민들의 실제 경험과는 상당히 거리가 있었다는 것이다. 따라서 "우리 사회에서 지금 법치와 법문화를 다룰 때 핵심적인 것은 국민의 준법정신이나 법의식의 낙후성이라기보다는 법의 제정자·집행자·파워엘리트 등의 행동과 의식이 문제이고, 법체계의 비일관성 제거, 법 제정의 민주성 확립 등"이 중요하다고 강조한다(한도현, 2004, pp. 115~116).

그러나 민주화가 상당히 진전되어 정부가 더는 국민 위에 군림할 수 없게 된 오늘날에도 국민들이 법을 무시하는 일이 다반사일 뿐 아니라 집권 엘리트층이 여전히 통치 수단으로서의 기능을 앞세우는 현실은 국민이 이 같은 일을 용인하기 때문이다. 이는 법치를 경시하는 우리 사회의 문화적 배경에서 비롯되었다고 하지 않을 수 없다.

비근한 예로 오랜 세월 목숨을 걸고 민주화 투쟁을 했던 김대중 전 대통령은 외환위기를 극복하기 위한 대책이라는 이유로 이른바 '빅딜'을 강행했는데, 이는 분명 재산권을 침해한 초법적 통치권 행사였다. 김대중 전 대통령은 빅딜 정책의 일환으로 현대 그룹과 LG 그룹의 반도체 사업을 통합하려는 정부의 계획을 강행하기 위해 두 그룹의 회장들을 청와대로 불러 협조를 요구했고, 반도체를 빼앗기게 된 LG를 달래기 위해 데이콤을 인수하게 해주었다.[56]

나는 이를 막기 위해 대통령에게 수차례 그 부당성을 제기했고, 법치주의를 훼손해서는 안 된다고 호소했으나 대통령은 "다들 괜찮다고 하는데 왜 혼자만 안 된다고 하느냐"면서 끝내 빅딜을 강행하고 말았다. 유감스럽게도 당시 빅딜을 반대하던 소수의 사람들 중에서도 법치주의의 침해를 우려하는 목소리보다는 시장경제의 원칙을 내세우는 논리가 대부분이었다.

노무현 전 대통령은 변호사 출신으로 법치주의의 중요성을 잘 알 만한 사람이었다. 그는 취임 초기부터 원칙을 바로 세우겠다고 강조했다. 그러나 그의 행정부가 출범한 직후 노동자들은 약자이기 때문에 노조가 불법 행위를 해도 괜찮다는 정책노선을 천명하여 법치주의의 근간을 흔들었다. '헌법 위에 정서법(또는 떼법)이 있다'는 세간의 비아냥거림을 정부가 나서서 확인해준 유감스러운 일이었다.

그 결과 노무현정부는 노조들의 불법 파업 때문에 많은 어려움을

---

[56] 1999년 10월에 LG반도체를 현대전자산업에 흡수·통합시켰고 2001년 3월에 하이닉스반도체로 개명했다.

겪고 나서 법치의 중요성을 뒤늦게 깨달았으나 이미 돌이킬 수 없는 상황이 되어버렸다. 지금은 거의 잊혔지만 한때 헌법 수호의 막중한 책무를 진 대통령이 나서서 '안기부 X파일'을 공개하기 위해 현행 법으로 금지된 것을 소급 입법으로 특별법을 만들어 합법화하자고 한 것은 법치국가에서 있을 수 없는 위법적 발상이었다. 국민정서에 편승하는 것이 일시적으로 정치적 이익이 될 수는 있어도 법치주의의 훼손이 국가의 장래에 끼치는 해악은 오래오래 남을 것이다.

이상에서 살펴본 바와 같이 우리나라에서 법치가 제대로 정착되지 못한 원인은 주로 유교 문화적 배경에 있었으며, 이에 격동기의 역사적 경험이 법에 대한 불신을 키웠다고 할 수 있다. 우리 국민들의 법 불신 풍조는 한국갤럽이 1993년과 1995년에 실시한 조사에서 잘 드러난다. 조사 결과에 따르면 '법을 지키고 살면 손해 본다' (52%), '정직한 사람은 성공하기 힘들다' (62.1%), '정당한 노력만으로는 성공하기 힘들다' (71%), '곧이곧대로 일을 처리하다가는 손해를 본다' (84.2%)는 생각이 팽배해 있음을 알 수 있다.

또한 2000년 10월 한국형사정책연구원이 실시한 조사에 따르면 '돈이 있거나 권력이 있는 사람은 법을 위반해도 처벌받지 않는 경향이 있다'에 46.4%가 '확실히 그렇다', 48.7%가 '그런 편이다'고 응답했다. 또한 '똑같이 나쁜 일을 해도 가난하고 힘없는 사람이 더 심한 처벌을 받는다'에 47%가 '확실히 그렇다', 44.1%가 '그런 편이다'고 응답했고, '요즘 세상에는 법보다 권력이나 돈의 위력이 더 큰 것 같다'에 47.7%가 '확실히 그렇다', 44.8%가 '그런 편이다'고 응답하여 세 항목 모두에서 응답자의 90% 이상이 법 집행의 형평성을 불신하고 있는 것으로 나타났다(연성진·최병각·기광도, 2000).

유교적 정치 모델은 법과 제도에 의한 통치가 아니라 유교적 교양을 익힌 선비가 가부장적으로 운영하는 덕치적 통치였다. 따라서 유교적 전통에서 법의 보편추상성은 유교적 도덕성인 '예(禮)'의 구체적 타당성을 해치지 않는 범위 내에서만 인정된다. 이처럼 유교 정치철학의 핵심이 되는 '예'가 사회관계에 적용될 때는 호혜성의 규범에 입각한 조화를 지향한다. 예가 제대로 실현되면 사회 각 부문의 관계가 조화를 이루며 평화롭게 공존한다.

이러한 조화의 정신은 오늘날에도 스스로 권리를 일부 제한함으로써 타인의 권리도 존중해 공동의 권리와 행복을 추구한다거나, 사적인 집단 사이에 무조건적인 대립과 갈등을 반복하지 않고 상호 커뮤니케이션을 원활히 함으로써 사회적 열린 관계망을 형성해가는 등 시민의식으로 발전시킬 수도 있을 것이다.

이처럼 유교의 정치철학과 사회 원리, 문화에는 분명 현대 시민사회의 발전에 기여할 수 있는 긍정적 요소가 적지 않음에도 부정적인 측면만 기형적으로 발전되어왔다. 김동춘(1999)은 일제 식민지 경험과 파행적 근대화, 분단, 국가 억압의 정치·경제적 현실이야말로 유교의 긍정적 측면을 누르고 부정적 측면이 확대 재생산되도록 유도했다고 진단한다.

그러나 조선시대에 덕치주의 이상이 제대로 실현된 적이 별로 없었다는 사실은 이 같은 진단이 덕치주의의 결함은 덮어두고 실패의 책임을 외부로만 돌리려는 것으로 보이게 한다. 덕치주의는 곧 인치주의를 의미했고, 따라서 공식적 제도를 불신하는 정치철학이었다. 덕치주의의 고귀한 이상이 실현될 수 없었던 이유가 여기에 있다.

따라서 덕치주의의 이상이 초래할 수 있는 현실적 어려움을 공적 제도화와 법치주의 확립으로 뒷받침하면서 유교 사회의 전통 가치를 현대적으로 발전시켜야 한다. 그래야 올바른 시민의식과 제도화된 공적 신뢰를 바탕으로 사회통합을 이루고 번영을 이룩해나갈 수 있다. 문제는 이를 어떻게 실현할 것인가이다.

무너진 원칙이 초래한 국가 위기

우리나라는 1996년 12월에 OECD에 가입하여 선진국들과 어깨를 나란히 하게 되었다는 자부심을 갖게 되었으나, 그로부터 1년이 지난 1997년 12월에 대외채무 상환 압박을 견디어낼 수 없는 상황에 다다라서 IMF에 구제금융을 요청하고 대대적인 구조조정을 단행하지 않을 수 없게 되었다. 우리가 이처럼 잘나가다가 한국전쟁 이후 최대 국란이라 했던 외환위기를 겪게 된 원인은 어디에 있었는가? 그러한 비극이 두 번 다시 일어나지 않도록 하기 위해서는 근본적인 원인을 찾아 규명해야 한다.

나는 그 근본 원인이 바로 사회적 자본의 결핍과 법질서의 부재라고 생각한다. 즉 공적 규칙의 일관성과 투명성이 보장되지 않는 상황에서 사회의 각 부분이 부패의 고리로 서로 연결된 총체적 불신사회가 된 것이 경제위기의 근본 원인이 되었다는 것이다.[57] 이는 1997년 아시아 외환위기가 법질서가 제대로 확립되지 못한 국가들에서 발생했다는 사실에서도 확인된다.

---

[57] 1997년 경제위기의 발생 원인과 개혁 과정에 대한 체계적 분석은 이진순(2003)을 참조할 것.

이와 같은 맥락에서 이범웅은 우리나라의 외환위기가 "윤리 수준과 소득 수준의 불균형"에서 기인한 것이라고 주장한다. 다시 말해 우리나라가 IMF 관리 체제로 전락한 것은 "중진국에서 선진국으로 도약하는 과정에서 …… 우리의 도덕윤리 의식이 선진국 수준에 미치지 못하니까 다시 중진국으로 추락하는 형국"이었다는 것이다(이범웅, 2004, p. 432).

중국과 우리나라를 비롯한 동양 사회는 전통적으로 가족 공동체 중심이었다. 인격주의와 사적 신뢰로 엮어진 가족 단위, 마을 단위의 대가족주의 사회에서는 거래비용이 감소하고 효율성이 높아진다는 긍정적인 측면이 있지만, 그 효율성의 범위가 자신이 속한 가족과 마을의 경계를 크게 넘어서지 못하는 한계가 있었다. 사적인 신뢰에 기반을 둔 결속이 강할수록 마을 단위를 넘어서는 보편적 연대감은 오히려 약화되었다. 마을 단위, 가족 단위의 '우리'를 위해서는 무엇이든지 서로 돌봐주고 도와주지만 마을과 가족을 떠난 다른 집단은 배제하고 불신하는 강한 배타성을 보였다. 앞에서 소개된 가마고개 이야기는 이 같은 배타성의 극단적 모습이다.

앞에서도 살펴보았듯이, 역사적으로 줄곧 억압적인 통치체제를 겪어오면서 개인의 권익을 보호해주는 장치로서의 법과 제도가 제대로 작동하지 않는 가운데 우리 사회의 전통적인 대가족주의는 극단적인 가족이기주의, 연고주의, 지역주의 등 여러 가지 왜곡된 형태를 띠기에 이르렀다. 우리 사회의 뿌리 깊은 가족주의적 사고방식은 관료집단에서도 나타나, 자신의 부처만 벗어나면 같은 정부 아래서도 '남'으로 생각해버리는 부처 할거주의를 보여왔다.

그 결과 정보의 공유가 이루어지지 않고 상호 협조보다는 견제가 우선시되었다. 이 같은 구조에서는 공유된 정보를 바탕으로 하여 유관부처들이 일치된 목표의식을 갖고 닥쳐오는 외환위기를 효과적으로 대처하기가 힘들었다.

그뿐이 아니다. 가족주의적 사고방식은 기업경영에서도 나타났다. 우리나라 재벌들은 계열사들이 각각 독자적으로 경쟁하며 발전하도록 하기보다는 가족끼리 서로 돕는 것처럼 불법적인 내부거래와 상호지급보증을 통해 우량 계열사들이 불량 계열사들을 떠받쳐주는 구조를 만들었다.

그 결과 마치 적벽대전에서 연환계를 채택했던 조조의 함대가 제갈량의 화공(火攻)에 한 척의 배도 피하지 못하고 모두 불길에 휩싸였듯이, 외환위기의 격랑 속에 불량 계열사들에게 지급보증을 해준 우량 계열사들까지 함께 침몰하거나 표류하는 사태를 경험하게 되었다.

1997년 한보철강이 부도를 냈을 때 시장 원리에 따라 신속하게 처리하지 못한 결과 금융시장이 더욱 불안해졌고 대기업의 연쇄 부도 사태로 확대되었다(서상목, 2003, p. 366). 더구나 그 해 8월에 기아자동차가 부도를 맞자 정치적 역풍을 우려한 정부가 우왕좌왕하는 사이에 대통령선거를 앞둔 정치권이 너도나도 생색을 내면서 개입하는 바람에 사태의 처리가 더욱 지연되었고, 그에 따라 국가신뢰도가 추락하여 호미로 막을 것을 가래로도 막기 힘든 상황으로 악화되었다.

이런 뼈아픈 경험을 하고도 우리나라 정치권은 여전히 쌍용자동차, 한진중공업 등 노사 간에 자율적으로 해결해야 할 사안에 개입하여 정치적으로 생색만 내고 오히려 사태를 악화시키는 악습을 되풀이하고 있다. 이는 공적 제도(단체협약)를 신뢰하기보다는 연줄을 이용하여 공적 제도를 무력화해서라도 사적 이익을 확보하려는 집단의 작전에 말려든 것이거나 편승하려는 것으로 불신사회의 한 단면이라 할 수 있다.

우리 경제를 심각한 위기에 몰아넣은 가장 큰 주범으로 꼽히는 정경유착과 관치금융 역시 비공식적 제도가 공식적 제도를 무너뜨린 결과물이었다. 박정희 정권 시대에는 국가주도형 개발 전략에 따라 국가가 금융기관을 국유화하여 투자 재원을 전략적으로 배분하면서 새로운 산업들을 발전시켜 나갔고 이 과정에서 재벌들이 탄생했다. 그러나 경제 규모가 커지고 그 구조가 다양화되어감에 따라 국가통제형 경제운용 시스템이 한계에 봉착하게 되었다. 이에 따라 1980년대 초부터 민간 부문에 대한 국가의 직접적 통제를 줄이는 자율화 정책이 추진되었다.

그러나 경제 성장과 더불어 기업의 규모가 커지면서 힘의 균형이 정부에서 민간 부문으로 이동하는 것을 억제하고 정권 유지를 위한 불법 정치자금의 원천인 기업을 마음대로 통제하기 위해서는 기업의 핵심 자금줄인 금융기관을 계속해서 장악하며 이를 대체할 수 있는 채권시장의 발전을 억제할 필요가 있었다.

1980년대 초 이른바 금융자율화를 추진한다고 선언해놓고도 외환위기로 금융기관들이 거의 모두 파산 상태에 이를 때까지 관치금융을 계속한 이유가 여기에 있었다. 정부가 관치금융으로 기업의 돈줄을 쥐고 있으니 기업은 천문학적 규모의 정치자금을 내놓을 수밖에 없었고, 집권당은 이 자금으로 정권을 유지할 수 있었다. 외환위기가 1997년 대통령 선거 직전에 발생하지 않았다면 정권교체는 불가능했을 터이고 정경유착의 고리 또한 끊어지지 않았을 것이다.

1997년 초 한보그룹이 5조 7,000억 원이라는 부채를 안고 쓰러진 후 내로라하는 대기업들이 줄줄이 쓰러졌다. 그중에서도 기아와 한라는 각각 한보보다 더 많은 9조 5,000억 원이라는 어마어마한 빚더미를 안고 쓰러졌다. 그밖에도 해태가 3조 3,000억 원, 대농이 1조 3,000억 원 등 1997년 한 해 동안 부도가 난 11개 대기업의 부실 대출이 무려 30조 원에 달했다.

　이처럼 당시 우리나라 1년 예산의 거의 절반이나 되는 거금을 11개밖에 안 되는 망해가는 기업에 쏟아 부을 수 있었던 것은 바로 정경유착 때문이었다. 권력의 압력이 없고서야 국내 모든 금융기관이 약속이나 한 듯 몇몇 기업, 그것도 부실기업에 막대한 자금을 대출해주고 자신들마저 부실화되는 무모한 길을 택할 수는 없었을 것이다. 그런데도 그 같은 일이 가능했던 이유는 법치주의가 무너진 상황에서 정부가 부당한 인사 개입 등을 통해 금융기관을 사실상 장악했기 때문이다.

　금융기관의 인사권은 주주가 행사하는 것이 마땅한데도 정부는 감독기관으로서의 권한을 공정하게 행사하여 금융기관의 건전성을 유지하기보다는 감독권을 내세워 인사권을 빼앗고 정치적 고려에 의한 인사를 해왔다. 은행을 잘 경영하여 높은 수익을 올릴 수 있는 사람이 은행장에 임명되는 것이 아니라 경영 실적 또는 능력과는 관계없이 정치권에 줄을 잘 선 사람이 임명되었다. 이 때문에 금융기관이 권력의 압력에 쉽게 굴복해 불법 대출을 밥 먹듯이 해주었던 것이다. 실제로 한보철강 부도 사태에 앞서 모 은행장이 추가 대출을 종용하는 관계기관의 압력을 거절하다가 끝내 사표를 쓴 일도 있었다. 관치금융이야말로 권력과 재벌 간의 정경유착을 지탱해주는 기둥이었다.

이렇게 만연한 부패와 탈법은 국가신뢰도를 추락시켜 외환위기를 피할 수 없도록 사태를 악화시킨 요인이 되었다. 기업들의 실적이 악화되면 부실을 감추기 위한 분식회계가 관행처럼 이루어졌다는 사실이 1997년 초부터 대기업의 부도가 이어지면서 만천하에 들어나게 되었다. 때마침 태국에서 시작된 금융위기의 여파로 불안해진 해외 채권자들이 재무제표를 조작하는 우리나라 기업과 금융기관의 대외 채무 상환 능력을 믿을 수 없다면서 만기 연장을 거부하고 채무 상환 압박을 가함으로써 위기가 가중되었다. 설상가상으로 우리나라 대외 채무의 대부분이 만기 1년 미만의 단기 채무였기 때문에 갑자기 밀어닥친 상환 압력을 견딜 수 없었던 것이다.

이 과정에서 외국의 금융 전문가들이 닥쳐오는 한국의 외환위기를 미리 경고했지만 우리 정부는 사태를 수습하기보다 오히려 그들의 메시지를 반박함으로써 국가신뢰도를 더욱 추락시켰다. 당시 월가의 한국 전문가들은 "한국 사람들은 거짓말을 한다(Koreans lie!)"고 경고했다. 우리나라의 대외신뢰도가 어느 정도였는지 적나라하게 보여준 예이다. 이러한 상황에서 외국의 채권자들이 앞다투어 채권을 회수하려 들 것은 불문가지였고 외환 보유고가 바닥나는 것은 시간문제였다.

우리 정부는 1980년대 초부터 박정희 시대의 국가주도형 경제 운용 시스템을 시장 중심 시스템으로 전환하기 위해 자율화 정책을 추진했다. 그리고 상당한 성과도 거두었다. 그러나 그때부터 외환위기에 이르기까지 자율화 정책의 핵심 요소 중 하나였던 금융 자율화는 파행적으로 진행되었다. 박정희 정권 하에 국유화되었던 상업은행들을 민영화한다고 선언했지만 소유권만 민간에게 넘겨주고 경영권

(따라서 재산권)은 정부가 감독권을 통해 비공식적으로 계속 장악했다. 관치의 단맛을 결코 포기할 수 없었던 것이다.

금융 자율화는 1990년대에 더욱 확대되었으나 건전성 감독은 포기하다시피 하였다. 감독기관이 건전성 감독의 직무를 유기할 수밖에 없었던 것은 정경유착 때문이었다. 정부 또는 정권의 실세들이 개입된 각종 불법 대출과 신규 금융기관의 인허가 요구에 감독기관은 순응할 수밖에 없었다.

그 결과 금융기관의 부실 대출이 가중되었고, 금융기관의 수도 우후죽순처럼 늘어났다. 전문성도 없는 신생 금융기관들이 해외의 낮은 이자율에 현혹되어 대외 차입을 마구 확대했으며, 기업들 역시 이자가 낮은 대외 차입을 선호했다.

이로 인해 1990년대에 대외 채무가 급속도로 불어났다. 설상가상으로 정부의 잘못된 규제로 인해 대외차입이 단기차입(만기 1년 미만) 위주로 이루어져 1996년에는 대외 채무의 58.3%가 단기외채였다. 결국 동남아시아 외환위기의 여파가 한국에 미쳤을 때 짧은 기간에 집중된 과다한 금액의 채무상환 압박이 외환위기를 초래한 결정적 요인이 되었다.

결과적으로 법질서와 원칙이 무너진 상황에서 국가 주도형 경제 운용 시스템을 시장 자율형 시스템으로 전환하려는 노력이 관치금융과 정경유착으로 인해 절름발이 시스템을 낳았고, 그 대가로 외환위기에 빠져 IMF 관리체제를 받아들일 수밖에 없게 되었다. 그 결과 우리가 해야 했으나 하지 못하던 개혁을 IMF의 강요에 의해 할 수밖에 없게 되었다. 즉 시장 자율형 시스템으로의 전환이 이루어지게 된 것이다.

소용돌이의 한국 정치

한국의 특이한 정치문화를 심도 있게 분석한 헨더슨(Gregory Henderson)에 따르면 한국은 영토, 인종, 종교, 언어 등의 동질성과 보편적 가치 시스템이 유지되고 있기 때문에 가치나 종교적 분열, 근본적 정책의 차이, 이념적 분열이 일어날 수 없었다고 한다. 이 같은 상황에서 어떤 형태든 그룹의 형성은 기본적으로 인위적이거나 분파적이었으며, 또한 그룹 간에는 이슈의 차이가 아니라 구성원의 퍼스낼리티와 권력 접근 기회의 차이가 있었을 뿐이라고 말한다. 그리고 헨더슨은 한국 사회에서 전통적으로 엘리트 그룹과 일반 대중 사이에 매개 그룹이 없었다는 사실에 주목한다.

조선시대에는 중인과 아전으로 대표되는 중간 집단(middle group)이 존재했으나, 그들은 양반의 감시를 받고 사회적 이동이 제한되었으며 신분 상승의 기회가 거의 없었기 때문에 근대화에 잠재적으로 공헌할 수 있는 기회가 차단되었다.[58] 즉 중간 집단의 응집과 주체성을 가로막는 문화적 장벽과 취약한 공동체적 일체감이 더 큰 공적인 목적을 달성할 수 있는 동인(動因)으로 고양될 수 없었으며, 이런 점에서 한국 사회가 서구와 같은 다원적인 공동체로 변화하는 것이 불가능했다는 것이다. 헨더슨은 한국적 정치문화의 뿌리인 조선시대를 "온갖 권리를 가진 지배자와 온갖 의무를 짊어진 피지배자의 이원화 사회"로 분석한다(Henderson, 1968).

---

[58] 민주주의의 발전에서 개인과 국가 사이에 다양한 중개 조직이 중요한 역할을 한다는 점은 토크빌 이래 많은 학자들이 지적해왔다. 버거와 노이하우스(Berger and Neuhaus, 1996) 참조.

헨더슨의 이 같은 관찰은 퍼트남(Putnam, 1993)이 이탈리아 남부의 정치문화적 전통을 분석한 것과 완벽하게 닮았다. 남부 이탈리아에서는 수백 년에 걸쳐 강화되어온 위계적 사회 구조 하에, 봉건적 권한을 물려받은 귀족 계층이 토지를 소유한 가운데 사회 저변에는 소작농들이 생존의 물리적 한계점에서 비참하게 생활했으며, 이 두 계층 사이에 행정 관리와 전문직으로 구성된 소규모의 무력한 중간 계층이 웅크리고 있었다. 그리고 이 위계 구조는 본질적으로 변화하지 않은 채 유지되어왔다(Putnam, 1993, pp. 123~124).

헨더슨은 이와 같은 사회적 관계로 인해 한국의 정치역학은 모든 활동적 요소들이 태풍의 눈과 같은 핵심 권력을 향해 치닫는 거센 소용돌이(vortex)를 닮게 되었으며, 그 결과 한국 정치는 강력한 수직적 구조를 갖게 되어 지방 권력이나 독립적인 결사체 같은 수평적 구조를 억압함으로써 일단 형성된 소용돌이 구조가 방해받지 않고 지속되어왔다고 지적한다.[59] 즉 정당은 총재 또는 대표나 계파 보스를 중심으로 한 소용돌이 구조이고 정부는 청와대를 중심으로 한 소용돌이 구조이다. 그리고 기업도 창업주나 총수 한 사람을 중심으로 한 소용돌이를 닮게 되었다는 것이다.

소용돌이 현상(중앙회귀성)은 한국 정치의 주된 활동 내용을 이념이나 이슈가 아니라 권력에 편향되게 만들고 타협과 양보보다는 투쟁이 특징을 이루게 했다. 그로 인해 한국 정치판에서는 악성 루머, 뒤

---

[59] 한국의 정치문화를 흔히 막스 베버(Max Weber)의 분석에 따라 권위주의적 가산제(家産制, patrimonialism)로 설명하기도 한다(김경동, 2000). 그러나 봉건적 권력 경쟁 구조의 결여로 인해 소용돌이 정치 구조를 낳았다는 헨더슨의 분석도 베버와 유사한 점이 있다.

통수치기, 계획된 음모 등을 통해 반대파에 대해서는 적대감을, 자신들의 당파 내에서는 응집성을 만들어내는 정치문화를 형성하게 되었다고 한다. 헨더슨에 의하면 우리나라 정당들은 정권을 창출해 자신들의 이념과 소신에 따른 정책을 펼치는 통치 그 자체에 목적이 있는 것이 아니라 통치 권력에 접근하는 수단이라는 차원에서 만들어졌다는 것이다.60)

거의 반세기 전에 헨더슨이 관찰하고 분석한 한국의 정치문화가 불행하게도 오늘날에도 그대로 지속되고 있다는 데 이의를 제기할 수 없을 것이다. 최근 한 정치학자는 우리나라의 정당정치에 관해 다음과 같이 서술했다.

> 한국에서 정당을 자신들의 이익을 모아서 정치적으로 실현시켜주는 대표기관이라고 믿는 사람들은 드물다. 한국인들은 정당을 정당 지도자의 개인적인 권력을 추구하기 위한 도구로 간주한다. 한국의 정당은 국민의 여론을 수렴하려 하기보다는 여론을 양극화하려 한다. …… 한국의 정치 지도자들은 자신의 정치적 목적에 따라 마음대로 정당의 창당, 해체, 분당, 재창당을 반복해왔다. 정치인들도 이데올로기적 노선이나 정책적 선호와는 관계없이 보스의 움직임에 따라 이합집산을 반복해왔다. …… 그런데 민주화 이후 한국의 정치적 승자는 권력을 장악한 이후 정당 간 공조, 합당, 의원 빼내오기와 같은 인위적 정계 개편을 통해 의회

---

60) 헨더슨의 분석이 한국 정치에 대해 지나치게 비판적이라는 견해도 있다. 그러나 한국 정치를 소용돌이 현상에 비유한 그의 분석에 이의를 제기하기는 어려울 것이다. 헨더슨은 1985년 워싱턴에서 한국인권문제연구소가 주최한 컨퍼런스에서 한국인들의 평등주의가 민주주의 발전에 중요한 자산이 될 것이며, 1980년대에 들어 대기업들이 새로운 중간 집단으로 부상하고 있다면서 민주주의 발전 가능성을 긍정적으로 평가했다.

내에 안정적 다수를 확보하려고 시도해왔다. 그러나 이러한 인위적 정계 개편 시도는 야당의 반발을 불러왔고 정치적 공존의 틀이 무너지고 말았다. 야당은 승자의 권리를 인정하려 하지 않았다. …… 민주화 이후에도 한국의 정치세력들은 국민의 민복을 위해 우의에 찬 경쟁을 하는 제도정치권 내에서의 동반자가 아니라 상대를 무너뜨려야 할 대상으로 삼는 정치적 적대집단이었다(임혁백, 2004, pp. 220~221).

퍼트남이 남부 이탈리아에서 확인한 것처럼 우리의 정치문화도 경제적 근대화와 정치적 민주화라는 커다란 변화에도 불구하고 크게 달라진 것이 없다. 참고로 이탈리아의 사회 구조가 정치문화에 어떠한 형태로 나타나고 있는지 퍼트남의 분석을 요약하면 다음과 같다.

> 보다 덜 시민적인 지역의 주민들은 시민적인 북부에 비해 자신들의 지방의원들과 훨씬 더 빈번하게 접촉한다. …… 이 접촉은 공적 이슈보다는 주로 개인적인 문제들과 관련된 것이다. …… 지방의원들을 대상으로 실시한 조사 결과도 이와 일치한다. …… 가장 시민적인 지역인 에밀리아-로마냐의 의원들은 일주일에 평균 20명 미만의 유권자들을 접견한다고 응답한 데 비해 가장 비시민적인 지역의 의원들은 매주 평균 55명 내지 60명을 접견한다고 했다. 이러한 접촉은 비시민적인 지역에서는 대다수가 압도적으로 취직 알선이나 특혜를 요청하는 것인 데 반해 에밀리아 지역 같은 데서는 정책이나 입법에 관한 것이었다(Putnam, 1993, p. 99, 101).

결론적으로 남부 이탈리아의 정치문화는 우리나라와 같이 공공의 이익을 증진시키기 위해서가 아니라 사적인 이익을 추구하는 수단으로 정치를 이용했음을 알 수 있다. 퍼트남은 남부 이탈리아에서는 주민들이 사적 이익을 위해 정치인들에게 청탁을 하는 대가로 그들의 하수인이 되어주는 '후견인-하수인' 관계를 형성하는 특징이 있다고 주장한다.

이는 헨더슨이 말하는 소용돌이 현상과 비슷하다. 한국의 소용돌이는 정치적 후원을 포함한 사적 이익을 제공해줄 수 있는 후견인을 중심으로 몰려드는 하수인들로 구성되며, 지역구의 작은 소용돌이들은 계파 보스라는 보다 강력한 후견인을 중심으로 더 큰 소용돌이를 이룬다. 그리고 그중에서 총재, 대표, 대통령 후보 또는 대통령이 가장 강력한 소용돌이의 핵심이 된다.[61]

비근한 예로 국가보안법 개정이냐 폐기냐를 놓고 17대 국회에서 열린우리당이 무리하게 폐기를 추진하기보다는 개정 쪽으로 당론을 모으는 듯했는데, 어느 날 "국보법은 폐기하는 것이 마땅하다"는 노무현 대통령의 말 한 마디에 갑자기 당론이 바뀌고, 그 결과 2004년 말까지 이 문제를 놓고 여야가 극한 대립을 했던 사실, 그리고 2005년 7월에는 서울대학교가 입시제도에 '통합형 논술고사'를 도입하겠다는 것을 노 대통령이 "나쁜 뉴스"라고 언급한 직후 교육인적자

---

[61] 이재혁(1999b)은 한국 정치의 소용돌이 현상은 한국 고유의 특이성의 문제만이 아니고 '부유 자원(free-floating resources)'의 형성 및 '제도적 허술함'이라는 객관적 조건에서 파생된 일종의 사회적 균형으로 볼 수 있으며, 그 같은 객관적 조건은 한국 근현대사의 특성(분단과 냉전, 국가 주도의 임의적 자원 동원, 계급/계층 질서의 와해)에서 찾을 수 있다고 주장한다. 그러나 한국 근현대사의 위와 같은 특성 또한 중앙회귀성의 산물이라고 볼 수 있기 때문에 소용돌이 현상은 한국 고유는 아니라 해도(남부 이탈리아에도 있으므로) 한국사회의 특징적 현상이라고 할 수 있다.

원부의 태도가 180도 선회하고 여당 의원들도 마치 홍위병처럼 돌변하여 서울대 측을 몰아세운 사례, 그리고 2009년 말 이명박 대통령이 행정중심복합도시(세종시)의 수정을 제안한 이후, 여당의 친이계는 수정안을 지지하고, 친박계와 야당은 원안 고수를 주장하면서 온 나라가 시끄러울 정도로 격돌하였던 사례 등은 우리나라 정치의 소용돌이 현상을 잘 보여주고 있다.

정치를 사적인 이익 추구를 위한 도구로 여긴다면 국민들은 정치를 그런 목적으로 이용하면서도 정치권과 정치인들을 불신하게 된다. 또한 정당이 정권 획득을 위한 투쟁의 도구로 전락한다면 정당 간에도 불신이 쌓이게 된다. 우리나라 정당의 대표들 또는 원내 대표들이 특정 사안에 합의를 해놓고도 서로 상대방을 믿을 수 없다며 합의 이행을 포기한 사례가 빈번했던 것도 여기에 기인한다.62) 이같이 정당들이 깊은 불신에 빠지면 언제 상대 당으로부터 피해를 입을지 모른다는 피해의식으로 발전하고, 그 결과 권력을 유지하기 위해 또는 빼앗기 위해 수단과 방법을 가리지 않는 이전투구에 빠지게 된다.

중앙 관료의 규제만능주의도 규제를 이용해 관료들이 특혜를 베푸는 후견인 노릇을 한다는 점에서 따지고 보면 소용돌이 문화의 유산이다. 경제 성장을 주도한 재벌의 경영 집중도 소용돌이 패턴을 닮았고, 심지어 노조의 최대 걸림돌인 부패와 윤리적 타락도 소용돌이 문화에 그 원인이 있다고 볼 수 있다(김달중, 2000). 영국의 액튼 경(Lord Acton)이 "절대 권력은 절대 부패한다"고 말했듯이 소용돌이가 강한 곳은 그만큼 더 구조적 부패에 노출될 가능성이 높다.

그런데 정치 신뢰와 사회 신뢰 간의 관계에 관한 최근의 연구들

---

62) 한국 정당정치의 제로섬적 정쟁과 불신에 관한 분석은 강원택(2005)을 참조할 것.

(Brehm and Rahn, 1997; Newton, 1999; Hooghe and Stolle, 2003 외)은 정치 신뢰로부터 사회 신뢰로 인과관계가 흐른다면서 정치 불신의 해소가 사회적 신뢰를 회복하고 사회적 자본을 축적하는 지름길이라고 주장한다. 정치 개혁의 시급성과 중요성을 학술적으로 확인해 준 것이다.

한국의 사회적 자본에 대한 연구에서 유재원(2000)은 우리나라에서는 면대 면 접촉을 보다 빈번히 하는 적극적 참여자가 소극적 참여자보다 오히려 동료 시민을 불신하는 정도가 높다고 지적하며, 접촉이 빈번해지면서 불신이 더 강화된다는 사실은 우리 사회에서 사회적 자본 파괴의 악순환이 진행되고 있음을 시사한다고 말한다.

그러나 나는 접촉이 강화되면서 불신이 더 강화된다기보다는 불신이 강하기 때문에 접촉을 더 강하게 추구한다고 해석하는 것이 옳다고 본다. 남들을 불신하는 사람은 공적 제도도 불신하고 연결망을 더 중요시하기 때문에 연결망의 확대를 위해 면대면 접촉을 더 열심히 하게 된다. 이는 남부 이탈리아 시민들의 행태와 비슷하다. 다만 그들이 사회적 자본을 파괴하는 경향이 있다는 점에는 견해를 같이한다.

유재원은 또한 상관관계 분석을 통해 사회 불신이 정치 불신에 미치는 영향보다는 정치 불신이 사회 불신에 미치는 영향이 더 크고 의미가 깊음을 재확인했다. 이는 우리나라에서 정치 신뢰의 회복이 무엇보다 시급한 과제라는 사실을 실증적으로 뒷받침해주는 연구 성과라 하겠다. 더구나 앞에서 언급했듯이, 우리나라에서 가장 불신을 받는 집단이 정치인들이고 국제 비교에서도 우리나라 정치인들이 세계 최하위 수준에 가까운 신뢰 빈곤에 빠져 있다는 사실은 정치적 신뢰 회복이 매우 시급하다는 것을 의미한다.

그러면 어떻게 우리 정치의 소용돌이 현상을 타파하고 정치적·사회적 신뢰를 회복할 수 있을까? 2부에서는 정치적·사회적 신뢰를 회복하기 위한 실천적 전략을 분야별로 제시하고자 한다.

2부

사회적 자본의 축적을 위한 실천 전략

5장 공적 제도의 신뢰와 원칙 확립

　사회적 자본 형성에 관한 실증 분석 중에는 민주주의가 40년 이상 지속된 나라는 그렇지 않은 나라보다 사회적 자본이 더 잘 형성되어 있다는 연구 결과가 있다(Uslaner, 2003). 물론 자메이카의 사례와 같이, 민주주의 제도를 오래 유지하는 것만으로 사회적 자본 형성에 긍정적인 결과가 보장되는 것은 아니다. 그럼에도 불구하고 민주주의가 오래 지속된 나라는 사회적 자본이 더 잘 형성된 경향이 있다는 실증 분석 결과는 민주주의가 신뢰 형성에 긍정적인 요소를 내포하고 있음을 의미한다.

　나는 그 요소를 개인 존중 정신과 '불신의 제도화'를 통해 제도에 대한 신뢰를 구축해나가는 민주주의의 기본 원칙에서 찾을 수 있다고 생각한다. 따라서 민주주의 정신과 원칙을 충실히 지키는 것이 신뢰 형성에 반드시 필요하다고 본다.

　민주주의는 결과 못지않게 절차를 중요시하는 제도이다. 선진 민주국가에서 민주주의를 논할 때 '민주적 절차(democratic process)'

라는 개념이 자주 거론되는데, 이를 통해 절차를 얼마나 중요시하는가를 알 수 있다.

아무리 결과가 좋아도 거기에 이르는 과정에서 민주주의 원칙을 충실히 따르지 않는다면 불신이 배태되고 장기적으로는 더 큰 해악을 초래하는 요인이 될 수 있다. 우리나라에서 장기간의 개발독재가 경제 발전에 기여했음에도 그 과정에서 형성된 반독재 투쟁 구조가 지금까지 잠재의식으로 남아 대화와 타협보다 투쟁과 승리를 우선시하는 경향에서 탈피하지 못하고 있는 것을 보아도 민주적 절차의 중요성을 알 수 있다.

민주적 절차는 궁극적으로 국민의 의사를 반영해 법과 규칙을 제정하고 이에 국민 모두가 자발적으로 따르는 것이다. 그러면 민주사회에서 '게임의 규칙'은 어떠한 원칙을 전제로 하는가? 앞에서 설명한 바와 같이 민주주의는 사유재산을 인정하고 마음대로 처분할 수 있는 자유를 전제로 하기 때문에 민주주의 정치 체제는 자유시장경제 체제와 불가분의 관계에 있다. 따라서 민주주의와 시장경제를 지향하는 사회는 국민의 자유와 재산권 보장을 원칙으로 한다.

그렇다고 국민의 자유와 재산권에 어떠한 제약도 가하지 않는다는 것은 아니다. 적어도 두 가지의 기본적인 제약이 원칙적으로 적용되는데, 첫째로 개인이나 집단의 행위가 타인이나 타 집단의 자유와 재산권을 침해해서는 안 된다는 정의의 원칙과, 둘째로 약속(계약)을 어기면 안 된다는 신의의 원칙이 그것이다. 따라서 민주국가의 사회질서를 규정하는 모든 '게임의 규칙'은 이상 두 가지 원칙을 토대로 제정되어야 한다.

민주주의 체제 내에서 국민의 자유와 재산권을 제약하는 법의 제정은 국민의 간접적 동의하에 국민의 의사를 대변하는 입법기관에 의해 이루어진다. 따라서 국민 스스로 제약을 수용하겠다고 자발적 협약을 체결하는 것이라 할 수 있다. 그러나 이 과정에서 다수의 힘으로 소수의 자유와 재산권을 제약하는 법을 제정하여 획일성의 원칙을 위반하는 경우가 종종 발생한다(예를 들어 소득 재분배, 부동산 규제 등). 그러한 경우 자유와 재산권에 제약을 받는 소수가 공공의 이익을 위해 그 같은 제약을 수용할 수 있다는 것을 전제로 한다. 그렇지 않으면 일방적으로 피해를 강요당한다고 생각하는 소수가 반발하게 되고, 이는 갈등과 불신을 초래할 것이다.

민주사회에서 제정되는 법과 규칙이 국민들의 자발적 협약이라 해도 이를 준수하지 않을 때 국민 각자가 제재에 나설 수는 없기 때문에 집행과 제재의 권한을 정부에 위임한다. 따라서 한 사회에서 법치주의 원칙을 포함한 민주주의 원칙이 얼마나 잘 존중되는지 그렇지 않는지는 정부의 역할에 크게 달려 있다. 다시 말해 사회적 신뢰의 증진은 일차적으로 정부의 책임인 것이다.

법치주의 원칙의 확립

민주주의의 기본 원칙 중에서도 가장 중요한 것은 법치주의의 원칙이다. 한 나라의 민주주의 수준은 그 나라의 법치주의 수준에 정비례한다고 할 수 있다. 법치주의는 국민들이 법과 제도를 신뢰하고 만족하게 할 뿐 아니라 투자나 노동의 결과에 대해 불법적인 피해를 당할 걱정 없이 안심하고 투자나 노동을 할 수 있게 하여 경제 발전에도 기여한다. 또한 법과 제도에 대한 신뢰는 다른 사람들이 나에게 부당한 피해를 입히지 못하도록 해줄 것이라는 믿음 때문에 다른 사람들을 불신할 필요가 없게 해주어 시민들 사이에 신뢰가 구축되도록 작용한다(Rothstein, 2002).

앞에서 살펴본 바와 같이 신제도학파 경제학은 경제발전에서 공식적 규범뿐 아니라 비공식적 규범도 중요한 역할을 한다는 점에 주목한다. 퍼트남의 이탈리아 사례 분석에서는 공식적 제도 개선의 효과보다 적어도 단기적으로는 비공식적 사회 규범이 더 중요한 역할을 하고 있음이 드러났다.

공식적 규범(법)과 비공식적 규범(문화, 습관 등)은 상호 독립적으로 작용하는 것이 아니다. 공식적 규범이 정상적으로 작동하여 효력을 발휘하지 못하면 비공식적 규범이 효율적으로 작동할 수 없다. 역으로 비공식적 규범이 정상적으로 작동하지 않는 사회에서는 공식적 규범도 정상적으로 작동하기 어렵다. 이 분야의 실증 분석 연구들을 종합해보면 공식적 규범의 확립이 비공식적 규범에 긍정적인 영향을 끼친다는 결론을 얻을 수 있다(예를 들어 Levi, 1998). 법치주의의 확립이 얼마나 중요한가를 보여주는 것이다.

유감스럽게도 우리나라는 법치주의 확립에 있어서 매우 부끄러운 수준에 머물고 있다. 앞에서 인용된 한국형사정책연구원의 여론조사에서 드러났듯이, 우리 사회는 편법이 통하는 사회로 법을 지키면 손해 본다는 인식이 팽배하다. 사회 전반에 걸쳐 법 경시 풍조가 만연한 것이야말로 우리가 진정한 선진 사회로 발전하지 못하는 중요한 원인 중 하나라고 할 수 있다. 법과 원칙이 바로서지 못하니 저마다 무리한 방법으로 자기 이익을 관철하려 하고, 그 결과 사회 갈등이 증폭되는 것이다.

우리나라 사람들의 덕주법보(德主法補) 사상은 민원인들의 요구에서 잘 드러난다. 법적으로 불가능한 일인 줄 뻔히 알면서도 시장이나 군수를 찾아가 청탁을 하고, 안 된다고 하면 다시 도지사에게 사정하고, 거기에서도 안 되면 '높은 자리'에서는 해줄 수 있을 것이라는 기대를 갖고 청와대에 탄원한다. 법이 공평하게 집행되지 않는다고 불평하면서도 자신의 편익을 위해서는 법을 무시해도 된다고 생각하는 것이다.

이 같은 국민정서는 노무현 정부 시절 재벌 총수의 뇌물 공여 지시와 뇌물 수수 대상자 등이 녹음된 소위 '안기부 X파일' 공개 문제에서 위력을 발휘했다. 법으로 금지된 도청 행위의 산물인 녹음테이프의 내용을 공개하는 것이 분명 불법인데도 국민의 70%가 공개를 원하는 것으로 알려지자 법치 수호의 최고책임자인 대통령과 국회의원들이 공개를 허용하는 특별법을 제정하겠다고 나섰다. 헌법에 금지된 소급 입법을 해서라도 국민정서에 편승하겠다는 것이다. 국민의 70%가 아니라 99%가 공개를 원한다고 해도 지도자는 불법적인 공개는 할 수 없다고 국민을 설득해야 한다. 일시적인 정치적 이익을 위해 불법인 줄 알면서도 국민정서에 부화뇌동한다면 결코 지도자라고 할 수 없다.

한편 정부와 정치권의 위법을 감시해야 할 시민단체들은 오히려 불법 녹음의 내용을 근거로 몰래 녹음 당한 자들의 범법 혐의를 수사하라는 고발장을 검찰에 접수했다. 법치주의 원칙을 지켜야 한다는 목소리는 포퓰리즘에 묻히고 말았다. 아무리 의도가 정의롭다 해도 그 방법과 수단이 위법이면 안 된다. 편의에 따라 법이 무시되는 선례를 남기면 법치주의는 곧 무너질 것이기 때문이다.

따라서 녹음테이프의 내용이 범법 행위를 밝혀낼 수 있는 정보 가치가 높다 해도 현행법을 어기면서까지 공개해서는 안 되는 것이다. 만일 그런 내용이 공개되고 법정에서 증거로 채택된다면 많은 사람들이 남의 약점을 캐내어 자신의 목적을 달성하려고 남몰래 녹음을 하게 될 것이고, 그렇게 되면 친구도 서로 믿고 대화할 수 없는 심각한 불신사회가 되고 말 것이다. 다행히 다른 사건들에 밀려 소급 입법 시도는 흐지부지되었으나 자칫 우리나라의 법체계가 뿌리째 흔들리는 위험한 일이 벌어질 뻔했다.63)

이처럼 우리 사회의 최고 엘리트들도 그 중요성을 잘 납득하지 못하고 있는 법치주의란 무엇인가?

첫째, 법치주의란 국가 지도자든 정부든 국민이든 동일한 법에 의해 동일하게 통제받는 것을 의미한다. 이런 의미에서 현직 대통령의 형사 소추를 금하는 현행 헌법은 법치주의의 원칙에 충실하지 못하다고 할 수 있다. 대통령에게 이와 같은 특권을 인정해주는 나라는 별로 없다. 필리핀의 헌법에도 이 같은 면책특권 조항이 없으며 대통령제의 원조(元祖)이며 모범이라 할 수 있는 미국에도 없다.

우리는 미국의 클린턴 전 대통령이 재임 중에 특별검사의 조사를 받은 사실을 잘 알고 있다. 미국 연방대법원은 성희롱관련 민사소송에서 대통령의 재임 중에도 법원의 절차는 진행되어야 하며 대통령

---

63) 최근 진보정의당 노회찬 공동대표가 '안기부 X파일' 내용을 폭로한 사건에 대해 대법원이 유죄판결을 확정하자 그는 "폐암 수술을 한다더니 암 걸린 폐는 그냥 두고 멀쩡한 위를 들어낸 의료사고와 무엇이 다르냐"면서 범법자들을 피해자로 만들고 수사를 촉구한 자신은 가해자로 만든 "해괴망측한 판단을 결코 받아들일 수 없다"고 말했다 (경향신문, 2013년 2월 14일, 디지털뉴스). 그러나 이 판결은 의도가 어쨌든 현행법을 어기면 안 된다는 원칙을 확인한 것이다. 법을 제정하는 국회의원이, 그리고 공당의 대표가 정의를 위해 현행법을 어기기로 결심했으면 그 결과에 책임을 질 각오가 있었어야 할 것이다.

이라고 소송에서 증언을 거부할 특권이 없다고 판결했다. 민주국가에서는 이같이 대통령도 법의 지배를 받아야 마땅하다.

둘째, 아무도 국가 기관으로부터 법에 근거하지 않은 통제를 받지 않으며, 모든 국민은 차별 없이 법의 보호를 받을 권리가 있다는 것을 의미한다. 이는 비밀리에 전화 통화를 감청한다거나 법적 요건을 갖춘 기업에게 지역 주민들의 반발이 있다는 핑계로 허가를 거부하는 것과 같이 정부기관이 법에 정해져 있지 않은 규제로 국민이나 기업을 임의로 통제할 수 없다는 말이다. 따라서 이명박 정부가 정치적 의도로 민간인을 사찰한 것은 민주국가에서 있을 수 없는 탈법이었고 권력남용이었다.

2005년 6월, 삼성그룹의 금융계열사가 보유하고 있는 계열사 지분의 의결권 행사를 제한한 공정거래위원회의 규정이 재산권 침해를 금지하는 헌법 조항에 위배된다면서 삼성생명 등 3개 계열사가 헌법소원을 냈는데, 이에 대해 공정거래위원장이 "매우 유감"이라며 불편한 심기를 드러냈고(중앙일보, 2005년 7월 6일), 나중에는 노무현 대통령까지 나서서 이 문제에 대해 삼성그룹을 경고했다. 의결권 제한에 대해서는 나 역시 공정거래위원회의 규정이 옳다고 생각한다.
그러나 기업이 헌법에 보장된 권리를 행사하는 것을 불쾌하게 생각하는 것은 정부에 무조건 순응해야 한다는 권위주의적 발상일 뿐만 아니라 헌법을 무시하는 위험스러운 일이다. 더욱 한심스러운 사실은 삼성 측이 "공권력에 도전하는 것이 절대 아니다"라며 헌법소원은 '무엇이 되고 무엇이 안 되는지' 확인을 받기 위한 것이라는 해명성 발언을 했으며, 결국 다른 문제로 검찰의 수사를 받게 되자

이를 무마하기 위한 제스처로 법원의 판결을 기다리지도 않고 헌법소원을 스스로 철회했다는 사실이다. 정부가 얼마나 무서우면 헌법에 보장된 권리를 행사하면서도 이렇게 정부의 눈치를 보아야 하는가? 정부를 두려워하지 않고 도전할 수 있어야 바람직한 민주국가라 할 수 있다.

안기부 도청 테이프 내용의 일부가 언론에 의해 공개되는 바람에 불법 정치자금을 제공한 의혹을 받고 있는 기업인들을 수사하라는 시민단체의 압박은 목적이 수단을 정당화하는 것이나 다름없다. 혐의가 아무리 중대하다 해도 증거를 입수하는 과정에서 법으로 보호받아야 할 국민의 기본권을 침해했기 때문에 증거의 효력을 인정할 수 없다고 법으로 명시해놓은 것도 무시하며 수사를 종용하는 것은 참으로 위험한 주장이다. 그렇게 되면 앞으로 어떤 부당한 방법으로든 남의 비리를 캐내 공개해버리면 처벌받게 할 수 있는 무서운 세상이 될 것이다. 아무도 법의 보호를 믿고 안심할 수 없게 되는 것이다.

셋째, 법은 국민으로부터 입법권을 위임받은 국민의 대리인들에 의해서만 제정, 개정, 또는 폐기될 수 있음을 의미한다. 예를 들어 노무현 정부 시절에 대통령과 장관이 노동자 등 약자들의 불법 행위는 묵인해주겠다고 공언한 적이 있었는데, 이는 법 집행의 권한을 가진 사람이 법의 적용 범위를 자의적으로 제한하는 것으로서 사실상 법조문에 예외 규정을 추가하는 법 개정 행위와 다름이 없다. 입법권이 없는 사람이 월권행위를 한 셈이다. 이런 일이 실제로 벌어졌다는 것은 이 나라의 지도층이 얼마나 법을 경시하는지 보여주는 부끄러운 사례라고 할 수 있다.

우리나라의 지도층에까지 이토록 만연된 법 경시 풍조 속에서 법치주의를 확립해나간다는 것은 참으로 어려운 일이다. 그러나 이는 반드시 해결해야 할 과제이다. 법치주의 확립에 실패한다면 선진국 진입의 꿈도 버려야 한다. 어제의 불법을 특별법으로 합법화하여 소급 적용하고 오늘의 합법을 같은 방법으로 후일에 불법화하여 소급 처벌하는 불안정한 사회, 법이 사람이나 때, 장소에 따라 어떻게 적용될지 알 수 없는 예측 불가능한 사회, 정부가 과도한 재량권으로 국민의 생활을 마음대로 통제할 수 있는 사회, 법을 믿고 투자를 했는데(예를 들어 외환위기 때 정부가 장려한 임대주택 사업), 그 후 국민정서가 악화되었다 하여 법의 보호를 받지 못하고 손실을 강요당하는(참여정부의 징벌적 세금폭탄) 사회라면 설사 1인당 국민소득이 3만 달러를 넘어 5만 달러에 달한다 해도 우리가 바라고 꿈꾸는 선진사회라고 할 수 없다.64) 한국 사람들이 비교적 높은 소득 수준에도 불구하고 대체적으로 행복을 느끼지 못하고 있는 것은 이 같은 사회 환경 때문일 것이다.

그렇다면 법치주의를 이 땅에 정착시키기 위해 무엇을 어떻게 할 것인가? 무엇보다도 먼저 법치 원리의 설정자이자 집행자인 정부가 앞장서서 법치의 원칙을 지키려고 노력해야 한다(전택수, 2004, p. 45). 물론 우리나라에서 법치주의가 확립되지 못하는 중요한 요인 중 하나가 경로의존성에 따른 사회문화적 환경에 있기 때문에 그 모

---

64) 콘드커(Khondker)는 높은 소득수준만으로는 의미 있는 사회를 이룰 수 없다는 점을 상기시키며 이렇게 강조했다. "공유된 규범, 상호주의, 그리고 유대감을 강조하는 사회적 자본은 단지 경제발전과 같은 목표를 달성하기 위한 수단이 아니라 그 자체가 하나의 목적이 되는 것이다. 왜냐하면 사회적 자본은 의미 있는 사회를 유지할 수 있게 해주기 때문이다"(콘드커, 2004, p. 90).

든 책임이 정부에만 있는 것은 아니다. 그러나 법 집행의 권한을 행사하는 정부가 영향력이 가장 큰 주체임을 부인할 수 없다.

만일 정부가 규범을 중시하지 않거나 위배한다면 시민사회의 노력만으로는 법치주의를 바로 세울 수 없다. 정부가 솔선하여 법을 잘 지키는 것은 충분조건은 아니지만 법치주의 확립을 위해 가장 중요한 필요조건이다.

따라서 법치주의의 확립을 위해서는 아무리 경미한 사안이라도 정부기관은 반드시 법을 지켜야 하고 이를 어긴 기관에 대해서는 엄중한 제재를 가해야 한다. 이는 대통령의 결단과 시민사회의 의지가 결합되어야 가능할 것이다. 예를 들어 시청, 구청 등 정부기관이 불법 광고물을 게시하거나 오염물질을 불법 매립하고 무허가 건축물을 짓는 등 법을 위반하는 경우가 흔히 있는데, 이를 목격하는 시민들이 법을 존중할 리 있겠는가? 심지어 솔선해서 법을 지켜야 할 국회의원들이 국회의사당 앞에 불법 현수막을 버젓이 내걸고 있는 실정이니 누가 법을 지키려 하겠는가?

내 경험으로 판단하건대 공무원들 사이에도 준법의식이 결여되어 있기 때문에 시민단체의 빈틈없는 감시와 견제가 없으면 지도자의 의지만으로는 이런 관행을 바로잡기 어려울 것이다. 또한 대부분의 기관장들이 특권의식을 버리지 못하고 있으며 스스로 법을 지키겠다는 의지도 부족한 편이다. 따라서 대통령이 앞장서서 법치주의 확립의 중요성에 대해 범국민적 공감대를 형성하고 국무위원들과 각급 기관장 및 자치단체장들을 독려하는 한편, 시민단체들이 밀착 감시하며 유기적이고 입체적인 노력을 경주해야만 그릇된 관행을 바로잡을 수 있을 것이다.

법을 지키는 것이 지위의 고하를 막론하고 국민 모두의 의무이듯이 정부기관도 권력이 많든 적든 다 같이 법을 지켜야 한다. 그러나 법치주의에 미치는 영향력은 아무래도 권력기관일수록 더 크다고 할 수밖에 없다. 따라서 대통령과 청와대, 장관들과 법원, 검찰, 경찰 등의 법치의식을 특별히 강조하지 않을 수 없다. 유감스럽게도 이들 권력기관이 법치주의 확립에 모범을 보여주지 못하고 있는 것이 우리의 현실이다.

그 중에서도 특히 검찰과 법원이 법을 공평무사하게 집행하지 않는다면 법치주의 확립은 요원한 꿈이 되고 말 것이다. 그런 의미에서 박근혜 대통령이 새 정부의 첫 장·차관회의(2013.3.16.)에서 "공무원 한 명이라도 부정부패나 근무 태만으로 국민에게 피해를 주면 결국 정부 전체의 신뢰가 떨어지게 된다"고 지적한 것은 시의적절 했다고 생각한다.

여기서 법원의 책임이 막중하다는 사실을 새삼 강조할 필요는 없을 것이다. 검찰의 잘못을 바로잡을 수 있는 유일한 곳이기 때문이다. 특히 우리 사회는 감정에 휩쓸리는 경향이 강하기 때문에 법원은 피의자를 여론재판에서 보호해주는 최후의 보루로서 그 책임을 다해야 한다. 그러나 현실을 보면 법원도 그 역할을 충실히 해내지 못하고 있는 실정이다. 심지어 검사들과 판사들이 법조 브로커나 범죄 조직의 뇌물과 향응에 놀아나도 제 식구 감싸기에만 급급하니(폐쇄집단의 전형적 특징) 국민들이 법의 형평성을 믿지 못하는 것이다.

법을 집행하는 기관들이 법치를 존중하지 않는다면 법치주의는 사상누각이 되고 말 것이다. 따라서 검찰과 법원의 비리를 자체 감찰에만 맡겨서는 안 된다. 별도의 독립적 감찰기구가 이들을 상시적으로 감시하고 견제해야만 법치의 최후의 보루인 검찰과 법원이 바로설 수 있을 것이다. 이를 반대하는 어떠한 논리도 특권을 포기할 수 없다는 입장의 합리화일 따름이다.

한편 정부는 합법적 절차보다는 법을 무시해서라도 당장에 조치를 취해주길 원하는 국민정서에 굴복하는 일이 없어야 한다. 언론과 시민단체들까지 가세해서 압박해도 정부는 합법적 절차의 중요성을 국민들에게 알리면서 필요한 경우 법을 개정해야지 결코 법을 무시해서는 안 된다.

만약 정부기관이 법치주의 확립의 책무를 가볍게 여기고 스스로 법을 어기거나 법 집행에 일관성이 결여될 때 이를 바로잡을 수 있는 것은 언론과 시민단체뿐이다. 그러나 언론은 언론사들 간의 경쟁에 눈이 어두워 여론재판에 앞장서는 경향이 있고 시민단체들도 국민정서에 편승하기는 마찬가지다. 선진국에서처럼 인기가 없더라도, 사회 주류로부터 공격을 받더라도 정부나 언론, 혹은 국민 여론이 법치주의 원칙을 위협하는 경우 이에 맞서 싸우는 시민운동이 절실히 요구된다.65)

그러나 무엇보다도 법치주의 확립의 성패를 좌우하는 가장 중요한 요소는 이 원칙의 중요성을 확신하고 이를 국민에게 설득하며 필요하다면 일시적 불이익도 회피하지 않겠다는 대통령의 강력한 의지이다. 우리나라의 권력 구조상, 또한 유교 문화적 전통으로 인해 대통령이 국민의 행동 양식에 미치는 영향이 매우 크기 때문이다.

정부가 스스로 법을 잘 지켜야 국민에게 법을 지키도록 요구할 수 있고 또한 범법자에게 적절한 제재를 가할 수 있다. 그렇지 않으면

---

65) 미국의 ACLU(American Civil Liberties Union)가 좋은 예이다.

제재를 가해도 국민이 납득하지 않을 것이고, 결국은 정상적인 제재를 할 수 없어 법질서가 교란될 것이다. 정부가 솔선하여 법을 잘 지킨다는 전제하에 법치주의 원칙을 정착시키기 위해서는 법을 위반했을 때 공정하고 엄격한 제재를 가해야 한다.

그동안 우리나라는 법과 규칙을 위반했을 때 제재의 강도가 충분치 못했으며 일관성이 없었던 것이 사실이다. 법에 대한 불신 풍조가 만연해있는데도 그 악순환의 고리를 끊을 만큼 제재의 강도가 높지 못했고, 사람과 상황에 따라 법 집행이 들쑥날쑥했다.

예컨대 공정 거래에 관한 제재는 국제 규범과 비교하면 부끄러울 정도이다. 미국에서 마이클 밀켄이라는 사람이 내부 거래를 했다가 감옥에 가고 증권업계에서 영원히 추방당한 유명한 사건과 110억 달러(11조 원)의 분식회계로 버나드 에버스 전 월드컴 회장이 25년 금고형을, 회계 부정 혐의로 엔론의 제프리 스킬링 전 CEO가 24년 4개월을 선고받은 사례에서도 알 수 있듯이, 미국에서는 기업의 부정행위로 제3자에게 피해를 주면 준엄한 형사처벌을 받는다.

이에 비해 우리나라에서는 대기업의 위법 사실을 포착해도 제재는커녕 경제를 살린다는 구실로 대부분 집행유로 풀어준다. 어쩔 수 없이 금고형을 내려도 곧 보석으로 풀어주고 조금 후에 대통령 특별사면으로 아무 일도 없었던 것처럼 활동하게 해준다. 또한 부당 내부 거래가 적발되면 벌금만 부과하고 형사처벌은 없다.[66] 교통 관련 범칙금을 신속히 납부하지 않으면 과태료가 눈덩이처럼 불어나 안

---

66) 이와 관련하여 최근 사회정서가 엄중한 법집행을 요구하고 있으며 대통령도 이를 강조하고 있어 변화가 기대된다.

내고 버틸 수 없는 선진국에 비해, 우리나라에서는 기한 내에 납부하는 것이 안 내고 버티는 것보다 오히려 불리한 비정상적 법체계로 인해 국민의 준법의식을 저해하고 있다.

법의 실효성이 심각하게 훼손되면 법을 지키는 과정에서 발생하는 비용에 비해 그로 인해 나에게 돌아오는 편익은 보잘것없는 반면 사조직이나 연줄과 같은 비공식적 조직에 의존해 내부 거래를 통해 얻을 수 있는 편익은 크기 때문에 굳이 법에 의존할 필요가 없어진다. 이 경우 법질서를 유지하는 것은 국가의 몫이 되고 아울러 법을 유지하기 위해 감시가 강화되어야 하므로 사회적 비용이 큰 폭으로 증가한다. 그 같은 사회적 비용은 국가에서 감당하거나 법을 위반하는 사람들에게 부담시키는 방법밖에 없다. 국가의 입장에서는 막대한 비용(예컨대 경찰력의 대폭 증강에 따른 비용)을 감당하기보다는 법을 위반했을 때, 제재를 강화해 개인들이 부담해야 하는 한계비용을 높임으로써 법을 위반하는 빈도를 낮추는 것이 보다 효과적이라 할 수 있다.

법과 질서가 잘 지켜지고 있는 영국과 싱가포르 같은 선진국에서는 교통신호를 위반하거나 담배꽁초를 길에 버릴 때 개인에게 부과하는 과징금이 우리보다 훨씬 많다는 사실을 깊이 생각해볼 필요가 있다. 오스트롬(Ostrom, 1990)은 부락의 공동 저수지들의 사례를 분석한 후, 집합행동이 잘 되는 공동체에서는 구성원들 간에 규칙을 어기지 않도록 감시(monitoring)를 게을리 하지 않았고, 아울러 규칙을 어겼을 때에는 누진적 제재(graduated sanction)를 가한다는 공통점을 발견했다.

선진 민주국가에서는 공권력에 대한 도전을 민주주의의 기본 원칙인 법치주의에 대한 도전으로 보고 그런 사람들은 법의 보호가 아니라 강한 제재를 받아야 된다고 생각한다. 따라서 경찰의 명령에 저항하면 가차 없는 폭력으로 제압한다. 그러므로 공권력이 도전받는 경우가 드물다. 그러나 우리나라에서는 폭력시위대에 경찰이 맞아 부상당해도 당연한 것으로 여기고, 오히려 폭력을 행사한 시위대원이 크게 다치면 경찰이 문책을 당하기 때문에 폭력시위가 끊이지 않는다.

우리나라의 반FTA 시위대가 워싱턴에 가서는 평화적 가두행진을 하고 한국에 돌아와서는 폭력시위를 한 사실은 우리나라의 공권력이 그만큼 허약하다는 것을 보여준다. 법을 어기고 폭력을 휘두르는 사람들은 민주 시민으로서의 자격을 스스로 포기한 것이기 때문에 그들에게 강한 제재를 가하는 것은 당연한 것이다.

법이 강한 제재력과 일관성으로 공적 신뢰를 회복해 아무리 힘 있는 사람일지라도 법을 함부로 짓밟지 못하고 힘없는 사람도 억울한 일을 당했을 때 법에 호소할 수 있는 길이 열려 있다는 믿음이 확산된다면 우리 사회에도 편법에 의존하기보다 법과 원칙대로 문제를 해결하려는 분위기가 조성되어갈 것이다.

폭력시위와 부패, 불법 파업이 판치던 가난한 도시국가 싱가포르가 세계 최고의 경쟁력을 자랑하는 일류 국가가 된 비결은 지위의 고하를 막론하고 법을 매우 엄격히, 그리고 예외 없이 공평하게 적용하여 법치주의의 원칙을 확립했기 때문이라는 사실은 우리에게 시사하는 바가 크다.[67]

---

[67] 그러나 야당과 민주화 운동을 탄압하는데 법을 악용하고 있다는 사실은 싱가포르 법치주의의 오점이라고 하지 않을 수 없다.

부패 방지의 제도적 접근

부정부패에 대한 다양한 논의가 공통적으로 내리는 결론은 부정부패가 필연적으로 국가의 신뢰성 문제로 귀결된다는 것이다. 한 나라에 부정부패가 만연해 있다는 것은 사회 구성원들 사이에 법과 제도에 의한 정상적 방법보다는 편법 또는 불법 등의 비정상적인 방법이 선호되고 있으며, 그 결과 법과 질서가 유지되지 못하고 있다는 것을 의미한다. 부정부패는 정치 불신, 법 불신, 정책 불신, 공무원 불신 등 국가 전반에 대한 불신을 야기한다. 즉 부정부패가 초래하는 가장 큰 문제는 '신뢰의 위기' 혹은 '신뢰 적자(confidence deficit)'의 증가이다(OECD, 1996).

이와 같은 부정부패와 사회 불신 사이의 상관관계는 실증 분석에서 뚜렷하게 나타난다. 어슬레이너(Eric M. Uslaner)는 세계가치조사(World Values Survey) 자료를 이용하여 '사회 부패'와 '일반화된 신뢰'에 대한 상관계수를 측정했다. 그 결과 통계 자료가 구비된 42개국(중국 제외)을 다 포함한 경우 -0.61이었으며 그중 공산주의 경험이 있는 나라들을 제외한 34개국만 포함한 경우 -0.75였다. 어슬레이너는 "가장 부패한 나라에는 가장 신뢰하지 않는 국민들이 있다"면서 퍼트남이 말한 대로 부패와 불신은 '서로 물고 물리는(interlocking)' 악순환에 빠지게 된다고 결론지었다(Uslaner, 2003, p. 172).

다른 학자들도 부패와 불신의 인과관계를 확인했다. 예를 들어 셀릭슨(Seligson, 2002)은 라틴아메리카 국가들을 대상으로 한 연구에서 이 같은 관계를 입증했다. 부패와 불신의 인과관계에 대해서는 논란이 없지 않으나 쌍방향으로(물고 물리는) 작용을 한다는 것이 일반적 견해이다.

　분명한 사실은 부정부패가 사라지고 국가의 투명성이 보장되지 않는 한 진정한 선진국의 꿈은 이루어지기 어렵다는 것이다. 한 나라의 경제적 경쟁력과 투명성이 정비례하는 것은 선진국일수록 투명성이 높고 후진국일수록 투명성지수가 낮다는 세계투명성협회의 조사 결과에도 그대로 나타난다.

　우리나라는 국제 비교에서 경제 수준과 국가 위상에 비해 아직도 투명성이 상당히 낮은 국가로 평가되고 있다. 세계투명성협회가 가장 최근에 발표한 2012년도 국가별 부패인지지수(CPI: corruption perception index)에 의하면 한국은 조사 대상 176개국 중에서 45위로 싱가포르(5위), 홍콩(14위), 일본(17위), 타이완(37위) 등의 아시아 국가들보다 더 부패한 것으로 인식되고 있으며 카타르와 아랍 에미리트 연합(공동 27위) 등의 중동 이슬람국가들보다도 낮게 평가되고 있는 것으로 나타났다.

　그러나 외환위기 이후 일련의 개혁 조치에 힘입어 차츰 투명사회로 전환하고 있으며 과거에 비해 어느 정도 진척을 이룬 것을 부인할 수 없다. 한국의 투명성 지수는 1998년 42에서 2012년 56으로 개선되었으나 다른 나라들도 개선했기 때문에 상대적 순위는 43위에서 45위로 약간 밀렸다. 우리 사회가 과거에 비해 투명해지고 있다면 어떻게 해서 이 같은 긍정적 변화가 가능했는지, 그리고 부패를 척결하려는 노력이 과거에는 왜 실패했는지 살펴보자.

　외환위기 이전에도 역대 정부는 부정부패를 뿌리 뽑는다면서 강도 높은 사정(司正)을 단행해왔으나 별다른 효과를 보지 못했다. 법치주의의 확립을 위해서도 법을 어긴 사람을 색출해 처벌할 필요는 있다. 하지만 사정만으로 부정부패를 막을 수 있다고 믿는다면 너무 순진한 생각이다. 더욱이 일정 기간만 대대적인 사정을 하고 시일이 지나면 흐지부지하는 식으로는 절대로 부정부패를 근절할 수 없다. 무엇보다 꾸준하고 일관성 있는 사정이 필요하다.

그러나 부정부패를 근본적으로 막기 위해서는 사정보다 제도를 개선해서 부정부패가 불가능하거나 현실적으로 매우 어렵게 만들어야 한다. 마피아나 마약 카르텔이 보여주는 것처럼 돈에 대한 욕심은 때로는 사람들로 하여금 목숨을 거는 위험도 불사하게 만드는 만큼 사정만으로 부정부패를 막는 데에는 한계가 있기 때문이다.

이 점에서 볼 때 과거 우리의 반부패 정책에는 결정적 문제점이 있었다. 앞에서 지적했듯이 우리 사회의 유교적 전통은 우리의 사고방식을 '수신제가치국평천하'의 틀에서 좀처럼 벗어나지 못하게 제약하고 있다. 대형 비리가 터질 때마다 언론, 정치권, 그리고 국민의 관심은 누가 '몸통'이고 누가 도덕적 책임을 져야 하느냐에 집중된다. 그러한 비리가 재발하지 않도록 시스템을 어떻게 개선해야 할지에 대해서는 거의 무관심하다.

나쁘게 보자면 제도 개선보다는 정치적 효과를 노린 희생양 찾기에 더 관심이 있다고 할 수 있으며, 좋게 보아도 제도가 문제일 수 있다는 데에는 생각이 미치지 못하고 청렴한 사람을 찾아 그에게 맡기면 잘될 것이라는 인치주의의 단순 논리로 부패와의 전쟁을 해왔다고 할 수 있다.

그 결과 외환위기 이전의 역대 정부는 전반적으로 부패 방지를 위한 제도 개혁의 추진에는 별 관심이 없었다.[68] 그래서 현란한 구호로 부정부패 척결을 외쳤을 뿐 이를 체계적으로 추진할 수 있는 방안을 마련하지 못했다. 물론 반부패 정책의 성공이 단지 법이나 제도만으로 이루어질 수는 없지만, 부패와의 싸움에서 비교적 성공을 거둔 나라들은 정책의 제도화를 중시했고, 이를 정권의 차원을 넘어서서 상당 기간 지속적으로 추진했다는 사실은 시사하는 바가 크다(김해동, 1994).

부정부패 방지를 위한 전략은 주체와 방법에 따라 여러 가지가 있으나 대표적으로 논의되는 것은 다음 두 가지 방법이다.
첫째, 강제적 통제 전략이다. 이 방법은 정부가 부정부패에 대해 직접적으로 통제하는 전략으로, 법적 강제 조치가 이에 해당한다. 법 규정은 부정부패 행위에 대한 조사와 기소가 가능하도록 하는 틀로서 실질적인 통제 기능을 수행하도록 강력한 '이빨'을 부여한다. 과거 우리 정부의 부정부패 방지 대책에서 초점이 되었던 것이 바로 이러한 법체계이다. 부패방지법, 공정거래법, 공직자윤리법 등이 이에 해당한다. 그러나 강제적 통제 전략은 부패가 매우 극심해 강도 높은 처방이 필요한 경우에만 효율적으로 운용될 수 있으며, 이 전략이 '지속적'으로 효율성을 가지려면 다른 전략을 동시에 추진해야 한다.

둘째, 간접적 유인 전략이다. 이것은 정부가 주도하되 부정한 행동이나 부정부패 행위자를 직접적인 대상으로 하기보다 부정부패가 발생할 수 있는 조건이나 환경을 개선 대상으로 추진하는 전략으로

---

68) 김영삼 정부에서 금융실명제를 도입한 것은 예외적 사례라 할 수 있다. 그러나 문민정부도 사정을 부패척결의 주 무기로 내세웠다.

서 강제성보다 유인 체계(incentive system)에 주안점을 둔다. 부정부패가 발생하는 것은 윤리성에 문제가 있기 때문이기도 하지만 많은 경우 개인의 특성, 조직의 문화, 사회적 불신 등 다양한 원인이 있다. 따라서 부정부패가 발생할 수 있는 여지나 조건을 완화시키는 것은 매우 중요한 전략이다(윤태범, 1999).

정보 공개나 행정 전산화 같은 간접적 유인 전략은 강제적 통제 전략에 비해 반부정부패 전략으로서 가시성은 적다. 그러나 간접적 유인 전략은 무엇보다 개개인의 인센티브와 연관되어 외부적인 압력이 아니라 내부적인 합리성에 기초하기 때문에 강제적 통제 전략에 비해 저항이나 갈등을 초래할 가능성이 적으며, 상대적으로 수용 가능성이 높다. 그리고 한번 내면화하면 부정부패를 저지르지 않으려는 태도가 지속될 가능성이 매우 높다. 강제적 통제 전략이 고비용 저효율 전략이라면, 간접적 유인 전략은 저비용 고효율 전략이다.

이러한 맥락에서 간접적 유인 전략의 몇 가지 사례를 소개하겠다.[69] 내가 간접적 유인 전략을 더 중시하는 이유는 우리나라에서는 법에 대한 불신이 크고 정부의 사정 의지에 대해서 냉소적인 반응을 보이는 경우가 적지 않은 만큼 개개인의 인센티브를 고려한 제도적 방안이 보다 효과적이라고 생각하기 때문이다.[70]

---

69) 여기서는 방대한 부정부패 척결 방안을 일일이 논의할 수 없으므로 전략적 방향을 제시하는 것이 목적이다.
70) 신제도주의 경제학(NIE)에서 말하는 인센티브는 정(+)의 인센티브뿐 아니라 부(-)의 인센티브도 포함한다. NIE에서 인센티브에 대한 강조는 인간 본성에 대한 가정, 즉 인간은 이기적이지만 복잡한 동기를 가진 존재라는 이론적 전제에 근거한다. NIE는 제도 속에 다양한 인센티브를 작동시켜 이기적인 개인들의 바람직한 행동을 유도하는데 관심을 둔다.

우선 우리 사회에서 공공연히 자행되는 탈세 문제를 해결할 수 있는 간접적인 유인 전략 사례이다. 탈세를 근절하기 위해서는 무엇보다 세원의 추적이 확실히 이루어져야 한다. 이를 위해 대만에서는 일찍이 영수증을 일종의 복권으로 만들어 수시로 추첨하고 당첨자에게 고액의 상금을 주는 방법을 통해 영수증 주고받기를 정착시켰다. 우리나라도 뒤늦게나마 이 방법을 도입해 신용카드의 사용을 확대시켜나갔다.[71] 1999년에 도입한 신용카드 사용액 소득공제와 매달 9만 명의 카드 사용자를 추첨해 총 17억 5,000만 원의 상금을 주는 제도가 세원을 추적하는 데 큰 효과를 보았다. 신용카드의 사용이 정착되자 정부는 2006년부터 신용카드 복권 제도를 폐지하고 현금영수증에 비슷한 유인 전략을 도입하였다.

부패 방지를 위한 또 하나의 방법은 미국에서처럼 거액의 현금 거래는 금융기관이 당국에 신고하도록 하는 것이다. 은행에서 일정액 이상의 현금이 입금 또는 인출(일정 기간 내에 분할 입금 또는 인출해도 총액이 한도를 넘는 경우 포함)될 때 의무적으로 세무당국 또는 사정당국에 신고하게 하면 현금 거래는 소액의 생활필수품 구매에 한정되고 대부분 수표나 신용카드를 사용하게 되어 부패의 소지가 줄어들 것이며 범죄 조직의 자금 세탁도 매우 어려워질 것이다.

기업이나 정치권에서 거액의 비자금이 현금으로 사용되는 한 부정부패를 척결하기는 어렵다. 그러나 거액 현금 거래 신고제를 도입하면 비자금같이 출처가 떳떳하지 못한 거액의 현금은 은행에 입금시킬 수도 없고 현금으로 사용하려 해도 받는 사람이 똑같은 이유로

---

[71] 국민의 정부의 신용카드사용 장려 정책이 초래한 부작용에 대해서는 아래에 이어지는 "책임 소재 규명과 재발 방지"에서 논의한다.

받기를 꺼려하기 때문에 뇌물수수가 차츰 사라질 것이다.

 나는 이와 같은 제도의 도입을 2001년도에 『신국가론』에서 처음으로 제안한 바 있는데, 우리나라에서도 최근 고액현금거래보고(CTR) 제도를 도입하여 2006년 1월부터 실시해오고 있다. 그러나 최초에 설정한 신고 기준(하루 5,000만 원 이상)이 지나치게 높아 실효성이 별로 없었다.
 그 후 신고 기준금액이 단계적으로 인하되어 2010년 1월부터 2,000만 원으로 강화되었으며, 불법적 범죄자금이나 자금세탁으로 의심되는 근거가 있는 혐의거래보고(STR) 기준은 2010년 6월 30일부터 2,000만 원에서 1,000만 원으로(외국 통화는 미화 1만 달러에서 5천 달러로) 강화되었다. 그러나 아직도 신고 기준이 높은 편이어서 (CTR 기준을 1,000만 원, STR 기준을 500만 원으로 내려야 한다) 부패 방지의 효과가 제한적이다. 여러 은행에 계좌를 분산시켜놓고, 또한 같은 계좌에서도 여러 날로 분산해서 신고 기준금액보다 조금 낮은 금액을 인출하여 거액을 만드는 것이 어렵지 않고, 역으로 거액의 현금을 이런 방식으로 분산 입금하는 것도 어렵지 않기 때문이다.[72]

 한편 간접적인 유인 전략 사례는 21세기 정부화 시대에 필수적으로 수반되는 제도적 방안으로, 인터넷을 이용해 물품 구매 입찰이나

---

[72] 지하경제 분석 전문가 프리드리히 슈나이더 교수의 분석에 의하면 한국의 지하경제 규모는 2010년을 기준으로 GDP의 24.7%나 되어 그리스(25.1%)와 비슷하고 OECD 회원 33개국 중 다섯째로 높은 수준이라고 한다. 금융기관들이 금융정보분석원(FIU)에 보고한 33만 건 가운데 2.3%인 7,468건만 국세청에 통보되었는데 33만 건이 전부 통보되었더라면 탈세자 및 체납자들로부터 세수를 6조 원 정도 더 확보할 수 있었을 것이라고 국세청이 추정했다.(ChosunBiz.com, 2013년 1월 11일)

공사 입찰을 하도록 하는 방법이다. 공공기관은 물론이고 모든 상장법인도 반드시 전자입찰을 하도록 의무화하면 입찰 과정이 인터넷으로 투명하게 공개될 뿐 아니라, 구매 담당자와 업자가 직접 접촉할 필요가 없어지므로 부정이 개입될 여지가 사라질 것이다.

정부는 2001년부터 조달청을 필두로 전자입찰 제도를 도입해 투명성을 높여나가고 있다. 이제 조달 업무의 온라인화는 공공기관에서 자리를 잡아가고 있으며, 투명성이 과거에 비해 크게 향상되었다고 할 수 있다. 그러나 아직도 입찰자격 제한 등 투명한 입찰을 피해 나가는 길이 많이 남아 있어 제도 보완에 더욱 노력할 필요가 있다. 공공기관뿐 아니라 기업체와 노동조합 등 민간 부문에서도 인터넷의 생활화와 함께 거래 업무의 온라인화가 불가피해짐에 따라 투명사회를 건설하는데 정보화가 크게 기여하고 있다.

앞에서도 지적했듯이 정경유착과 관치금융은 우리 경제를 심각한 위기로 몰아넣은 주범이었다. 관치금융은 정경유착을 떠받들어온 기둥인 만큼 정경유착을 없애기 위해서는 먼저 관치금융을 청산해야 한다.

금융기관에서 일하는 사람들은 남(주인)의 돈을 관리하는 대리인이기 때문에 자기 돈처럼 소중히 여기지 않는 경향이 있어 권력 등 외부의 압력이나 개인적인 이해관계에 영향을 받기 쉽다. 금융기관은 이와 같은 '주인-대리인 문제(principal-agent problem)' 문제로 인한 도덕적 해이에 빠져 자기 돈이라면 하지 않을 무리한 대출이나 위험한 투자 등으로 자산의 부실화를 초래할 소지가 크다. 따라서 금융감독 당국은 사전에 건전성 기준을 제정하여 부실의 가능성을 최소화하고, 사후 감독을 철저히 해서 잘못을 가려내야 하며, 부실 경영의 책임을 금융기관이 스스로 지도록 해야 한다.

　1997년의 외환위기는 금융 감독기관이 감독 기능을 제대로 수행하지 못했기 때문에 초래된 비극이었다. 정부는 부실한 금융기관을 회생시키기 위해 160조 원이나 되는 공적 자금을 투입하여 부실 채권을 정리해주고, 예금자의 손실을 보전해주었으며, 자본금까지 확충해주어야 했다. 앞으로 비슷한 일이 재발하지 않도록 하려면 금융 감독기관이 건전성 감독의 소임을 충실히 수행해야 한다. 특히 과거처럼 정치권의 압력에 의해 건전성 감독의 원칙을 저버리는 일이 없어야 한다. 그래야만 정경유착의 고리를 완전히 끊을 수 있다.

　금융 감독기관이 제 역할을 하려면 무엇보다 먼저 정부가 금융기관을 통제하는 수단으로 삼아왔던 금융 감독기관의 철저한 독립이 이루어져야 한다. 미국에서는 대통령도 금융 감독기구의 하나인 증권감독원에 직접 전화를 하지 못하게 되어 있다. 정책을 논의하기 위해 반드시 통화를 해야 하는 경우에도 법률자문관의 허가를 받은 다음에야 가능하다. 금융 감독기관이 정부 산하에 있으면 권력층의 압력으로 인해 은행이 부실 대출을 반복해도 권력층의 눈치를 보지 않을 수 없어 감독을 제대로 할 수 없다.

　과거 우리나라의 은행감독원이 태산같이 누적된 부실 대출을 눈감아준 이유가 여기에 있었다. 금융 감독기관의 독립 없이는 관치금융을 결코 청산할 수 없고 정경유착의 가능성 또한 완전히 차단할 수 없다.

　김대중정부 출범 이후 지금까지 과거의 정치적 대출 압력과 같은 사례는 대부분 사라졌다. 그러나 아직 금융 감독기관이 행정부로부터 완전한 독립성을 확보하지 못하고 있기 때문에 과거와 같은 일이 재발하지 않는다는 보장이 없다. 실제로 금융위원회가 일관성 없는 잣대로 금융기관을 길들이려 하고 있기 때문에 아직도 관치금융에 대한 시비가 사라지지 않고 있다.

이 같은 여건에서는 과거처럼 정부 여당 차원의 노골적인 정경유착은 사라졌다 하더라도 감독권의 장악을 이용한 권력형 비리의 가능성은 아직 살아 있다고 보아야 할 것이다. 그리고 최근에 불거진 저축은행 비리를 보면 감독기관 자체가 도덕적 해이에 빠지는 심각한 문제에 대해 무방비 상태임이 드러났는데 여기에도 '불신의 제도화'를 도입하여 제도적으로 감독기관의 부패를 방지하도록 해야 한다.

이상에서 살펴본 바를 종합하면, 외환위기 이후 불완전하기는 하지만 부정부패의 가능성을 축소 또는 제거하기 위한 다양한 제도 개선이 이루어지고 있고, 그 결과 우리 사회가 과거보다 투명해지고 있으며, 정부 여당과 재벌들 사이의 노골적인 정경유착이 사라졌다는 데 동의하지 않는 사람은 없을 것이다.

물론 부정부패가 완전히 사라진 것은 아니며, 우리 사회가 국제 수준에 비해 상당히 뒤떨어져 있다는 점을 부인할 수는 없다. 그럼에도 최근 수년 사이의 변화는 투명한 선진사회를 건설할 수 있다는 가능성을 보여주고 있다.

어떻게 이런 변화가 가능해졌는가? 결론부터 말하자면 가장 중요한 요인은 대내외적 환경의 변화에 있다고 할 것이다. 대외적으로는 세계화와 외환위기가, 대내적으로는 민주화와 정보화가 투명사회로의 변화를 강요했다. 그 결과 비교적 짧은 기간에 괄목할 만한 진전이 이루어진 것이다.

세계화로 인해 전 지구적으로 시장이 통합되어 무한경쟁을 하는 환경에서는 과거와 같이 정부가 시장에 개입할 수 있는 여지가 급속히 축소되고 있다. 국가주도형 경제 운용이 더 이상 불가능한 상황인데도 이에 발 빠르게 대응하지 못한 것이 결국 외환위기라는 결과로 돌아왔다. 외환위기는 "경제 운용의 패러다임이 정부관리형에서 시장중심형으로 전환되어야" 한다는 것을 보여준 계기라 할 수 있다 (서상목, 2003, pp. 47~48).

사실 시장 중심 경제로의 전환은 1980년대 초부터 시작되었다. 그러나 정책의 전환은 충분하게 이루어지지 못했다. 정부의 시장 개입이 차츰 축소되기는 했지만 정경유착의 단맛은 포기할 수 없었으며, 관료들도 시장 개입의 습관을 쉽게 버리지 못했다. 한 사회의 부패 정도와 정부의 시장 개입은 정비례한다고 할 수 있다. 따라서 정부의 시장 개입이 축소됨에 따라 부패의 스케일도 차츰 줄어들었다.

그러다가 외환위기가 닥쳤다. 외환위기는 여러 면에서 우리 사회를 대대적으로 바꿔놓은 '빅뱅'이라 할 수 있다. 특히 불투명했던 관행들이 투명해지는 획기적 전환점이 되었다. 투명성의 제고는 국민의 정부(김대중정부)가 추구한 정책 목표이기도 했지만 IMF와 국제 금융시장이 대한민국을 향해 요구한 생존의 절대조건이었다.

IMF는 투명성 제고를 위한 구체적 정책까지 제시했고, 국민의 정부는 경제 회생의 사명감을 갖고 투명성을 향상시키기 위한 제도 개혁을 추진했다. 그중에서도 특히 관치금융과 정경유착이 우선적인 개혁의 대상이었다. 우리나라가 드디어 정경유착의 고리를 끊었다고 자랑할 수 있다면 그 공은 IMF와 국민의 정부에 돌려야 할 것이다.

환경의 변화가 공룡을 사멸시켰듯이 외환위기는 정경유착이 설

땅을 없애버렸다. 이제 그것이 다시 살아나지 못하도록 하기 위해서는 금융 감독기관의 독립성을 제도적으로 보장해주면서 감독기관과 피감독기관의 유착 가능성을 제도적으로 차단하고 사실상 국유화된 금융기관들을 차질 없이 민영화하고, 합리성이 결여된 시장 개입을 금지해야 한다.

한편 대내적으로는 정치적 민주화가 언론과 시민단체의 감시 기능을 활성화하여(때로는 센세이셔널리즘에 의한 부작용도 적지 않지만) 과거처럼 권력형 비리를 덮어버릴 수 없게 되었으며, 과거에 소수의 관계자들만 알 수 있었던 정보가 이제는 각종 정보매체를 통해 빠른 속도로 널리 퍼져 투명성이 크게 향상되었다.[73] 국민의 정부의 정보화 정책은 우리나라가 IT 강국으로 도약하는데 크게 기여한 것으로 평가받고 있는데, 그것이 우리 사회의 투명성을 제고하는 데에도 적지 않게 기여했음을 인정해야 할 것이다.

이상에서 살펴본 바에 의하면 우리 사회가 외환위기 이후 급속하게 투명해지고 있으며 여기에 정부와 시민사회의 노력이 중요한 역할을 했음을 부인할 수 없으나, 가장 중요한 요인은 세계화, 외환위기, 민주화, 정보화 등 대내외적 여건 변화에 따른 생존을 위한 적응에 있다고 할 것이다.

그러나 아직 복병은 남아 있다. 특히 정부의 과도한 시장 개입으로 인한 비리 발생 소지는 아직도 우려할 만한 수준이다. IMF는 노

---

[73] 그 결과 과거에는 덮어졌던 비리 사건들이 속속들이 노출되는 탓에 겉으로 보기에는 부정부패가 줄어들지 않은 것 같은 인상을 줄 수도 있다. 특히 지방자치단체장들의 비리가 마치 지방자치 도입의 폐단인양 지적되고 있는 것이 그러한 현상을 피상적으로 평가한 결과이다.

무현 정부의 광범위한 시장 개입 관행을 빗대어 '유비쿼터스 핸드(ubiquitous hand)'라고 표현한 바 있었다. 이명박 정부 출범 이후 시장을 존중한다고 표방했지만 개발독재 시대의 물가관리가 되살아나는 등 경로 의존적 정부 시책들이 여전히 살아 있어 정부가 민간부문에 지나치게 개입하는 관행이 아직 사라지지 않고 있다. 시장중심형 경제 운용의 시대임에도 정치적 편의주의와 관료주의의 타성에 빠져 시장에 자의적으로 개입하는 구태에서 벗어나지 못한다면 비효율을 초래할 뿐 아니라 비리에서 자유로울 수도 없을 것이다.

책임 소재 규명과 재발 방지

만약 세계무역센터(WTC)에 대한 9·11 테러와 같은 일이 한국에서 일어났다면 우리는 그 책임을 누구에게 물었을까? 비슷한 시기에 우리나라가 미연방항공청(FAA)으로부터 항공 안전 위험국(2등급) 판정을 받은 것(2001년 8월)과 의약분업 파동의 책임을 물어(2000년 8월) 해당 부처(건설교통부와 보건복지부) 장관들을 해임시켰듯이, 우리나라에서 만일 9·11과 비슷한 사건이 발생했다면 아마 우리 정치권과 국민들은 최소한 국정원장과 관계 장관들을 문책하라고 성토했을 것이며, 야당은 틀림없이 내각 총사퇴를 요구했을 것이다.

실제로 2009년 1월 서울 용산 철거현장의 한 빌딩 옥상에서 철거 반대 시위를 하던 철거민 다섯 명과 경찰 한 명이 사망하는 사건이 발생하자 경찰청장으로 내정되었던 김석기 서울지방경찰청장이 이에 대한 책임을 떠안고 사퇴했다. 김석기 내정자는 용산 참사와는 직접적인 관련이 없었지만 "인명피해가 발생한 사건에 대해 경찰 수

뇌부가 책임을 져야 한다"는 여론에 떠밀려 이명박 대통령은 그의 '자진사퇴'를 받아들여야 했다.

그런데 미국에서는 9·11 테러와 관련하여 관계 장관 등 고위 공직자에 대한 문책이 없었음은 물론이고 문책하라는 목소리도 없었다. 그보다는 이 같은 사건이 재연되지 않도록 재발 방지책 강구에 노력을 집중했다. 그렇다고 해서 미국이 테러 사건에 제대로 대처하지 못한 과오를 덮어버린 것은 아니다. 다만 우리나라처럼 속전속결로 분풀이하듯 서둘러 장관을 경질하고 그것으로 할 일을 다 한 것처럼 하지는 않는다.

미국 정부가 사건 발생 후 여야 간의 줄다리기 끝에 관련법을 제정하고 진상 규명을 위한 조사위원회를 구성하기까지 14개월이나 걸렸다. 우리나라 같으면 즉각 조사에 착수해서 늦어도 몇 개월 후면 결말을 냈을 것이다. 그러나 미국은 충격과 분노와 슬픔 속에서도 흥분하지 않았고 희생양을 만들어내지도 않았다. 돌이킬 수 없는 일에 대한 분풀이보다는 보다 안전한 미래를 위해 사건의 진실을 파헤쳐 재발 방지책을 수립하는 것이 더 중요했기 때문이다.

9·11조사위원회는 무려 18개월의 활동 기간을 부여받았으나 이후 기간을 연장하여 20개월(2002년 11월부터 2004년 7월까지) 동안 9·11 테러 발생 이전까지의 외교 정책 전반을 검토하고, 9·11 이후의 정부 대응을 분석하여 백서를 발표했다.

이 백서는 그 후 미국의 정책에 반영되기도 했지만 재발 방지와 테러에 대응하는 국민교육 자료로도 활용되고 있다. 9·11조사위원회의 청문회를 지켜본 한 특파원은 "미국의 의회는 힘이 세다. 고함을 쳐서도, 억지를 부려서도 아니다. 논리적으로 차근차근 파고들기 때문이다. 이날의 청문회도 차분했지만 위원들의 질문엔 날이 서 있었다. '클린턴과 부시의 사람들'은 자신들의 정책을 방어하느라 진땀을 흘렸다"며 진실 규명과 국익 앞에서는 여야도 없었다고 논평했다(중앙일보, 2004년 3월 25일).

우리나라에서 9·11 테러와 비슷한 일이 발생하면 어떻게 대응할지 상상해보자. 국민 여론이 들끓는 가운데 즉각 국회에서 국정조사를 하거나 특별위원회를 서둘러 구성하여 곧바로 청문회를 실시할 것이다. 국민의 성화 때문이기도 하지만 정치권이 정치적 효과를 극대화하기 위해서 국민감정이 고조된 때를 놓치지 않으려 할 것이기 때문이다. 충분한 사전 준비 없이 이렇게 서둘러 진행하는 조사가 제대로 될 리 없다. 조사 기간도 길지 않을 것이다.[74] 국민도, 언론도, 정치권도 그만한 인내심이 없다. 미국처럼 20개월은 고사하고 석 달도 못 기다릴 것이다.

뿐만 아니라 우리나라에선 국익보다 자신의 정치적 고려가 먼저다. '한 건'을 하기 위해서는 국가 기밀도 폭로한다. 불신사회에서 내가 폭로하지 않으면 다른 의원이 먼저 폭로하여 '한 건'을 할 것이라는 생각 때문에 기밀이 지켜지지 않는 것이다. 언론은 좋은 기사거리를 제공해준 사람에게 기밀 누설이 책임 따위는 묻지도 않는다. 야당은 논리의 비약이 있더라도 모든 것이 정부의 잘못이거나 무능 때문임을 부각시키려 하고, 여당은 책임을 떠넘기며 정부의 입

---

[74] 9·11 테러에 버금가는 천안함 폭침 사건에 대한 국회 진상조사특별위원회의 활동 기간을 2개월(필요하면 1개월 연장)이라는 짧은 기간으로 정해놓고 여야 모두 참석한 회의는 두 차례밖에 열지 않았다. 특위는 여야 간의 불신으로 파행이 계속되었고 두 달 만에 야당만 참석한 가운데 종결되었다.

장을 옹호하기에 급급하다. 결국 진실 규명과 재발 방지 대책을 진지하게 모색하기보다는 여야 간의 입씨름으로 길지도 않은 조사 기간을 허송하고 만다.

언론은 정치 공방을 비판하는 듯하면서 실제로는 이를 부각시키고 부채질하여 독자에게 흥밋거리를 제공하려고 노력한다. 그렇게 조사 기간을 소진하고 나면 '태산명동서일필(泰山鳴動鼠一匹)' 식으로 끝나버린다. 정치적으로 우려먹을 만큼 우려먹었고 언론도 기사를 쓸 만큼 썼으니, 그리고 국민도 이제 식상해졌으니 모두 다른 사건으로 관심이 옮겨간다.

비근한 예로 2006년 여름에 학교급식 식중독 사고가 발생하자 여론이 비등하는 가운데 국회특위가 며칠간의 청문회와 조사활동을 거쳐 사고 발생 보름 만에 학교급식법을 개정함으로써 사건을 종결지은 것을 들 수 있다. 식중독이 어떻게 발생했는지도 확인하지 않고 새로운 제도의 장단점도 철저히 따져보지 않은 채(보름 동안에 무엇을 제대로 할 수 있었겠는가) 학교 직영 제도로 바꾸었다.

이처럼 사회적으로 큰 문제가 되는 일이 발생했을 경우 우리나라에서는 책임 소재를 분명히 규명하지 않고 조급하게 대응하느라 무조건 조직의 최고책임자부터 경질하거나 설익은 대책을 내놓는 경향이 있다. 보다 근본적인 문제인 사태의 재발 방지책에 대한 논의는 도외시한다. 그 결과 비슷한 사건이 반복해서 발생하니 국민이 정부를 신뢰할 수 없게 된다.

물론 장관 등 조직의 총책임자에게 책임이 전혀 없다는 말은 아니다. 그러나 옛날처럼 '비가 안 오면 왕의 책임'이라는 식의 비합리적 책임 소재 규명은 바람직하지 않다. 특히 높은 전문성이 요구되는 분야에서는 실질적으로 정책의 입안 및 집행을 책임지는 실·국·과장 등 실무 책임자는 면책이 되고 기관장은 책임의 경중을 가리지 않고 무조건 모든 책임을 지는 것은 선진적이지 못한 연좌제식 책임 추궁 방식이다.

그럼에도 정치권과 언론 및 시민단체들은 각자의 입장에서 최대의 정치적 효과를 거두려 하기 때문에 실질적 책임 소재보다는 기관장에게 책임을 묻는 것이 국민들에게 더 강한 인상을 줄 것이라고 판단한다.

미국은 수천 명이 목숨을 잃어도 실질적 책임이 없다면 관계 장관에 대한 정치적 문책이 없기 때문에 장관의 임기가 흔히 4~8년까지 지속된다(물론 2005년 9월 허리케인 카트리나로 인한 뉴올리언스 수재 때 대처를 잘못한 재난 관리 책임자를 경질한 것처럼 분명한 귀책사유가 발생하면 엄히 문책한다). 반면, 우리나라에서는 작은 사건에도 으레 장관을 경질하기 때문에 2년만 재임해도 '장수' 했다는 말을 듣는 형편이다.

여기에는 우리 마음속에 잠재해 있는 인치주의 사고방식이 작용하고 있다. 어떤 기관이든지 덕망 있는 지도자를 세우면 다 잘될 것이라고 생각하는 태도가 문제이다. 따라서 사고가 발생하면 기관장의 '부덕' 때문이고, 당연히 그를 경질하여 너 훌륭한 사람으로 교체하면 된다는 생각이니 재발 방지 대책은 별도로 고려할 필요가 없는 것이다. 그 결과 업무에 겨우 익숙해져 일을 좀 할 만하면 떠나야 하니 일을 제대로 할 수가 없다.

언론은 한편으로는 장관들의 단명을 비효율성의 원인으로 지적하면서도 무슨 사건만 터지면 장관 경질을 앞장서서 부추기는 센세이셔널리즘으로 치닫는다. 이처럼 사건이 터질 때마다 장관이나 기관장이 '도의적 책임'을 지고 물러나는 것으로 끝나니 '실질적 책임'을 져야 할 실무자들은 문책의 두려움이 없이 업무를 소홀히 하는 도덕적 해이에 빠지게 된다. 어려운 문제가 발생하면 해결을 위해 열심히 일하기보다는 깔아뭉개면서 시간을 보내면 얼마 후 다음 보직으로 자리를 옮기고 후임자에게 문제를 떠넘길 수 있기 때문이다. 중요하고 어려운 문제일수록 '뜨거운 감자'처럼 이 사람 손에서 저 사람 손으로 계속 넘어가다가 운이 없는 사람이 그 자리에 앉을 때 터진다. 그래봐야 책임은 윗사람이 질 텐데 누가 걱정하겠는가?

실제로 이런 일이 우리 정부 내에서 끊임없이 반복되고 있다. 그중 세 가지만 살펴보기로 하자.

우리 정부는 우루과이라운드 다국간무역협상을 통해 WTO가 출범하는 1995년부터 2004년까지 10년간 쌀시장 개방을 유예하는 양해를 얻어냈다. 그런데 그 후 10년 동안 우리 정부는 무엇을 했는가? 70조 원이나 되는 천문학적 규모의 예산을 비효율적 사업에 낭비했을 뿐, 10년 후의 쌀시장 개방에 대비하여 경지 정리를 한 것 외에는 별로 한 일이 없다.

결국 유예기간이 다 끝나가는 2004년의 마지막 몇 개월 동안 서둘러 시장 개방 유예기간을 연장하기 위한 협상에 돌입했다. 첫 번째 유예기간에 충분히 대비해서 관세화를 택했어야 했는데 그러지 못한 대가로 시간에 쫓기는 매우 불리한 여건에서 연장 협상을 할 수밖에 없게 된 것이다.

협상 결과 유예기간을 다시 10년 연장하게 되었으나 의무 수입량이 2005년 국내 소비량의 4%에서 시작하여 해마다 0.4%씩 늘어나 2014년에는 8%에 달하게 되는데, 그중 식용 쌀은 의무 수입량의

10%에서 시작하여 2014년에는 30%까지 시판하게 되었다. 쌀 소비는 갈수록 줄어드는데 수입량을 해매다 늘려야 하니 사실상 시장이 개방된 셈이다. 이것이 시장 개방의 장단점을 따져보지도 않고 개방을 무조건 반대하는 국민 정서 때문에 유예를 택한 대가로 받아들인 조건이었다.

그러나 의무수입 조건이 불리하다 해서 이제 와서 관세화로 전환해도 의무수입 조건이 무효화 되는 것이 아니기 때문에 결국 최악의 선택을 한 꼴이 되었다. 그러나 우리나라와 달리 일본은 위험을 무릅쓰고 관세화를 택하여 오히려 쌀 시장을 성공적으로 지켜냈다.

여기서 문제는 1차 유예기간 동안에 정치권이나 언론은 앞으로 다가올 관세화에 대해 정부가 어떻게 대비하고 있는지를 추궁하여 대책을 세우도록 하지 않았고, 심지어 유예기간이 다 지나간 후에도 그동안 정부가 무엇을 했는지 아무도 묻지 않았다는 것이다. 이미 물러난 사람들에게 책임 추궁을 해봤자 정치적 효과가 없다고 생각했기 때문일까? 이러니 관료들이 무책임하고 태만해질 수밖에 없는 것이다.

제대로 된 정부라면 유예기간 이후를 대비한 '10개년 계획'을 WTO 출범 이전에 미리 수립하여 유예기간 첫 해부터 실행에 돌입했을 것이다.[75] 그러나 우리 정부는 아무것도 하지 않은 채 10년을 허송하고 말았다.[76] 그리고 반발하는 농민들을 달래기 위해 나랏빚이 급증하는 형편임에도 119조 원을 더 쏟아 붓겠다고 했다. 게다가 그것도 모자라 관세화유예연장협정의 국회 비준에 반발하는 농민들을

---

[75] 우루과이라운드 협상 기간이 무려 8년이나(1986년 9월부터 1994년 4월까지) 되어 대책을 수립할 시간적 여유가 충분히 있었다.

달래기 위해 농민단체들의 요구사항을 거의 다 들어주었다. 반대할수록 얻는 것이 많은데 정부 시책에 협조할 바보가 어디 있겠는가?

이렇게 10년 동안 아무것도 하지 않은 사람들에게 어떠한 책임 추궁도 하지 않으면서 재수 없이 '뜨거운 감자'를 쥐고 있는 사람에게 벌을 주듯 국회는 마지막 단계에서 유예기간 연장 협상을 한 사람에게 협상의 내용만 가지고 추궁했다.

이는 본질보다 피상적 현상에만 집착하는 우리 사회의 미성숙함을 보여주는 사례라고 할 수 있다. 이 같은 수준에서 벗어나지 못한다면 비슷한 사건들이 앞으로도 반복될 수밖에 없을 것이다.

앞에서 외환위기의 원인을 살펴보면서 금융 감독기관이 건전성 감독의 책임을 제대로 이행하지 못하여 금융기관의 부실화를 방치했다는 사실을 지적했다. 그 결과 외환위기 직후 금융감독위원회가 설립되었고 감독기관들의 위상과 권한이 강화되었다.77) 비록 행정부로부터 완전히 독립하지는 못했으나 적어도 건전성 감독과 관련하여 청와대나 관계 부처 또는 정치권으로부터 특정 금융기관을 선처해주라는 식의 압력을 받는 일은 크게 줄어들었다.78) 그럼에도 불과 수년 전의 실패를 반복했으니 바로 신용카드 정책 실패이다. 외

---

76) 내가 지사 취임 직후 담당 국장에게 이에 대한 정부의 대책이 무엇인지 물어보았더니 중앙 부처에 확인한 후 보고하기를 "쌀 생산비를 30% 절감할 계획"이라고 했다. 그래서 그 '계획'의 구체적 내용을 물었더니 목표만 있고 이를 달성하기 위한 방법이나 실행계획은 없다고 했다. 이렇게 10년이 간 것이다. 전라북도에서는 자체적으로 쌀 생산비 절감 계획을 세우고 시범사업을 추진하였다.
77) 2008년 3월 3일부터 (구)금융감독위원회의 감독정책 기능과 (구)재정경제부의 금융정책 기능을 통합하여 금융위원회로 개편하고 금융위원장과 금융감독원장의 겸임을 금지하여 정책 기능과 집행 기능을 분리하였다.
78) 그러나 최근의 저축은행 부실 사태에서 본 바와 같이 청탁의 개연성이 여전히 남아 있다.

환위기를 초래한 감독 실패에 대해 엄중한 문책이 없었으니 감독기관이 그 후에도 책임의식을 갖지 않은 것이다.

금융 감독기관은 1999년 신용카드 현금서비스 한도를 폐지한 후 가계 부채가 심각한 문제로 확대되기까지 건전성 감독의 역할을 제대로 수행하지 못했다. 가계 부채 문제에 대한 대책으로 2002년부터 길거리 모집 규제, 현금서비스 한도 축소 등 완화했던 규제를 다시 강화했고, 그 결과 신용카드 관련 신용불량자가 급증하게 되었다. 흔히 이에 대한 책임이 국민의 정부가 경기 부양을 위해 신용카드 관련 규제를 완화한 데 있다고 말하지만 그보다는 건전성 감독 실패가 더 큰 요인이었다.[79] 과거에 금융 관련 규제 완화에 상응하는 건전성 감독의 강화가 뒤따르지 않은 탓으로 금융 산업의 부실화를 예방하지 못하고 외환위기로 치닫게 되었다는 사실이 밝혀졌음에도 똑같은 잘못을 불과 수년 뒤에 되풀이한 것이다. 그리고 최근의 저축은행 비리에서 똑같은 문제가 여전히 시정되지 않고 있음이 확인되었다.

최근 학교 폭력이 심각한 문제로 대두되고 있다. '일진회'라는 이름의 전국적 학교 폭력 조직이 언론에 보도되면서 그 심각성이 더욱 부각되었다. 그런데 정작 일선 학교에서는 학교 폭력이 없는 것으로 보고함으로써 문제를 은폐하고 있다. 그도 그럴 것이 교장이나 교사에게 '도의적 책임'을 물어 징계를 하니 있었던 일도 없었다고 잡아

---

[79] 앞에서 말한 바와 같이 신용카드사용 장려의 주목적은 탈세방지를 위한 것이었다. 최근 그리스의 재정위기와 관련하여 금융전문가 페섹(William Pesek)은 그리스 정부가 한국 정부를 본받아 신용카드사용을 활성화시켜 징세효율을 높여야 한다고 충고한 바 있다(wpesek@bloomberg.net, 2010년 5월 9일).

떼는 것이다. 이와 같이 사건을 은폐하는 경향은 우리 사회 도처에서 발견되는데, 이는 학교 폭력의 경우와 같이 인센티브 체계가 잘못 되었기 때문이다.

학교 폭력의 가장 큰 책임자는 학부모이고 그 다음이 사회, 그리고 학교와 교사이다. 부모와 사회가 아이들의 도덕적 역할 모델이 되어주지 못하고 폭력을 미화하는 영화나 드라마, 비디오 게임 등이 범람하는데 모든 책임을 학교에 떠넘기는 우를 범하고 있으니 문제의 해결보다 은폐를 초래하게 된 것이다. 미국 대도시의 공립학교에서는 학교 폭력이 우리보다 훨씬 심각하지만 학교장이나 교사들에게 책임을 묻지 않는다. 그러니 이 문제를 해결하기 위해 헌신적으로 노력하는 교장이나 교사들이 적지 않다.

학교 폭력을 줄이기 위해서는 책임 소재를 분명히 하고 그에 따른 대책을 강구해야 한다. 폭력 학생에 대한 학부모의 책임을 엄격히 묻고 폭력을 미화하는 사회를 정화해야 한다. 동시에 예방과 선도에 주력하여 특별히 공로를 세운 교사나 교장을 포상하는 것이 더 효과적일 것이다. 그래야 문제가 은폐되지 않는다. 문제가 제대로 드러나야 학부모도 사회도 교육당국도 진지한 대책을 강구할 수 있는 법이다.

이상에서 살펴본 바와 같이 사건이 터지면 서둘러 기관장 문책으로 끝내버리고 사태의 재발 방지책을 강구하는 데에는 관심이 없는 우리 사회의 관행은 본말이 전도되었다고 할 수 있다. 이 같은 폐단을 방지하고 비슷한 사태의 재발을 막으려면 어떻게 해야 할까?

무엇보다도 공적인 사안이 발생했을 때에는 소관 행정의 업무 성격과 유형에 따라 책임을 명확히 구별해야 한다(안문석, 2001 참조).

예컨대 전략적인 측면에서 정책 결정이 잘못되었을 때는 장관에게 정치적 책임을 물어야 한다. 무턱대고 연좌제식으로 도의적 책임 운운하는 것은 비합리적이다. 실·국·과장 등 실무 책임자들은 실질적인 권한이 있는 만큼 그들에게도 책임을 물어야 할 것이다.

책임 추궁은 엄격해야 한다. 엄격하다는 것은 책임자를 정확하게 가려내고 사안의 경중에 따라 응분의 책임을 지도록 하는 것이다. 정치적 효과를 고려하여 기관장을 경질하는 것은 결국 아무도 책임지지 않는 상황을 초래할 수 있다. 한편 근본적인 원인이 사람의 실수나 태만이 아니라 시스템의 미흡에서 오는 부작용인 경우에는 희생양을 만들려 하기보다는 시스템 개혁에 역점을 두어야 할 것이다.

특이하게도 우리나라에서는 정부가 책임지지 않아야 할 것까지 책임을 지는 경우가 있다. 군부대의 사격 연습장이 인근에 있는 줄 뻔히 알면서 이주해온 사람들이 나중에 연습장을 이전하라거나 소음피해를 보상하라고 요구할 때 법원은 주민의 편을 들어준다. 그러니 이제는 "군사훈련을 하러 해외로 나가야 할 판"이라는 말까지 나온다(조선일보, 2010년 2월 23일). 이미 사용 중에 있는 공항 부근에 이주해온 사람들도 소송을 제기해 소음 피해 보상을 받아낸다. 그들은 이미 소음피해를 반영하여 상대적으로 낮아진 집값(또는 임대료)으로 보상을 받았다. 그런데도 법원의 판결로 2중 보상을 받게 된 것이다. 이러니 떼만 쓰면 안 되는 것이 없는 나라가 되어버린 것이다. 애초에 정부의 잘못이 아닌 것까지 책임을 지우면 정부와 시민 간의 갈등과 불신만 키우는 꼴이 될 것이다.

엄격한 책임 소재 규명 외에도 관료들의 도덕적 해이를 최소화하기 위해서는 행정 조직 내 보직 이동의 효율성 제고가 필요하다. 우리나라 행정 조직에서 보직 이동의 특징으로 Z형 보직 이동과 한 직위에서의 짧은 재임 기간을 들 수 있다.80) 이 같은 보직 이동의 속성상 전문성 부족이 원인이 되어 여러 가지 문제가 발생하는 것이다. 공무원들의 빈번한 보직 이동으로 인해 나도 외자 유치 과정에서 크게 낭패를 본 경험이 있다.

　미국 다우코닝 사의 총 투자액 28억 달러 규모에 달하는 실리콘 제3공장을 전라북도 군산에 유치하기 위해 외국인 기업 전용 단지의 지정 및 장기 임대 등 투자 유치와 관련한 사안을 가지고 1996년부터 이듬해 말까지 당시 통상산업부, 재정경제원, 건설교통부 등을 끈질기게 찾아다니며 협조 요청을 했으나 결국 실패한 것이다. 이후 다우코닝 사는 투자처를 다른 나라(말레이시아)로 결정했다.
　실패 원인 중 하나가 관련 부처 실무자들이 수시로(평균 6개월 간격으로) 바뀌는 바람에 의사결정이 계속 지연되었고, 새로 배치된 사람은 업무 인계·인수가 안 되어 내용을 전혀 파악하지 못한 데 있었다. 실무자가 바뀔 때마다 다우코닝 사는 회사 소개부터 다시 해야 하는 번거로움을 겪으면서 한국 투자에 대한 매력을 잃고 말았다. 다우코닝 사가 한국 대신 말레이시아를 선택한 것은 외환위기로 인해 외국인 투자 유치가 절박했던 1998년 2월이다. 그 후 외자유치에 관한 정책에는 많은 개선이 이루어졌다.
　그러나 한 가지 사정은 전혀 달라지지 않았다. 한국에 투자하기 위해 관련 부처 공무원들을 상대해본 외국인 투자자들은 이구동성

---

80) "Z형 보직 이동"은 상위 직급으로 승진하기 위해서는 소위 한직에서 요직으로 수평이동한 후 승진하고, 승진 시에도 다시 한직에서 시작하여 요직으로 수평이동한 후 차상위 직급으로 승진하는 보직 이동의 경로를 일컫는다. 이것은 직무 중심의 보직 이동이 아니라 연공서열과 같은 사람 중심의 인사 관행을 단적으로 보여준다.

으로 "담당 공무원이 수시로 교체되는 바람에 똑같은 얘기를 다시 해야 한다"고 지적하고, "그들이 말하는 원 스톱 서비스는 말뿐이다. 원 스톱 담당자와 얘기를 끝낸 다음에도 다른 부처들과 다시 협상해야한다"고 비판한다.

순환보직으로 담당자가 수시로 바뀌는 것은 전문성 결여라는 심각한 문제를 야기할 수밖에 없다. 또한 담당자가 바뀌었다 해서 "똑같은 얘기를 다시 해야 한다"면 전임자와 후임자 사이에 업무의 인계·인수가 제대로 이루어지지 않았다는 얘기이다. 사실 우리나라 행정의 취약점 중 하나가 이같이 업무의 인계·인수가 잘 안 되고 있다는 점이다.

그 이유는 공무원들이 책임의식이 없기 때문이다. 이런 식으로 일하면서 인사 때만 되면 좋은 자리로 옮겨가거나 승진하기 위해 관심과 노력을 집중한다. 그리하여 윗사람이 빨리 물러나서 부하들의 승진 기회를 만들어주기를 바란다. 이제는 부하들의 시선이 따가워서 고위직에 있는 사람은 2년 이상 버티기가 민망한 상황이 되어버렸다. 그렇게 되면 보직 이동이 더 자주 발생하고 그에 따라 업무의 효율성이 더 저하될 수밖에 없다.

이 같은 문제점을 극복하기 위해서는 무엇보다도 업무의 인계·인수가 철저히 이루어지도록 해야 한다. 이는 그로 인해 발생하는 문제에 관해 당사자들에게 응분의 문책을 할 때 해결될 것이다. 또한 행정의 전문성 확보와 순환보직제의 조화를 꾀해야 한다. 순환보직제를 단번에 새로운 제도로 바꿀 수는 없기 때문이다. 획일적인 순환보직제는 많은 장점에도 불구하고 전문성이 필요한 직위의 경우 빈번한 교체로 인해 전문성 결여라는 문제점을 드러내므로 '직무 분석'을 통해 전문성이 특히 요구되는 직위들은 순환보직제를 유연하게 적용해 전문가를 양성해야 한다.81) 또한 계급제하의 일반 행정가(generalist)가 감당하기 어려운, 고도의 전문성이 요구되는 직위는 개방형 제도를 강화하고 전문가들로 충원해야 한다.

또 하나의 대안으로 정책 수립과 집행 업무를 분리해서 NGO를 포함한 민간 부문에 집행 업무를 아웃소싱 하는 방안을 고려해볼 필요가 있다. 성과에 따라 민간 부문에 보상하는 방식으로 집행 업무를 위탁하면 비영리 조직인 정부가 하는 것보다 더 효율적일 수 있다. 그러나 민간 부문도 인센티브 체계가 잘못되면 정부 못지않게 비효율적일 수 있음을 상기해야 한다. 적절한 인센티브 체계를 개발하지 못한다면 아웃소싱 효과를 기대할 수 없다. 모든 업무가 다 아웃소싱에 적합하지는 않을지라도 아웃소싱으로 효율성을 제고할 수 있는 부분이 많을 것이다. 그러한 경우 아웃소싱으로 예산을 절감하고 실패할 확률을 낮추는 일석이조의 효과를 거둘 수 있을 것이다.

9·11 테러로 수천 명의 시민들이 희생되었지만 미국 사회는 단 한 명의 장관이나 고위공직자에게도 도의적 책임을 묻지 않았다. 그 대신 분명한 책임자들(알카에다 등)을 상대로 테러와의 전쟁을 선포했다(물론 이를 핑계로 이라크를 침공한 것은 별개의 문제이다). 이에 비해 우리는 어떤가?

2004년 이라크에서 한국인 김선일 씨가 테러범들에 의해 인질로 잡혔다가 처형된 일이 있었다. 미국이나 유럽에서는 여러 번 겪었던 사건이고, 게다가 정부의 경고에도 불구하고 자기 책임 하에 위험지

---

81) 직무 분석(job analysis)이란 어떤 직무를 분해해 의미 있는 구성 요소들을 검토한 후 다시 일정한 틀로 조합하는 작업이다. 이에 대해서는 박기준(2000) 참조.

역에 갔다가 발생하는 사건에 대해서는 테러범들을 규탄할 뿐 어느 누구도 정부를 탓하거나 책임을 묻지 않는다. 특히 미국이나 이스라엘은 절대로 테러범들과 협상을 하지 않는다. 협상을 하여 대가를 지불하고 인질을 석방하도록 하면 테러리스트들은 이런 나라와는 거래가 가능하다고 판단하게 되어 차후 더 많은 인질 피해자가 발생할 것이기 때문이다.

그러나 우리나라에서는 언론과 시민단체들이 앞장서서 '무능한' 정부를 통렬히 비난했고, 법적 책임도 없는 한 민간기업인을 희생양으로 만들어 집단 한풀이를 했다. 비록 정부의 대응이 미숙했다 해도 처음 당하는 일에 완벽을 요구하는 것은 무리다. 정작 지탄을 받아야 할 테러범들에 대한 분노는 찾아볼 수 없었다. 책임 소재가 지구 저쪽에 있었는데도 우리는 번지수가 너무 다른 데서 책임을 추궁했다. 이제부터는 무슨 사건이 터지든 감정적 대응을 자제하고 마땅히 책임질 곳(사람, 제도 등)에 책임을 묻는 성숙한 자세가 필요하다.

끝으로 매사에 정부를 탓하는 우리의 습관에 대해 한 마디 언급하고자 한다. 정부도 사람들로 구성된 이상 만능일 수 없다. 그럼에도 불구하고 우리 국민들은 모든 문제에 정부가 해결책을 내놓아야 한다고 생각하는 경향이 있다. 예를 들어 기상 이변으로 일기예보가 틀리면 기상청은 여론의 뭇매를 맞는가 하면 수요와 공급의 불균형으로 농산물 가격이 급등하거나 급락하면 정부에게 책임을 지라고 아우성이다. 유통산업의 진화 과정에서 발생하는 재래시장의 침체도 정부가 책임지라고 압박한다. 그러나 어떤 선진국 정부도 모든 문제를 다 해결하지는 못한다. 애초에 불가능한 일이기 때문이다.

수년 전 미국의 동부 지역에 기록적 폭설이 내려 교통이 마비되었을 때 현지 주재 어느 특파원이 아래와 같은 기사를 올렸다.

(앞부분 생략) 기자가 살고 있는 워싱턴 D.C. 인근 매클린 지역이 6일 늦은 밤부터 10여 시간 정전이 됐다. 무방비로 영하 날씨에 정전을 맞은 가족은 밤새 추위에 떨었다. 다음날 아침 이웃 주민들에게 안부를 물었더니 양초나 손전등, 비상용 이불 등을 준비해두지 않은 집은 우리뿐이었다. 눈이 온 뒤 주민들은 전 가족이 나와 하루 종일 눈을 치웠다. 4차로 이상 큰 도로는 차가 기어 다닐 정도로 제설작업이 되지만 집 앞 좁은 도로는 하세월이다. 지난해 12월 19일 폭설 당시 기자가 사는 집 앞에는 닷새 만에 제설차가 나타났다. 제설작업이 늦어져도 항의하고 난리 치는 시민도, 언론도 없다. 적설량을 족집게처럼 맞히지 못했다고 기상청에 뭇매를 가하는 네티즌도 없다. 애꿎은 공무원들에게만 비상동원령이 떨어지는 일도 없고, 눈 빨리 못 치웠다고 인사조치 되는 일은 더구나 없다. 제설작업이 늦어져도 시민들은 그저 묵묵히 자기 집 앞을 치우는 일에만 신경 쓴다. 올겨울 두어 번 폭설을 경험한 기자는 이제야 우리나라가 전 세계에서 가장 제설작업이 빠른 나라일 것이라 판단했다.(이하 생략) (매일경제, 2010년 2월 8일)

우리도 이 같은 특수 상황의 경우 이 정도는 아니더라도 어느 정도 느긋한 태도로 정부를 지켜볼 수 있기를 바란다. 정부가 해결하기 어려운 일에도 조급한 마음에 앞을 다투어 정부를 책망하면 그만큼 정부를 불신하는 분위기가 확산될 것이며, 완벽한 해결이 불가능한 일을 완벽하게 하라고 다그치면 그만큼 무리한 예산 투입으로 국민 부담이 가중될 것이기 때문이다

정쟁 종식을 위한 대안

우리나라 정치는 정쟁으로 시작해서 정쟁으로 한 해를 끝내곤 한다. 국회의원으로서의 품위는커녕 보통 시민들도 함부로 사용하지 않는 언어를 마구 퍼부어대며 사사건건 대립과 몸싸움, 욕설, 비방 등으로 서로를 자극하여 정쟁을 확대 재생산한다. 심지어 국가의 최고 지도자들이 감정적인 비유를 사용하여 서로 비난하는 경우도 있다.

나는 여야 지도부가 조금만 인내하고 노력한다면 신뢰의 선순환을 시작하여 우리나라의 정치문화를 본질적으로 개선할 수 있는 토대를 마련할 수 있다고 생각한다. 정치인들이 국민의 복지보다는 당리당략에 집착하여 민생을 뒤로하고 정쟁에만 몰두하는 행태가 정치에 대한 국민의 불신을 조장하는 매우 중요한 요인 중의 하나임을 고려할 때, 정쟁의 종식은 정부와 정치권에 대한 국민의 신뢰를 회복하여 사회적 자본을 축적하는 데 매우 긍정적인 영향을 끼칠 것이다.

정쟁을 종식시키는 데에는 용기가 필요할 뿐이지 그 방법은 의외로 간단하다. 여당이든 야당이든 어느 한쪽이 먼저 상호 신뢰를 구축하는 작은 행동부터 실천에 옮겨야 한다. 이와 관련하여 오랫동안 냉전 상태에서 서로를 적대시해왔던 미국과 구소련이 군비 축소에 대한 신뢰를 구축하게 된 사례는 시사하는 바가 크다.

1980년대 후반, 당시 소비에트 연방 최고회의 의장이었던 고르바초프는 미국과의 군비 경쟁이 소련의 국력을 고갈시키고 있을 뿐 아무 쓸모없는 짓임을 깨닫고 UN 연설에서 일방적인 군비 축소를 선언했다. 오랫동안 소련과 공산주의 세계를 불신해왔던 미국인들은 이러한 고르바초프의 평화 공세에 대해 선전 효과를 노린 함정이 아닌가 하는 반응을 보였다. 과거의 경험에 비추어볼 때 의심스런 반응을 보이는 것은 당연한 일이었다. 그 후 우여곡절이 있었으나 결국 미국도 소련의 우호적 조치를 계속 무시할 수 없어 소련과 진지한 회담을 벌이고 단계적으로 양국이 군비 축소를 단행하게 되었다.

이 과정에서 한 가지 주목할 것은 고르바초프가 군비 축소를 선언한 직후, 미국의 심리분석가 머리 크림(Murray Krim) 박사가 뉴욕타임스 기고문을 통해 고르바초프의 선언 이면에는 보다 진지하게 받아들여야 할 태도의 변화가 있는 것 같다고 주장한 것이다. 그 내용을 요약하면 다음과 같다.

미국의 심리학자들이 국제적인 긴장 완화에 대해 연구한 것을 보면 두 가지 문제를 다루고 있는데, 하나는 적국에 대한 악마적 이미지의 기능에 관한 것이고 또 하나는 군비 축소를 실현하기 위한 점증적이고 일방적인 이니셔티브를 사용하는 것에 관한 것이다.

미국의 심리학자들은 적대 국가들이 서로 상대 국가에 대해 과장된 악마의 이미지를 만들어놓고는 —레이건 대통령이 소련을 '악의 제국'이라고 부른 것처럼— 적국에 대한 반응을 현실에 근거하기보다는 이 같은 그릇된 관념에 근거하는 경향이 있다고 분석한다.

적국에 대한 악마적 이미지에 근거해 국가의 기능을 수행하면 증오와 불신이 증가하게 되고 따라서 군비 지출이 확대된다. 적국에 대한 악마적 이미지는 군비 경쟁을 야기하므로 서로 상대방으로 하여금 근본적인 문제를 해결할 수 없도록 한다. 미국과 소련도 마찬가지다.

이러한 상황에서 고르바초프는 일방적으로 50만 명의 병력을 감축한다고 선언함으로써 미국심리학회 회장을 지낸 바 있는 찰스 오스굿(Charles Osgood) 박사가 제안한 점증적이고 호혜적인 긴장 완화 정책을 반영했다. 이 정책에 의하면 긴장 완화를 위해서는 한편에서 기본적인 안보를 위협하지 않는 범위 내에서 일방적인 군비 축소를 시작하고 상대편도 비슷한 조치로 대응하도록 촉구한다는 것이다. 이 일이 잘 되어 가면 그 과정이 기세를 얻어 서로 추가적 군비 축소를 취하게 되고, 그 결과 상호 신뢰가 회복됨에 따라 군비 축소가 가속화된다는 것이다(유종근, 1989, pp. 256~257에서 재인용).

여기서 중요한 사실은 소련이 정말 긴장 완화를 위해서 감군 조치를 취했든지 아니면 감군을 하지 않을 수 없었던 경제적 사정을 미국에 대한 평화 공세로 이용했든지 간에 소련의 동기가 중요하지는 않다는 점이다. 아무튼 소련의 일방적 감군 조치는 미국이 화답하지 않을 수 없는 국제 정세를 만들어냄으로써 쌍방 합의에 의한 추가적 감군과 상호 신뢰의 토대를 구축하게 되었다.

여야 간 정쟁에 대한 우리 국민들의 인식은 양비론적이다. 형제의 다툼을 보고 둘 다 나쁘다고 비난하듯, 여야 간의 끊임없는 정쟁에 대해서 여야 모두를 비판하고 있다. 이러한 양비론적 비판에서 벗어나기 위해서는 여야 모두 상대 당이 싸움을 걸어오면 이에 맞대응하지 않고, 또한 상대 당의 잘못은 점잖게 지적하되 투쟁적인 태도를 지양하면서 자기 당의 입장과 소신을 꿋꿋이 펴나가는 자세가 요구된다. 즉 비판은 하되 비난은 자제하는 것이다.

비폭력대화법 강사 캐서린 한은 "언어는 마음의 창, 또는 마음의 벽이 될 수 있습니다. 말은 우리를 속박하기도 하고 자유롭게 풀어 주기도 하기 때문이지요."라고 하며 언어의 중요성을 상기시킨다(국민일보, 2004년 10월 25일). 영국이나 미국의 국회의원들은 논리적으로 날카롭게 비판해도 부드럽고 품위 있는 언어를 사용하기 때문에 건전한 토론은 있어도 정쟁은 없다. 이 사실을 부러워만 할 것이 아니라 대한민국 국회의원으로서 자부심을 갖고 그에 걸맞게 품위를 지키려는 노력을 해야 할 것이다.

여당에게는 국정의 책임이 있기 때문에 그릇된 정쟁 문화를 선순환으로 돌려놓을 책임도 일차적으로 여당에게 있다. 선거에 의해 여당이 되었다면 이 같은 역사적 책임을 국민이 자신들에게 부여했다는 사명감을 가져야 할 것이다. 또한 다수당이 협조하지 않으면 소수당이 변화를 유도하려 해도 성공하기 어렵다. 따라서 여당이 먼저 정쟁을 안 하겠다고 조건 없이 일방적으로 평화를 선언하면서 야당의 협조를 구해야 성공할 수 있을 것이다.

물론 이것을 먼저 실천한다는 것은 매우 어려운 일이다. 우리 편에서 먼저 자제를 선언했는데 상대편이 이를 무시하고 공격을 계속하면 우리만 손해를 본다는 생각, 즉 상대에 대한 불신 때문에 일방적으로 자제하기가 어려운 것이다. 그래서 2005년에는 국회의원들이 '국회의원 윤리선언'을 채택하여 1)허위주장, 야유, 조소, 모욕적 언동을 자제하고, 2)일방적 회의 진행과 물리적 의사 진행 방해를 철저히 배격하며, 3)부당한 이득 도모와 영향력 행사를 근절하고, 4)반드시 회의에 참석하고 출석시간을 엄수하며, 회의 도중 자리를 뜨는 일을 자제하겠다고 국민들에게 약속했다. 어느 한쪽이 먼저 할 수 없으니 동시에 같이 시작하자는 것이었다. 그러나 이 선언은 기존의 국회법만 준수한다면 굳이 새롭게 선언할 필요가 없는 내용으로 되어 있었다. 이제까지 법을 무시해온 사람들이 선언으로 약속한 것을 지킬 것이라고 기대한 국민은 없었을 것이다. 실제로 이 선언은 얼마가지 않아 잊혔고 구태가 여전히 재현되고 있다.

무엇보다 실천하겠다는 강한 의지가 있어야 한다. 어느 한편이 일시적으로 손해를 보더라도 인내하면서 실천해야 한다. '오는 말에 가는 말(tit for tat)'로 맞대응하면 끊임없는 악순환에 빠지게 된다. 그러나 일방적으로 공격을 당하면서도 맞대응을 자제하면 오히려 국민의 동정과 지지를 얻게 되고, 일방적으로 공격만 하는 편은 처음에는 이기는 것 같아도 결국 국민의 비난을 면치 못할 것이다.

불가능하게만 보였던 미국과 구소련 간에도 군비 축소에 대한 신뢰가 구축되었듯이 야당의 동의를 얻든 못 얻든 여당이 먼저 평화선언을 하고 상대 당이 어떠한 정치 공세를 해와도 이에 맞대응하지 않고 평화선언을 지키려는 노력을 하면(이를 준수하도록 소속 의원들을 독려하고 단속하는 지도부의 노력과 의지가 필요하다) 다른 한쪽도 결국 따라올 수밖에 없다. 이에 따라 차츰 여야 간의 신뢰가 회복되어 국민들의 정치 불신도 해소될 것이다.

사실 이 방안은 내가 2001년에 『신국가론』에서 처음 제안했던 내용이다. 그러나 이것을 실천에 옮기는 데 따른 위험 부담 때문이었는지 그동안 전혀 시도되지 않았다. 작은 용기와 의지만 있으면 되는데도 모험을 하려 하지 않았다. 다행히 최근 국회선진화법의 제정을 계기로 정쟁에 어느 정도의 제약이 가해졌다. 여기에 조금만 더 노력을 가하면 정쟁 종식의 꿈도 실현될 수 있을 것이다.

나는 먼저 모험을 택하는 정당이 반드시 성공할 것이라고 확신한다. 자제하는 편이 국민의 지지를 얻고, 공격을 시작하는 편이 국민의 배척을 받게 될 것이기 때문이다. 우리 시대에 정쟁을 확실하게 종식시키지 못한다면 우리는 후대에 씻을 수 없는 부끄러운 유산을 물려주게 될 것이다.

6장 공적 제도의 신뢰와 권력 분산

우리나라는 1987년 민주주의를 쟁취하기까지는 홉스 식으로 집합행동의 딜레마를 해결했다. 물론 그것은 국민들의 자발적 협약에 의해 제3자(국가)에게 권한을 위임한 것은 아니었으며, 국가는 국민의 동의 여부와는 관계없이 국민의 행동과 사상까지 통제하는 강력한 권한을 행사했다. 그러다 결국 민주화가 이루어졌으나 국가가 과도하게 많은 권한을 행사하고, 특히 행정부가 청와대를 중심으로 무소불위의 권력을 휘두르던 구체제의 잔재가 아직도 남아 있다. 경로의존성이 여기서도 확인되는 것이다.

새 술은 새 부대에 담아야 하듯, 민주화를 이루었다면 그에 걸맞은 제도를 갖추어야 한다. 국민의 의식은 민주화되어가고 있는데 제도가 이에 적합하지 않기 때문에 국민이 정부를 불신하고, 시민정신을 발휘해 자율적으로 해결할 문제도 매사를 정부에 의존하려는 경향이 있다. 정부도 권위주의 시대의 구습이 남아 있어 정부가 나설 일이 아닌 것도 불필요하게 개입하려 한다.

예를 들어 참여정부가 한 때 자영업 구조조정을 하겠다면서 정부가 나서서 진입장벽을 세우겠다는 어처구니없는 정책을 제안한 적이 있었는데, 이는 모든 문제를 정부가 해결해야 하고 그럴 힘이 있다는 그릇된 생각을 보여준 사례 중의 하나였다.

이 같은 경향은 단지 시장의 영역에서만 나타나는 것이 아니다. 지방자치 수준에서 결정하는 것이 가장 효율적인 사안들도 중앙부처에서 통제하기 때문에 불편한 일이 적지 않다. 중앙정치 차원에서는 대통령에게, 행정부 차원에서는 중앙 부처들에게, 그리고 시장 영역에서는 경제 부처에 권력이 과다하게 집중되어 민주주의와 시장경제 체제의 효율적 작동을 저해하고 있다. 시민성이 제도의 효율성에 영향을 미치는 동시에 제도가 시민성에 영향을 미친다는 사실은 제도가 민주주의에 적합하지 않으면 민주적 시민성의 함양에도 도움이 되지 않는다는 것을 의미한다.

제왕적 대통령제를 내각책임제로

역대 대통령 선거를 치를 때마다 합법적인 선거자금보다 더 많은 자금이 불법적으로 조성되고 집행되어왔다는 것을 모르는 우리 국민은 없다. 정치 현실이 이러하니 국민의 정치 불신이 깊어질 수밖에 없다. 우리나라의 정치신뢰도가 세계 최하위 수준으로 전락한 게 하나도 이상할 것이 없다.

왜 이런 일이 반복되는 것일까? 그 이유는 대통령 한 사람 손에 모든 권력을 쥐어주는 통치체제 때문이라고 생각한다. 이른바 '대권(大權)'이라고 불리는 대통령의 권한이 거의 절대적 수준이기에 '제왕적 대통령(imperial presidency)'이라는 말이 나올 정도다. 제왕적 대통령이라는 표현은 미국에서 비롯되었으나 미국 대통령은 한국 대통령에 비해 의회의 견제를 훨씬 더 많이 받는 편이다.82)

후보자 공천 과정에서부터 예비선거를 통해 국민들이 직접 선출한 미국 국회의원들은 여당 소속이라 해도 대통령의 뜻에 반해 의회에서 각자 소신대로 표결하는 경우가 자주 발생하기 때문에 중요한 법안을 통과시키려면 대통령이 직접 나서서 여야 의원들을 설득해야 한다. 한국 대통령이 훨씬 더 제왕적 권한을 행사한다는 말이다. 청와대의 힘이 얼마나 대단하면 한 벤처기업인이 청와대 청소부에게 수억 원의 뇌물을 주었는가 하면(2000년 11월) 일개 행정관에게 성접대를 했다는 의혹(2009년 3월)이 불거지기까지 했는지 가히 짐작할 만하다.

그러니 대통령 선거에 각 정당이 수단과 방법을 가리지 않고 오직 승리를 목표로 매진하며, 이렇게 막강한 권한을 가진 자리에 우리 지역에 기반을 둔 정당의 후보가 당선된다면 우리 지역이 큰 혜택을 받게 되고(폐쇄사회의 특징), 반대의 경우라면 큰 불이익을 받을 수 있다는 생각(이것도 불신의 산물)을 하게 되어 지역 간 대립이 격화되는 요인이 되기도 한다.

또한 선거가 끝난 후에도 패배한 정당은 박탈감 또는 허탈감에 빠져 국정에 협력하고자 하는 의지를 상실하고, 승리한 정당은 막강한 권한을 국민으로부터 위임받았으니 뜻대로 정책을 펼 수 있다는 자만감에 대화와 타협보다는 밀어붙이기로 대립과 갈등의 원인을 제

---

82) '제왕적 대통령'이라는 표현은 케네디 대통령의 특보를 역임한 슐레진저(Arthur Schlesinger, Jr.)가 닉슨 대통령을 겨냥해서 붙여준 말에서 시작되었다.

공한다. 이로 인해 불안을 느끼면서도 국민들 역시 분열과 갈등의 정치에 휘말려 이편과 저편으로 나뉘어 첨예하게 대립한다. 이러한 현상은 무엇보다도 권력이 한 사람에게 지나치게 집중되어 있기 때문이다. 그 결과 권력을 얻기 위한 경쟁이 첨예해져 소용돌이의 정치 행태를 더욱 강화하고 국민의 정치 불신을 조장하는 것이다.

국민들은 대통령이 막강한 권력을 쥐고 있는 만큼 모든 문제를 해결하는 해결사가 될 것을 요구한다. 그러나 아무리 유능한 지도자라 해도 모든 기대를 만족시킬 수는 없다. 그 결과 도널드 그레그(Donald Gregg) 전 주한 미국 대사가 지적한 바와 같이 "대통령이 기대에 못 미치면 그가 이룩한 업적은 무시하고 잘못한 것에만 초점을 맞추는 경향이 있다." 존경받는 전직 대통령이 우리나라에서는 나올 수 없는 것처럼 보인다.

앞에서 지적한 바와 같이 덕치(인치)주의 전통에 익숙한 우리 사회는 어떤 문제가 터질 때마다 그 원인이 잘못된 제도에 있는지 아니면 사람에 있는지를 면밀히 분석하기보다는 사람부터 탓을 하는 경향이 있다. 그래서 새 대통령이 취임하면 기대에 잔뜩 부풀었다가 해가 갈수록 지지도가 떨어진다. 정치권에서도 총선 때마다 이른바 '물갈이'로 정치판을 정화하려는 시도를 해보았으나 그 결과는 매우 실망스러웠다. 사람을 바꾸고 또 바꿔보아도 반복해서 문제점이 나타난다면 '인적 쇄신'을 요구하기보다 제도에 결함이 있는 것은 아닌지 검토하고 문제가 있으면 이를 개선해야 한다.

사회적 자본에 관한 그간의 연구 결과들은 비록 시간이 걸리기는 해도 제도 개혁을 통해 신뢰를 증진시킬 수 있으며, 건전한 시민결사체를 통해서도 신뢰 구축이 가능하다는 것을 보여주었다. 시민사회

활동을 통한 사회적 자본 형성에 관해서는 아래의 7장에서 다룰 것이므로 여기서는 제도 개혁, 그중에서도 대통령 한 사람에게 지나치게 권력이 집중되기 때문에 야기되는 문제를 해소하기 위한 제도 개혁에 관해서 논의하고 그 대안으로 내각책임제를 제시하고자 한다.

민주주의는 권력의 부패와 타락을 항상 가능한 것으로 간주하고 (즉 권력을 불신하고) 국민으로부터 권한을 위임받은 피신뢰자가 국민의 신뢰를 저버리지 않도록 제도적으로 유도함으로써(제도화된 불신) 신뢰문화를 형성하게 하는 정치체제이다. 예를 들어 주기적인 선거를 통해서 국민의 신뢰를 저버린 피신뢰자는 그에 따른 대가(낙선)를 치르고 국민의 신뢰에 부응한 피신뢰자는 보상(재당선)을 받게 함으로써 배신을 억제하고 성실과 신의를 장려한다.

또한 정부의 단기적 효율성이 다소 저하되는 것을 감수하면서 삼권분립의 원칙하에 권력의 집중을 방지하고 상호 감시와 견제를 제도화함으로써 힘의 균형을 이루어 권력의 남용과 부패의 가능성을 최소화하려는 제도이다.

그러나 우리나라의 대통령 중심 통치 구조는 권력이 대통령 한 사람에게 지나치게 집중되어 있어 상호 감시와 견제가 취약하다는 문제점을 안고 있다. 예를 들어 외환위기를 극복하기 위한 정책이라면서 국민의 정부가 강행한 '빅딜'(반도체, 항공기, 정유, 자동차 등 7개 업종에서 재벌 간 해당 계열사들을 맞교환 하도록 강요하여 중복된 사업들을 일원화 시킨 것)은 재산권을 초법적으로 유린한 사건이었음에도 야당이 다수였던 국회도, 언론도, 시민단체도 효과적으로 견제하지 못했고 피해 당사자들도 법에 호소하지 못했다.

최근 이명박 대통령은 선거 공약을 뒤집고 세종시 수정안을 여당 내부의 반발에도 불구하고 대통령의 힘만 믿고 강하게 밀어붙이다 실패했는데,83) 이는 오바마 미국 대통령이 핵심공약으로 내걸었던 의료개혁 입법과 관련하여 의회와 끈질긴 협상을 통해 타협안을 이끌어낸 것과 크게 대조를 이루고 있다. 그뿐만 아니라 대통령을 비방했다고 민간인을 사찰하고 생계를 어렵게 만드는 불법을 저지르고도 권력으로 은폐하는 일까지 벌어졌다. 이처럼 정상적인 민주국가에서는 상상할 수 없는 일이 우리나라에서는 아무 견제 없이 일어날 수 있었다.

제16대 대통령 선거 과정에서 여당 후보와 제1야당의 후보가 공히 거액의 불법자금을 조성하고 사용한 것으로 밝혀졌다. 미국 같은 나라에서 이런 일이 있었다면 의회의 탄핵을 받아 대통령이 바뀌거나 여론의 압력에 밀려 사퇴할 수밖에 없었을 것이다. 또한 영국이나 독일 같은 나라에서 총리가 이 같은 불법에 개입된 사실이 밝혀졌다면 역시 자진사퇴하거나 내각 불신임으로 총리가 바뀌었을 것이다.

그러나 우리나라에서는 탄핵 사유가 될 이런 중대한 사안에 대해서 그냥 넘어가고 말았다. 여야가 다 불법자금 문제에 대해 떳떳하지 못하기 때문에 국회에서 아무도 이를 이유로 대통령 탄핵을 주장할 수 없었던 것이다. 뿐만 아니라 역내 대통령 선거 때마다 예외 없이 있었던 일이고, 대통령 사퇴 시 재선거를 치러야 하는 부담과 재선거를 한다 해도 같은 일이 반복될 수밖에 없다고 생각하기 때문에

---

83) 나는 여기서 수정안 자체를 문제 삼는 것이 아니라 설득하려는 노력 없이 일방적으로 밀어붙이는 것에 이의를 제기하는 것이다. 중앙부처 일부를 옮기는 것은 이미 2007년에 『강한 대한민국의 조건』에서 반대한 바 있다.

국민들도 대통령 사퇴까지 요구할 분위기가 아니었다.

또한 헌법에서 현직 대통령에 대한 형사소추를 금하고 있으니 불법선거를 해서라도 당선만 되면 법적인 책임이 없어지는 참으로 편리한(?) 제도이다. 가히 '대통령 무책임제'라는 말이 나올 만하다(이홍구, 2004).

대통령을 포함한 모든 국민이 법 앞에 평등해야 하고 대통령은 국민 여론을 존중하지 않으면 안 된다. 불법으로라도 당선만 되면 현직 대통령이라는 이유로 법적 책임을 물을 수 없게 되는 제도는 불법을 두려워하지 않게 만든다. 대통령 후보의 핵심 참모라는 사람들이 기업인들을 상대로 거액의 불법자금을 강요하면서 "협조하지 않으면 당선된 후에 가만두지 않겠다"는 식으로 협박해 차떼기로 자금을 강탈하는 기가 막힌 일이 벌어진 것도 당선만 되면 그만이기 때문에 일어날 수 있는 일이었다.

결국 당선된 사람은 현직 대통령이니까 법적인 책임을 면하게 되고, 낙선된 유력 후보는 당선된 사람과의 형평성을 고려해 면책된다. 법이 사람에 따라 다른 잣대로 적용되는 나라에서 국민이 정부와 정치인을 신뢰하지 못하는 것은 너무나 당연한 결과이다.

퍼트남은 법치주의가 무시되는 불신사회에서는 비협조적이고 규범을 경시하는 풍조가 만연한 비시민적 문화로 인해 위압적인 정부조차 제 기능을 발휘하지 못하는 힘없는 정부로 전락하고 만다고 지적했다. 마찬가지로 막강한 권한을 가진 우리나라의 제왕적 대통령도 국책사업 하나 순조롭게 추진할 힘이 없다. 그래서 나라 형편이 어떻게 되든 정부와 여당이 실패하기만을 바라는 야당의 방해 때문에 힘들어 못하겠다면서 대통령이 여소야대 상황을 인위적 정계 개편으로 뒤집는가 하면 '연정'을 하지 않으면 안 된다고 야당 대표에게 사정을 하는 일까지 벌어지게 된 것이다.

우리나라 대통령의 권한이 얼마나 막강한지 그의 말 한마디에 삼성그룹이 전전긍긍했다. 미국 투자은행들의 임원들이 받는 고액 연봉을 미국 대통령이 아무리 비난을 하고 자제를 촉구해도 대통령의 경고를 무시해버리는 것과 너무 대조적이다. 반면에 우리나라에서는 헌법을 수호해야 할 대통령이 헌법으로 보장된 권리(헌법 소원)를 너무 내세우지 말라고 경고한 바 있는데 그러면 무엇을 믿으란 말인가? '법은 멀고 주먹(권력)은 가깝다'는 말이 실감나게 한다.

삼성 측의 주장에 일리가 있는지 없는지 헌법재판소가 알아서 판결하도록 기다리면 될 터인데 왜 대통령이 나서는 것일까? 이렇게 초법적 권한을 행사할 수 있는 그 대권을 잡겠다고 정치권은 사생결단의 싸움을 하고, 국민은 법을 믿을 수 없게 된다. 과도한 권력 집중이 불신 구조를 타파하는데 걸림돌이 되고 있는 것이다.

따라서 확실하게 제도화된 분권을 통해 입법부, 사법부, 행정부가 균형을 유지하는 가운데 상호 감시와 견제가 효과적으로 이루어지고, 행정부가 국정을 책임감 있게 운영할 수 있도록 하여 정부의 효율성을 높이고 정부에 대한 신뢰를 제고하기 위해서는 내각책임제로 통치 구조를 바꿀 필요가 있다. 물론 우리 국민들은 내각제보다 대통령제를 더 선호하는 것이 사실이다. 대통령중심제가 우리에게 익숙한 제도라는 사실도 국민이 이 제도를 선호하는 중요한 이유 중 하나겠지만, 내각책임제를 선호하지 않는 이유는 무엇보다도 과거에 '실패'한 경험 때문일 것이다.

4·19혁명 직후 실시된 내각책임제하에 장면 정권이 출범한 지 9

개월 만에 5·16군사 쿠데타를 일으킨 '혁명주체세력'은 쿠데타를 정당화하기 위한 명분으로 장면 정권의 무능과 사회적 혼란을 내세웠고 이를 꾸준히 국민들에게 각인시켰다.

그러나 당시의 혼란이 오랜 억압정치의 종식으로 향유하게 된 정치적 자유를 국민이 마음껏 누려보던 과도기적 현상이었는지, 아니면 쿠데타로 바로잡지 않으면 계속되는 혼란으로 나라가 심각한 위기에 처할 수도 있는 상황이었는지는 아무도 장담할 수 없는 역사적 가정일 뿐이다. 더구나 그 혼란이 당시 우리 국민의 정치적 미성숙 때문이었는지, 아니면 내각책임제의 제도적 결함 때문이었는지 진지한 분석도 없이 우리에게 부적합한 제도라고 단정하는 것은 옳지 않다.

나는 장면 정권 치하의 사회적 혼란이 결코 내각책임제 탓이라고는 생각하지 않는다. 강력한 대통령중심제하에서도 1987년 '6·29선언' 직후 일시적으로 전국 노동현장에서 과격한 불법 파업이 발생했던 사례가 있지 않은가. 설사 내각책임제가 1960년대 초 우리나라의 실정에 부적합한 제도였다 할지라도 지금의 한국 사회는 그때보다는 매우 안정된 제도가 폭넓게 정착되어 있고, 기업과 시민사회 등 중간 계층도 두텁게 형성되었기 때문에 내각책임제를 실시한다고 해서 혼란에 빠질 염려는 없다고 단언할 수 있다.

노무현 전 대통령은 여소야대로 인해 국정 추진에 어려움이 있다면서 이를 타개하기 위한 대안으로 한나라당과의 연립정부를 제안했다가 야당과 여론의 호응을 얻지 못하고 포기한 바 있다. 노 전 대통령의 연정 제안에 이론적 근거를 제시했다는 강원택은 민주화 이후 역대 정권이 고민해왔던 '분점 정부(여소야대)'의 문제를 해결하는

데 있어서만이 아니라 다른 여러 가지 면에서도 내각책임제가 매우 훌륭한 제도임을 인정한다.

다만 그는 내각제 도입에 따른 문제로 지역주의 정당 구조의 고착화 가능성과 이 제도에 대한 국민의 정서적 거부감을 든다(강원택, 2005, p. 361). 그러나 앞에서 지적한 바와 같이 막강한 권력을 가진 대통령에 대한 지나친 기대가(국무총리가 어느 지역 출신이든 그 지역 주민들은 그다지 기대를 하지 않는다) 지역주의 정당 구조를 고착화시킨 원인이라면 내각책임제는 다양한 정파들 간의 연립정부를 가능하게 하기 때문에 오히려 지역구도 타파에 도움이 될 수도 있을 것이다.

내각책임제는 대의민주주의 정치체제의 원형이다. 서구의 민주주의는 의원내각제를 중심으로 발전해왔으며, 대통령중심제는 미국이 도입한 변형된 체제이다. 물론 오늘날 대통령중심제를 채택한 나라들이 적지 않지만 성공적인 대통령제는 미국밖에 없다는 것이 학자들의 일반적 평가이다. 내각책임제는 항상 국회 내에서 견제와 감시가 이루어지기 때문에 타협과 팀워크가 정권 유지에 매우 중요한 요소가 된다.

제왕적 대통령제하에서 '전부 아니면 전무(all or nothing)'의 투쟁만 하던 정치권도 내각책임제 하에서는 타협의 정치를 배우게 될 것이다. 또한 내각제하에서는 언제든지 정권의 중대한 과오에 대해 불신임 결의로 정권을 교체할 수 있기 때문에 책임정치가 보다 원활하게 실현될 수 있을 것이다.

노무현 전 대통령에 대한 탄핵안 가결이 엄청난 국민적 반발을 불러온 이유가 국민들이 노 전 대통령을 지지해서라기보다는 권력의 공백을 두려워하고 재선거에 따르는 정치적·경제적 부담을 원치 않앉기 때문이었다는 것은 주지의 사실이다. 내각제하에서는 총리의 교체로 인한 권력 공백을 최소화할 수 있고, 총리가 의회를 해산하지 않는 한 재선거를 할 필요 없이 의회 내에서 새 총리를 선출하면 되기 때문에 국정 최고책임자의 심각한 과오에 대해 책임을 직접 묻지 못하는 일도 없을 것이다.

이제는 제왕적 통치 구조를 바꿀 때가 되었다. 내각책임제를 두려워하지 말자.

집중된 국가 권력의 지방분권화

권력의 집중 현상은 청와대에서 그치지 않고 중앙정부와 지방정부 간의 권한 배분에서도 잘 나타난다. 우리나라는 모든 권한이 중앙정부에 집중되어 있고 지방정부는 자치기능이 거세된 채 그저 중앙정부가 하달하는 시책을 집행하는 하부 행정기관으로 전락했다. 또한 국가는 권위주의 시대의 잔재인 각종 법규를 동원하여, 그리고 때로는 재량권을 과도하게 자의적으로 행사하여 기업과 시민들의 자율적 활동을 규제하고 있다.

이처럼 국가 권력이 중앙정부에 과도하게 집중되어 있기 때문에 '사람은 서울로 보내라'는 말이 생겼고, 실제로 지방에는 인재도 없고 재원도 없는 '지방공동화' 현상이 진행되고 있다. 헨더슨(Henderson, 1968)은 일찍이 "서울이 곧 한국이다"라고 지적했는데, 그 후 이명박 정부를 제외한 역대 정부가 수도권 집중 억제 정책을 펴왔으나 수도권이 갈수록 과밀화되는 것을 전혀 막지 못했다.

학자들에 의하면 경제력의 불균등한 분배가 사회적 자본 형성을 저해한다고 하는데 지역 간의 불평등도 그간 우리나라 정치 갈등의 중요한 요인 중 하나였음은 주지의 사실이다. 마치 '블랙홀'처럼 모든 것을 서울과 그 주변으로 빨아들이는 소용돌이 현상을 더 이상 방치해서는 안 된다. 그러나 수도권 규제와 같은 인위적 정책은 성공할 수도 없고, 오히려 수도권과 비수도권 간의 갈등만 조장한다는 것이 그간의 수도권 규제가 입증한 사실이다.

이명박 정부가 수도권 규제를 과감히 완화한 것 자체는 옳았다. 그러나 지방 분권화 조치가 뒤따르지 않았기 때문에 지역 불균형을 해소할 길이 요원해졌다. 인위적 균형개발 정책이 실효성이 없음은 이미 입증된 사실이다. 실질적 분권화로 지방정부에게 스스로 운명을 개척할 수 있는 권한이 주어질 때 지방끼리 경쟁하면서 발전할 수 있게 될 것이다.

김대중 전 대통령과 노무현 전 대통령은 그 필요성을 인식하고 적극적으로 지방 분권화를 추진하려 했으나 중앙 관료들의 지연작전에 말려들어 아무 성과 없이 임기를 마치고 말았다. 이명박 정부는 '지방분권 추진에 관한 특별법'을 공포하고(2008.2.29) 이에 의거 '지방분권촉진위원회'를 2008년 12월에 출범시켰으나 실질적인 분권화보다는 중앙 업무의 지방 이양과 특별지방행정기관 정비와 같은 지엽적 사안에만 치중하였으나 그나마도 흐지부지하여 지방 분권화에 아무런 진전도 가져오지 못 했다.

한편 노무현 전 대통령은 수도권 집중화를 해소하고 지역의 균형 발전을 도모하기 위하여 행정수도(행정중심복합도시) 이전을 추진했다. 그러나 여기에는 다음과 같은 문제점들이 있다.

첫째, 행정수도 이전이 수도권 팽창을 막고 지역의 균형 발전에 기여할 것이라는 발상 자체가 중앙 중심적 사고에 기인하고 있다.

둘째, 문제의 근원이 권력의 중앙 집중화에 있기 때문에 청와대와 국회를 비롯한 핵심 권력기관들은 서울에 남겨둔 채 일부 기관들만 이전하는 것은 행정의 비효율만 초래할 뿐 수도권 집중 해소에는 아무런 역할을 하지 못할 것이다.

셋째, 지방 분권화가 성공적으로 이루어진다면 청와대까지 포함하여 행정수도를 통째로 이전한다 해도 지역경제에 미치는 효과는 역시 미미할 것이다. 미국은 지방 분권화가 아주 잘 되어있기 때문에 수도를 워싱턴으로 옮긴지 212년이나 지난 오늘 행정 중심 대도시로 성장했어도 지역경제 분포에 미친 효과가 별로 없다는 사실이 이를 입증한다.[84]

결론적으로 행정수도 이전보다는 분권화가 더욱 시급하고 효과적인 지역 균형 발전 수단이다. 분권화가 성공하면 행정수도를 통째로 이전하든 일부 부처를 이전하든 그에 따르는 비용을 정당화하기 어려운 불필요한 일이 될 것이다.[85] 그러면 분권화를 효과적으로 추진하기 위해서 무엇을 어떻게 해야 할까? 아래에서는 우리나라 지방자치의 현실을 점검해보고 분권화의 추진 방향을 모색해보기로 한다.

---

[84] 미국의 수도는 최초에는 뉴욕(1785~1790)이었으나 남부와 북부 사이의 갈등을 해소하기 위해 필라델피아를 거쳐(1790~1800) 남북의 경계선인 포토맥 강 주변에 새로운 행정수도를 건설하기로 합의하여 1800년 12월에 워싱턴으로 옮겼다.

[85] 그런 의미에서 세종시에 행정중심 복합도시를 건설하려는 계획을 교육과학중심 경제도시로 수정하겠다는 이명박 대통령의 제안은 오히려 해당 지역의 발전을 위해 환영할 일이었으나, 그 추진 방법에 있어서 국민갈등을 증폭시킨 점, 타 지역에 미칠 부정적 효과에 대한 즉흥적 대안 제시, 지방 분권화 의지 부족 등이 심각한 문제점으로 부각되었다.

우리는 세계가 하나로 통합되고 있는 지구촌 시대에 살고 있다. 경제평론가 오마에 켄이치는 20세기를 이끈 국민국가 시대는 막을 내렸다고 전제하고 경제활동의 주체는 특정 국가의 정부도 아니고 국제기구도 아니며 "국민이 먼저이고 국경선은 그 다음이다"라고 주장했다(Ohmae, 1995). 즉 21세기에는 국가의 권한이 축소되는 반면 부산과 후쿠오카 같은 지역 단위들이 국적과는 무관하게 경제적 공영을 바탕으로 손을 잡는 '지역국가(region state)'가 융성하게 된다는 것이다.

오마에의 말대로 국민국가 시대가 끝나고 지역국가 시대가 도래할지는 두고 보아야 하겠으나, 글로벌 경제의 부상으로 국가의 권한이 축소되어가고 세계 경제와 국민들 사이에 생긴 공백에 지방이 새삼 주목받는 존재로 떠오르고 있다는 사실은 부인할 수 없게 되었다. 학자들은 세계화 시대에 지방이 다음 세 가지 면에서 커다란 가치를 지닌다고 말한다.

첫째, 세계적인 기업들의 입지 대상으로서 가치가 있다. 이제는 국가의 한 부분인 지방이 세계를 상대로 기업 유치 경쟁, 장소 판촉 경쟁에 직접 나서지 않으면 안 되는 시대가 된 것이다.[86]

둘째, 지방화의 주역으로서 가치가 있다. 현재 전개되고 있는 새로운 기술 및 경영 방식은 생산 과정과 마케팅 전략이 매우 유연한 것이 특징이다. 동시에 어디에서 생산하느냐, 혹은 어디에서 판매하

---

86) 실제로 현대자동차 미국 공장을 유치하기 위해 미국의 여러 주가 치열한 경쟁을 했는데 현대자동차는 그 가운데 앨라배마를 택했다. 그 후 기아자동차가 미국에 공장을 건설할 계획이라는 소식을 듣고 2005년 여름에 미시시피 주지사가 한국까지 찾아와서 기아자동차 경영진을 상대로 유치활동을 벌이고 갔다. 그러나 기아자동차는 조지아 주의 웨스트포인트 시를 선택했다.

느냐에 따라 차별화되는 만큼 기업에 대한 행정 서비스도 예전처럼 중앙정부 차원에서 거시적으로 조절하는 체계보다는 지방 행정기관의 보다 기민하고 미시적인 조절 체계를 요구한다.

셋째, 인간을 존중하는 살기 좋은 지역 건설의 적극적인 주체로서 가치가 있다. 세계화와 더불어 국가의 권한은 갈수록 줄어들 것이 분명하므로 지역 주민의 삶의 질을 높이고 환경을 가꾸는 일 등이 점차 지역공동체의 몫이 될 것이다.

그러나 이 같은 결론은 외국 학자들이 지방자치가 활성화된 국가들을 관찰하여 도출한 것이다. 우리나라 일본처럼 지방정부가 타 지방과 차별화하여 독자적인 시책을 펼 수 있는 권한이 거의 없는 나라에서는 이와 같은 역할을 제대로 수행할 수 없기 때문이다.

예를 들어 서울의 위성도시 건설을 국토교통부의 전신인 건설교통부·국토해양부가 주도적으로 추진했다. 주택 공급은 지역의 실정에 따라 민간 기업이 해야 할 일이고 주택단지 지정이나 도시계획은 기본적으로 지방정부가 주민의 의견을 수렴하여 수립, 집행, 조정해야 한다. 신도시 건설이 삶의 질에 미치는 영향을 지역 주민이 어떻게 수용할 것인지에 대해서 지방정부가 가장 잘 판단하고 조정할 수 있기 때문이다.

그러나 우리나라에서는 중앙정부가 나서서 주민의 의사는 묻지도 않고 그린벨트를 훼손하면서까지 주택 공급 계획을 수립한다. 결과적으로 중앙정부의 주택정책은 계속적인 신도시 건설로 수도권 과밀을 억제하기보다는 부추기는 역할을 하고 있다.

세계화와 더불어 갈수록 치열해질 국제 경쟁에서 낙오하지 않기 위해서는 변화해가는 환경에 신속하게 대응할 수 있어야 한다. 덩치가 너무 커서는 발 빠르게 적응하기 어려운 만큼, 모든 권력이 중앙에 집중되다시피 한 이제까지의 제도와 관행에서 벗어나 하부 단위에 보다 큰 자율성을 주는 국가 권력의 재분배가 이루어져야 한다. 세계화와 더불어 지방화를 추진해야 하는 것은 부정할 수 없는 시대적 요청이다.87)

분권화와 자율화, 그리고 유연성이라는 새로운 조직 경영 원리를 실현하기 위해 선진 각국은 새로운 행정 개혁을 시도해왔다. 그러나 우리나라 지방자치제의 현실은 그와 같은 변화된 지방의 역할을 제도적으로 억제하고 있다고 밖에 할 수 없다.

우리나라의 현행 지방자치제의 골격은 1988년에 제정된 지방자치법에 근거를 두고 있다. 그 당시 정치권, 특히 국회의원들은 자신들의 기득권과 정치 생명에 미칠 영향을 우선적으로 고려하여 지방자치를 중앙정치의 통제 아래 두었다. 1994년에 개정된 지방자치법은 지방자치단체에 대한 중앙정부의 통제를 더욱 강화하고 지방의회의 입법권을 오히려 약화시켰다(김동훈, 1999, pp. 29~30).

그 결과 우리나라의 지방자치단체는 지역의 통치 주체라기보다는 극히 제한된 범위의 자치행정만 허용되는 지방행정기관에 불과하다. 따라서 지방마다 사주석으로 특색 있는 발전을 도모하는 데에는 애초부터 너무나도 분명한 한계를 가지고 있다.

우선 지방자치단체라는 명칭부터 지방정부로서의 기능을 인정할 수 없다는 중앙집권적 의식의 산물이다. 도청이나 시·군청뿐만 아

---

87) 하부기관에 최대한의 재량권을 주는 유연한 조직이 경쟁력 있는 조직이라는 점은 행정뿐 아니라 기업과 군대에서도 입증되고 있다(Toffler, 1993).

니라 면사무소나 동사무소도 엄연히 정부 조직의 일부이다. 이를 '단체'라고 부르는 것은 어불성설이다. '지방정부(local government)'라는 명칭이 세계적으로 통용되고 있음에도 우리나라와 일본에서는 지방자치단체라는 궁색한 표현으로 지방정부를 폄하하고 있다.

우리나라의 지방자치단체가 지방정부로서의 지위와 권한 및 기능을 확보해 실질적인 지방자치를 하기 위해서는 몇 가지 개혁이 절실하다. 우선, 지방자치에서 기본이 되는 실질적인 국가 권력의 분산이 이루어져야 한다. 그러기 위해서는 교육 및 치안에 관한 권한, 예산 및 인사에 관한 권한, 그리고 헌법이 정한 범위 내에서 독자적으로 지방법을 제정할 수 있는 실질적 입법권을 지방으로 이양해야 한다.

아울러 특별지방행정기관(예를 들어 환경부 소속 지방환경청, 고용노동부의 지방고용노동청, 병무청의 지방병무청 등) 기능도 이양해야 한다. 현재 특별지방행정기관이 수행하는 업무의 대부분이 당장이라도 지방자치단체에서 처리할 수 있는 것들이다. 이처럼 유사한, 그리고 중복되는 업무를 중앙과 지방 두 곳에서 담당하면서 인력과 예산이 낭비되는 비효율이 발생하고 있으며 민원인도 창구 이원화로 불편과 부담을 감수하게 될 뿐 아니라 국가의 과도한 간섭으로 지방자차의 발전이 저해되고 있다. 특별지방행정기관의 정비는 국민의 정부 출범과 더불어 추진되어 왔으나 이해관계자들의 반대와 자치행정에 대한 불신으로 인해 정권이 바뀔 때마다 새로운 계획만 세울 뿐 아직까지 실행에 옮겨지지 못하고 있다.

여기서 나는 지방자치에서 가장 중요한 기능인 교육 및 치안 서비스와 지역개발의 역량을 증진시키고 이를 제도적으로 뒷받침하기 위하여 지방교육자치의 재구조화, 지방경찰제도의 도입 및 자치입법권 강화, 그리고 지방 이양을 제안한다.

우리나라의 교육 정책은 농촌 지역 학교보다 도시 학교를 더 선호하고, 지방 학교보다 수도권 학교를 더 우선시하는 현실을 타개하지 못하고 있다. 이 같은 교육의 지역적 격차는 인구의 수도권 집중과 도시 집중을 가속화해 지역불균형을 심화시키는 중요한 요인이 되고 있다. 수도권과 지방 대도시 중심의 소용돌이 현상에서 벗어나기 위해서는 도시 학교보다 농촌 지역 학교를 더 선호하게 만들어야 한다. 이를 위해 지방자치단체장들이 책임지고 인구 유출을 막을 수 있도록 교육 행정에 대한 자치권을 넘겨주어야 한다.

교육은 피교육자에게만 혜택이 가는 것이 아니라 경제와 민주주의, 문화, 예술 등의 발전을 도모하여 국민 전체에 미치는 효과가 매우 크기 때문에 공공재의 성격을 띤다. 또한 지역 발전에 가장 큰 영향을 미치는 요인이 교육이다. 따라서 교육자치는 교육활동의 직접적인 이해관계자인 교사, 학생, 학부모뿐 아니라 지역 주민 전체가 참여해야 한다.

최근 지방자치의 경험축적에 의거하여 교육 경쟁력이 지자체 경쟁력이라는 생각으로 지자체들이 앞다투어 교육 분야에 투자를 하고 있다. 지자체들이 이같이 교육의 중요성을 느끼고 질적 향상을 위해 노력하고 있으나 현행 교육행정 체제는 시자제의 소관이 아니기 때문에 의욕에 비해 지방정부가 할 수 있는 범위가 돈을 대주는 것 외에는 별로 없다.

현재 우리나라의 교육 자치는 지방교육행정기관의 분리 및 독립에 기초한 교육행정청의 자치 또는 교육자 자치의 성격을 갖는 파행적 제도이다. 지방교육행정에서 자주성, 전문성, 중립성 못지않게 주민들에 대한 책임성 확보가 중요하므로 지방교육행정에 대한 책임 역시 지역 주민의 직접적인 심판을 받는 지방정부가 지는 것이 당연하다.

만약 교육이 도지사, 시장 등 선출된 지방자치단체장의 권한과 책임 아래 있게 되면 교육에 대한 유권자의 관심과 열의 등 교육행정에 대한 주민들의 선호가 지방자치단체의 정책에 직접 반영될 수 있고 그 책임 또한 지방자치단체장에게 직접 물을 수 있을 것이다. 교육행정에 지역 주민 전체의 의사가 반영되도록 교육자치 제도를 개혁하여 지역 간 경쟁을 유도한다면 우리나라 교육은 더 큰 발전을 기약할 수 있을 것이다.

지방자치 경찰 서비스는 지방정부의 전통적인 핵심 기능 가운데 하나이다. 그러나 그동안 치안자치를 반대하는 사람들은 우리나라의 분단 상황을 강조하면서 아직은 때가 아니라고 주장해왔다. 그렇다면 공안 문제나 중대 형사사건 등은 국가 경찰에 맡기더라도 청소년 보호, 교통질서 확립, 절도범이나 폭력범 검거 등 기본적인 치안행정 기능은 주민들의 직접 통제를 받는 지방자치단체에 넘겨 통합 운영하도록 하면 될 것이다.

명색이 민주국가라면서 지방경찰이 없는 나라는 우리나라뿐이다. 경찰의 기능이 주민의 생명과 재산을 보호하고 공공의 안녕과 질서를 유지하며 복지를 증진하기 위한 양질의 치안 서비스를 제공하는 것이라고 할 때, 지방경찰제도의 도입은 더 이상 미룰 수 없는 개혁 과제이다.

김대중 전 대통령은 지방자치 활성화에 누구보다도 강한 의지를 가졌던 지도자이다. 국민의 정부는 2000년 하반기부터 지방경찰제도를 도입하기로 예정했지만 중앙 관료들과 경찰 조직의 지연술에 말려들어 뜻을 이루지 못했다. 노무현 전 대통령도 분권화를 참여정부의 핵심 개혁정책의 하나로 삼고 자치경찰 도입을 적극 추진했다. 그리하여 자치경찰법안을 2005년 8월에 입법 예고하고 그동안 계속 미뤄왔던 자치경찰제를 2006년 10월부터 전국 17개 기초자치단체에서 시범 실시한 후 2007년 하반기에 전면 시행한다고 하였으나 자치경찰법안은 국회에서 처리되지 않은 채 정권이 바뀌었다. 더구나 이명박 정부는 지방 분권화에 대한 의지가 약해 자치경찰제에는 관심도 두지 않았다.

그런데 참여정부 시에 입법 예고된 내용을 볼 때 이런 자치경찰제라면 차라리 실시하지 않는 것이 더 낫겠다는 생각이 든다.

첫째, 자치경찰에 수사권이 없다는 것은 경찰이 아니라는 얘기와 다름없다. 좀도둑 잡는 것까지 국가 경찰이 다 맡겠다는 것이 아니라면 자치경찰에도 주민의 기초생활과 관련된 치안 업무에 대해 수사권을 부여해야 한다. 수사권 문제로 검찰과 치열한 신경전을 벌이고 있는 경찰청이 막상 자신들의 기득권을 내놓지 않겠다는 것은 앞뒤가 맞지 않는 처사이다.

입법 예고된 바에 의하면 자치경찰은 식품, 위생, 환경사범 등 17종의 단속 업무를 담당하고 방범순찰, 교통 소통 관리, 기초질서 위반 행위 단속 등을 맡게 된다. 그런데 수사권 없이 이 같은 단속 업무만 하게 된다면 이는 국가 경찰의 보조원에 지나지 않는다. 경찰 업무 중 귀찮은 잡무만 자치경찰에 떠넘기려 해서는 안 된다.

둘째, 광역자치단체를 배제한 것은 자치경찰의 실패를 자초하게 될 것이다. 자치경찰의 역할을 최대한 무력화하기 위한 의도가 숨어 있지 않나 의심이 가는 부분이다. 미국, 캐나다, 호주 등 국토가 광활한 나라에서 지금보다 교통과 통신이 훨씬 열악했던 시기에 정착된 제도를 오늘날의 한국에 도입하는 것은 어리석은 일이다.

일본도 제2차 세계대전 이후 미국의 영향으로 기초자치단체까지 자치경찰을 도입했으나 많은 시행착오 끝에 광역화하게 되었는데, 우리가 똑같은 시행착오를 반복할 필요가 있겠는가? 또한 이는 소방방재 행정이 광역화된 것과도 맞지 않다. 이제까지 자치경찰 도입을 성공적으로 저지해온 기득권 세력의 자치경찰 무력화 전략에 말려들면 안 된다.[88]

다음은 자치입법권이다. 지방자치법 제15조는 "지방자치단체는 법령의 범위 안에서 그 사무에 관하여 그 조례를 제정할 수 있다. 다만, 주민의 권리 제한 또한 의무 부과에 관한 사항이나 벌칙을 정할 때에는 법률의 위임이 있어야 한다"라고 규정한다.

김동훈은 "위의 규정에서 '법령의 범위 안에서'를 '법률에 위반되지 않는 한'으로 개정하고, 아울러 단서 조항을 삭제해 법률의 위임이 없어도 조례로써 주민의 권리 제한 또는 의무 부과를 규정할 수 있고 벌칙을 규정할 수 있도록 해야 한다"면서 "위의 단서조항이 있는 한 조례는 행정 규칙에 불과하다. 조례는 법률 체계상 하위법일 뿐 행정 규칙이 아니라 '지방법'이어야 한다. 조례에 대해 이러한

---

[88] 비슷한 맥락에서 현재 중앙정부, 광역시·도, 시·군·구로 되어 있는 3중 행정 구조를 중앙정부, 시·군·구의 2중 구조로 개편하여 행정의 효율성을 제고하겠다는 움직임은 중앙정부의 지방 장악을 공고히 함으로써 권력분산이라는 시대의 흐름에 역행하는 그릇된 발상이다. 이는 민주주의의 절차보다 성과만 중요시하는 미성숙한 접근 방법이다.

제한을 두고 있는 나라는 없다"고 피력한다(김동훈, 2001, p. 40).

이처럼 독자적인 입법권이 없는 지방의회는 지방자치에 실질적 기여를 할 수 없다. 불법 주정차나 불법 쓰레기 투기 같은 행위에 대한 벌금 부과조차도 지방의 실정에 맞추어 조례를 정할 수 없도록 지방의회의 입법권을 제한해놓고 지방자치가 잘 되기를 바란다는 것은 어불성설이다.

법령의 범위에는 임명직인 중앙행정기관장의 부령과, 법령의 명시적인 위임에 의거한 행정 규칙(장관의 훈령, 고시 등)까지를 포함한다. 이를 고려할 때 주민이 직접 통제할 수 있고 책임을 물을 수 있는 자치단체의 입법권이 임명직의 부령과 각 부의 행정 규칙에 예속되어 있는 것이다. 이것은 분명 지방자치제의 본질에 역행하는 제도라고 볼 수밖에 없다.

지방정부의 기능을 강화하기 위해서는 권한과 더불어 재원을 이양해야 한다. 지방정부에 대한 재원의 실질적 이양을 위해 먼저 고려해야 할 사항은 국세와 지방세의 본질적 재배분이다. 우리나라의 국세와 지방세 비율은 약 8:2로 심각한 불균형을 보여주고 있다. 그 결과 중앙에서는 아직도 지방정부에 대해 시혜하는 식의 행태를 보이는 반면, 지방정부는 중앙에서 일방적으로 부여하는 업무의 증가로 인해 세출에 대한 부담이 점점 커지고 있는 형편이다. 따라서 중앙의 권한이 지방에 이양되는 만큼 이에 비례해서 재원도 지방으로 이양하여 수직적 불균형을 해소해야 한다.

뿐만 아니라 지방세의 세율을 중앙에서 일률적으로 정하는 현행 방식을 지양하고 지방정부가 스스로 세율을 결정하고 세목을 신설 또는 폐기할 수 있도록 실질적인 조세권을 부여해야 한다. 기업이 소비자의 선택을 받기 위하여 가격과 품질로 경쟁하면 가격이 저렴해지고 품질이 개선되듯 지방정부가 조세 부담의 경중과 자치행정 서비스의 품질로 경쟁을 하고 주민들은 이에 대하여 '발로 투표'하도록 하면 지방자치 발전을 유도하게 된다.[89]

지방정부에 실질적 조세권이 이양된다 하더라도 기왕에 존재하는 지역 간 경제력 차이에 따른 세원의 불균형 문제는 다른 차원에서 고려되어야 한다. 과거 지역 개발 정책이 중앙정부 재량으로 추진되어 상대적으로 그 혜택을 받지 못한 지역은 경제 수준이 매우 열악한 상황이다. 아울러 세원의 불균형을 해소하기 위하여 보전된 재원도 실질적으로 지방정부 재량으로 활용하도록 해야 한다.

현재와 같이 용도가 제한된 가운데 예산 편성에 대한 지침을 내려 지방정부의 재정 지출을 통제하는 것은 자치가 아니다. 참여정부는 지역균형개발을 촉진한다는 취지하에 공공기관의 지방 이전과 혁신도시 개발을 적극 추진했는데, 지역개발 사업은 중앙정부가 이처럼 획일적으로 추진할 것이 아니라 지방정부 책임 아래 각각 지역 실정에 맞는 정책을 자주적으로 시행하도록 해서 경쟁을 유도해야 한다.

우리나라에서는 모든 것이 중앙에서 이루어지고 있기 때문에 중앙부처가 새로운 사업을 시도하면 각 시·도나 시·군이 지역 실정에 맞든 안 맞든 무조건 유치해오기 위해 현수막을 걸고 삭발을 하면서 치열하게 다투게 된다. 지방정부가 지역 현실에 맞는 독자적 개발계획을 수립하고 추진하도록 하기 위해서는 재원이 있어야 한다.

이를 위해 미국 연방정부가 지방정부에 활용 지침이나 조건을 달

---

[89] 주민들이 살기 좋은 곳으로 이사하는 것을 '발로 투표한다'고 말한다.

지 않은 채 지원하고 있는 일반세입 공유(general revenue sharing)나 지역개발보조금(community development block grant) 제도의 도입을 시도해볼 필요가 있다.

우리 국민들은 아직도 중앙집권 체제에 익숙한 탓에 지방자치의 중요성을 충분히 이해하지 못하고 있는 것 같다. 사실 우리나라에서 지방자치가 실시된 이래 민선 자치단체장들이 주민의 지지를 얻기 위해, 또 지역 발전을 위해 열심히 뛰고 있는 것을 누구보다도 지역 주민들이 더 잘 알고 있다. 요즘 크게 잘못된 것처럼 매도되고 있는 이른바 선심행정도 주민들이 선호하는 것을 제공해준다는 의미에서 보면 오히려 민주주의 원칙에 부합하는 주민자치의 본보기라고 할 수 있다. 물론 주민들이 좋아한다고 해서 반드시 옳은 선택이라고 할 수는 없지만 주권자들이 그릇된 선택을 할 수 있는 권리까지 보장하는 것이 민주주의다.[90]

사실 선심행정은 중앙정부가 더 큰 규모로 하고 있다. 국가의 농업 정책에 반발하는 농민들을 달래기 위해 우루과이라운드 이후 70조 원을 쏟아 부은 것도 대부분 낭비로 그쳤는데 또다시 119조 원을 쏟아 붓고 있으며, 쌀 관세화유예연장협정 비준에 반대하는 농민단체의 요구사항을 거의 다 들어주기로 한 것이 선심행성이 아니고 무엇이겠는가? 이런 선심행정에 대해서는 침묵하면서 지방 유권자도 아닌 임명직 감사원장이 자치단체장들의 선심행정을 질타하는 것을

---

90) 흔히 민선 자치단체장들의 비리가 지방자치의 폐단인 것처럼 거론되고 있으나 이는 정부와 사정기관이 한통속이었을 때는 은폐될 수 있었으나 민주화의 진전으로 더 이상 은폐되지 못한다는 사실을 나타내는 것이다.

보면 민주주의에 대한 이 나라 지도층의 이해 수준이 이 정도밖에 안 되는지 참으로 개탄하지 않을 수 없다.

주민들이 원하는 것을 해주는 지방행정을 선심행정이라고 비판하는 사람들은 과거의 임명제 시대로 되돌아가자는 것인지, 아니면 주민을 무시하고 윗사람 눈치만 보는 행정이 더 좋았다는 것인지 분명한 입장을 밝혀야 할 것이다. 비록 때에 따라서 그릇된 선택을 하는 한이 있더라도 주민들이 원하는 것을 해주는 것이 지방자치 발전에 도움이 될 것이다.

만일 그들의 선택이 그릇되었다면 오래지 않아 그 사실을 깨닫고 문제를 시정할 것이다. '실제로 해봄으로써 배우는' 소중한 학습 과정을 무시해선 안 된다. 우리나라의 지방자치는 짧은 역사와 법적 제약에도 불구하고 상당한 성과를 거두고 있다. 여기에 권한과 책임을 부여하면 지방자치는 지역주민들의 복리 증진에 더욱더 기여하고 정치문화 발전에도 긍정적인 역할을 할 것이다.

정당의 공천권을 국민에게

헨더슨이 우리나라 정치 행태를 거대한 소용돌이와 같다고 논평한 지 거의 반세기가 지난 오늘날에도 그와 같은 현상이 계속되고 있다. 우리 정치의 소용돌이 구조를 완전히 해소하고 건전한 민주주의로 발전시키기 위해서는 소용돌이 구조의 원인이 어디에 있는지를 분석하여 이에 상응하는 근본 대책을 세울 필요가 있다.

앞에서 우리는 남부 이탈리아와 우리 전통사회에 지배계층과 피지배계층 사이를 매개해줄 중간계층이 없었기 때문에 정치가 다수 국민의 의견을 수렴하고 조정하여 그들의 욕구를 충족시켜주는 제도로 발전하지 못하고 지배계층 내부의 권력 쟁탈의 도구로 전락했으며, 정치인들과 시민들 간의 관계는 후견인-하수인의 관계로 굳어졌다는 헨더슨과 퍼트남의 분석을 살펴보았다.

그러나 우리 사회는 지난 50여 년 사이에 경제 규모의 비약적 성장과 민주주의의 정착으로 기업체와 시민사회 등 중간계층이 활발하게 성장함에 따라 정당도 국민과 기업의 욕구를 대변하는 매개자의 역할을 수행할 여건이 갖추어졌으나 정치는 권력다툼으로 국민을 피곤하게 하는 이전투구의 수렁에서 빠져나오지 못하고 있다.

그렇다면 그 원인은 어디에 있는가? 이는 우리나라 정당들이 강력한 권력을 가진 지도부를 중심으로 구성되어 그들이 각종 선거 후보자의 공천과 당선에 결정적 영향력을 행사해왔기 때문이다. 정치인에게 공천을 받느냐 못 받느냐는 정치 생명이 걸린 문제이다. 따라서 공천권을 가진 지도자의 뜻을 거역할 수 있는 정치인은 거의 없다. 그래서 지도자 한 사람의 독단으로 당을 합치기도 하고 쪼개기도 하며 해체하여 신당을 만들기도 한다. 이렇게 막강한 공천권을 장악한 당의 지도자는 자기 뜻대로 당론을 정할 수 있다. 정치 생명이 걸린 만큼 당원들이 따르지 않을 수 없기 때문이다. 그리하여 국가 발전이나 민생보다 여당은 권력의 유지 및 강화를 위해, 야당은 집권당의 권력 기반을 약화시켜 정권을 빼앗기 위해 끊임없이 대립각을 세우며 정쟁을 계속해왔다.

그런데 2002년 대통령 선거를 앞두고 당시 민주당이 후보 경선을 위하여 이른바 '국민참여경선' 제도를 도입한 이래 여러 가지 형태의 공천 제도가 시도되고 있지만 공정성에 대한 시비가 사라지지 않고 있다.

나는 2001년에 『신국가론』에서 공천권을 명실 공히 국민이 행사하도록 하는 미국식 '예비선거' 제도의 도입을 주장했다. 이는 정치권력을 소수의 정당 지도자들의 손에서 국민에게 되돌려주는 제도로서 정당이 더 이상 민생을 무시하고 여론을 양극으로 분열시켜 정쟁을 일삼기보다는 국민을 위한 참다운 민주정치를 실현하도록 하는데 크게 기여할 것이다. 그러나 이 제도를 채택하는 것이 정당 차원에서는 불가능하고 선거법을 개정하여 선거관리위원회가 정당별 예비선거를 관리해야 한다.

반면에 국민참여경선 제도는 정당이 관리할 수 있는 범위 내의 극히 제한된 유권자들만 참여할 수 있다. 이렇게 제한된 유권자만 참여하기 때문에 후보자들은 그중에서 자신을 지지할 사람들을 최대한 참여시키기 위해 조직을 동원하게 되는데 여기에는 막대한 자금이 필요하므로 결국 돈 싸움이 되고 만다.

2010년 지방선거를 앞두고 한나라당과 민주당이 여론조사와 시민공천배심원제를 도입해보았지만 여전히 부작용이 나타났다. 지도부의 영향력을 포기하지 않는 어떠한 제도도 소용돌이 현상을 타파할 수 없기 때문이다. 2012년 대통령선거 과정에서도 정치개혁을 위해 공천권을 국민에게 주는 제도개혁에 대한 국민의 요구가 강했지만 기득권을 포기하지 않으려는 일부 정치권의 반대와 지연술로 무산되고 말았다.

정치 과정에서 돈이 드는 것은 불가피한 현실이지만 그 돈은 정책개발과 홍보, 여론 수렴 등에 사용하는 것이 바람직하다. 따라서 지도부에 대한 로비나 조직의 관리·동원 등에 주력할 수밖에 없도록 하는 제도는 아무리 좋은 이름으로 포장해도 결국 비생산적 제로섬 게임에 자금을 낭비하는 결과를 초래할 따름이다.

이에 반해 모든 선거권자가 참여하는 미국식 예비선거 제도는 각 당의 예비 후보자들 중 본 선거에 내보낼 후보를 그 당을 지지하는 유권자들이 직접 선출한다. 때문에 후보자들은 공천권이 없는 정당 지도자들의 눈치를 볼 필요가 없고 자신을 선출해준 유권자들만을 의식해 국민을 위한 정치를 실현할 수 있다.

또한 전체 유권자들을 상대로 하는 예비선거에서는 조직 동원보다는 정책과 홍보에 치중하게 될 것이며, 공천 과정에 불복하여 탈당하는 일도 없어질 것이다. 아직도 각종 선거 후보자 공천과 관련하여 중앙당의 지도부가 나눠 먹기 식으로 자기 사람들을 공천하는 관행이 계속되는 가운데 공천 결과에 불복하여 무소속 출마를 강행하거나(결국 이를 법으로 막아버렸지만) 친박연대와 같이 별도의 정당을 구성하는 등 후유증이 나타나는 것은 공천제도의 개선이 시급하다는 사실을 보여준다.

예비선거에 의한 공천은 한국 정치의 고질적 폐단의 하나인 지역주의 해소에도 기여할 것이다. 우리나라 정당이 전국정당화하지 못하고 특정 지역에 편향된 이유는 역사적으로 정당의 지도자가 어느 지역 출신이냐에 좌우되었기 때문임은 주지의 사실이다. 그러나 공천권을 국민이 직접 행사하면 정당은 더 이상 지도부의 뜻을 맹목적으로 따르지 않고 특정 지역의 이익만을 대변하는 집단도 아닐 것이기 때문에 시간이 지나면서 차츰 지역 연고보다는 정책 이념으로 구분될 것이다.

그러면 이 같은 예비선거 제도를 구체적으로 어떻게 실시할지 살펴보자. 우리나라에서는 각종 선거에서 입후보자를 추천하는 권한이 정당에 있기 때문에 비록 국민참여경선 또는 시민배심원 제도 등을 통해 일부 유권자들이 공천 과정에 참여한다 해도 대다수 유권자들은 자신의 의사와는 무관하게 정당의 후보로 공천된 몇 사람들 중 하나를 선택하여 투표하는 수밖에 없다.

즉 정당의 지도부에 의해, 또는 경선 후보자들이 동원한 사람들에 의해 선택된 소수의 후보자 중 한 사람을 선택하도록 강요당하는 셈이다. 이에 비해 미국식 예비선거 제도는 주에 따라 약간의 차이가 있기도 하지만 대체로 후보 지명 절차가 정당의 규정이 아니라 법률에 의거하고, 이 법률은 후보들을 비밀투표에 의해 선출하도록 규정하고 있다. 또한 예비선거 유권자들을 결정하는 문제를 공식적으로 주정부가 관장한다.

우리나라에서 예비선거를 통한 공천을 제도화하기 위해서는 이를 법제화하여 선거관리위원회에서 관리하도록 해야 한다. 2007년 대통령선거를 앞두고 열린우리당이 100% 국민참여경선을 하려다가 당원이 참여해야 한다는 현행법 규정 때문에 계획을 수정할 수밖에 없었는데 정당법과 선거법을 개정하여 예비선거를 법제화해야 이 문제가 해결될 것이다.

예비선거를 활용하고자 하는 정당은 선관위에 신청을 하고 그 정당의 공천을 받고자 하는 자는 선관위에 예비선거 후보 등록을 해야 한다. 예비선거에서는 모든 선거권자가 유권자가 될 수 있고, 당원 구분 없이 각자 투표하고자 하는 정당의 투표용지를 하나만 선택하게 한다.

이 제도에 대해 우려하는 사람들은 일부 유권자들이 자기가 지지하는 정당의 후보를 당선시키기 위해 상대당의 예비 후보 중에서 가장 만만한 후보에게 표를 몰아주는 '역선택'이 가능할 것이라고 지적하는데, 이는 깊이 생각해보지 않은 결론이다. 예비선거는 한 지역의 모든 정당에 대해 동시에 실시하기 때문에 (지역에 따라 날짜를 달리할 수는 있다) 자신이 지지하는 정당의 예비 후보들 중에서도 자신이 지지하는 사람이 공천을 받는 것이 중요한데 그에게 투표하지 않고 다른 정당의 후보에게 자신의 소중한 한 표를 주는 어리석은 사람은 없을 것이다.

예비선거는 원하는 정당만 참여하도록 하고 각 정당별로 당의 예비 후보자들 중 최다 득표자가 그 당의 공식 후보로 본선거에 출마하는 권한을 가진다. 예비선거를 원하지 않는 정당은 기존의 방식대로 총재나 대표 또는 공천심사위원회 등이 공천할 수도 있다. 그러나 예비선거를 거부하는 정당의 후보들은 유권자의 지지를 받지 못할 것이 분명하므로 결국 군소 정당 외에는 모든 정당이 예비선거에 참여하게 될 것이다.

또한 적은 수의 득표로 공천을 받은 군소정당의 후보, 그리고 예비선거를 거치지 않거나 예비선거에서 탈락한 뒤 탈당하여 무소속으로 출마하는 후보들도 당선 가능성이 없기 때문에 그런 일이 대부분 사라질 것이다. 따라서 당내 경선에서 패한 사람이 탈당하여 무소속이나 다른 정당의 후보로 출마하지 못하도록 피선거권을 제한하는 법도 불필요하다.

이 제도를 실시하게 되면 국가의 선거 관리 예산에 예비선거 비용이 추가되기는 하겠지만 각 정당의 경선이 불필요해지므로 국가의 정당보조금을 삭감하여 예비선거 비용의 일부를 충당할 수 있다.

국민들은 자신들이 직접 공천권을 행사하기 때문에 정치가 잘못되어도 더 이상 정치인만 탓할 수 없을 것이다. 주권자로서 참여의 기회가 확대됨과 동시에 책임도 그만큼 커져 바버(Barber)가 말하는 '강한 민주주의'의 토대를 구축하게 되는 셈이다. 따라서 추가 비용을 지불할 만한 가치가 있는 제도이다.

예비선거 제도의 또 다른 장점은 지방의 발전을 앞당긴다는 것이다. 우리나라는 유난히 정치, 경제, 교육, 문화 등 모든 것이 수도권에 집중되어 있으며, 수도권 집중화를 억제하려는 모든 노력에도 불구하고 그 기세가 꺾이지 않고 있다. 이는 지방자치가 제대로 뿌리내리지 못했기 때문이다. 지방이 발전하지 못하는 것은 지방에 인재가 없기 때문이고, 인재가 없는 것은 모든 중요한 일이 다 중앙에서 이루어지므로 지방에는 유능하고 야심찬 사람들에게 충분한 기회를 제공해줄 수 없기 때문이다.

지역구 국회의원을 하려 해도 중앙에서 활동하며 경력을 쌓고 당 대표나 중진들에게 자주 눈도장을 찍으며 호의를 얻어야만 그들의 지원으로 공천을 받을 수 있는 것이 우리 정치의 현실이다. 그리고 선거 때만 지방에 내려가 중앙 무대에서의 경력을 앞세워 선거를 치르니 굳이 지방에서 활동할 필요가 없는 것이다.

그러나 예비선거 제도를 도입해 중앙당의 공천권이 없어지고 지역구 유권자들이 직접 공천을 하게 되면 국회의원이나 지방자치단체장에 출마하고자 하는 정치 지망생들이 지역에서 열심히 활동하게 될 것이다. 지역 주민의 여론과 지역의 특성을 파악해 지역 발전에 기여할 수 있다는 점을 부각하기 위해 노력하지 않으면 안 되기 때문이다.

중앙당의 낙하산 공천, 또는 조직 관리를 잘해야 이길 수 있는 당내 경선이 없어지면 중앙당 지도부를 향해 치닫는 소용돌이를 잠재울 수 있다. 아울러 비생산적 조직 관리에 인적·물적 자원을 낭비하는 일도 사라질 것이며, 인재들의 귀환과 그들 간의 경쟁을 통해 지방이 살아날 것이다.

예비선거 제도가 정착된 미국에서는 대부분의 정치 지도자들이 지방에서 성공한 후 중앙 정계에 진출한다. 대표적인 경우로 빌 클린턴 전 대통령과 버락 오바마 현 대통령을 보자. 클린턴은 고등학생 때부터 정치에 뜻을 두었고 명문 예일대 법학대학원을 졸업한 후 변호사 시험에 합격했다. 그리고 고향 아칸소 주의 피에트빌(Fayetteville)이라는 작은 도시에서 법학 교수를 하면서 정치적 기반을 다지기 시작했다.

그 후 30세에 주 법무장관에 당선되었고 1978년 최연소(32세)로 주지사에 당선되었다. 작은 주의 지사였지만 능력을 인정받아 전국적 주목을 받게 되었고, 마침내 1992년 대통령에 당선되었다. 오바마도 하버드 법학대학원을 졸업하고 변호사가 되어 시카고대학에서 헌법학을 강의하면서 지역의 흑인들과 함께 시민운동을 전개하였다. 그 후 일리노이 주의회의 하원을 거쳐 상원의원 재임 시 능력을 인정받아 전국적 인물로 부상하였으며 연방 상원으로 직행한 후 초선의원으로서 대통령에 당선되는 풍운아가 되었다.

클린턴과 오바마뿐 아니라 부시, 레이건, 카터, 닉슨, 케네디 등 역대 대통령들과 정치, 경제, 사회, 문화 등 제반 분야의 거의 모든 지도자들이 지방에서 기반을 쌓고 성공하여 전국적 또는 세계적 리더로 부상했다.

우리나라도 많은 인재가 지방에서 활동하며 성공할 수 있어야 하고 그래야 지역의 균형 발전이 가능하다. 그러기 위해서는 무엇보다도 지역분권화를 통해 지방지차를 활성화 하는 것이 중요하다. 그리고 공천권의 분권화, 즉 예비선거를 통해 공천권을 국민에게 돌려주는 것이 절실히 요구된다.

7장 수평적 신뢰와 시민사회

　지금까지는 주로 공적 신뢰를 구축하기 위해 반드시 확립해야 할 기본 원칙과 실천 방안에 대해 살펴보았다. 우리나라의 경우 사회 전체가 만연된 부패와 뿌리 깊은 불신의 늪에 빠져 있으며, 그 일차적 원인이 공적인 신뢰의 부재에 있는 만큼 공적 제도를 투명하고 일관성 있게 구축하고 운용하는 일이야말로 무엇보다 시급하다고 할 수 있다.
　최근의 연구는 정치 신뢰로부터 사회 신뢰로 인과관계가 흐른다는 사실을 밝히고 정치 불신을 해소하는 것이 사회 신뢰를 회복하고 사회적 자본을 축적하는 지름길이 된다고 주장한다. 그러나 퍼트남과 후쿠야마 등의 연구를 통해 살펴보았듯이, 공적인 제도의 성패는 시민들이 법을 잘 지키고 공동의 목표 달성을 위해 서로 신뢰하고 협조하는 민주시민의식과 시민문화에 달려있다.
　결국 공식적 제도의 효율적 작동이 비공식적 제도의 수준을 향상시키는 동시에 비공식적 제도 또한 공식적 제도의 효율성에 영향을 미치는 상호의존관계에 있는 것이다. 따라서 우리 국민 개개인 또한 정부와 정치인과 기업가를 탓하기 이전에 성숙한 민주시민으로 거듭나려는 노력을 기울이고 나라의 주인으로서 제 몫을 다하는 것이 공적인 신뢰 구축 못지않게 중요하다.

다시 말해 선진국의 국민이 되기 위해서는 국민 스스로 선진 시민으로 살아가기 위해 필요한 의식과 규범을 이해하고 생활 속에서 이를 실천할 필요가 있다. 이 같은 토대를 구축하지 못한다면 어떠한 공적 신뢰 구축 노력도 사상누각이 되고 말 것이다.

그러나 시민들의 수평적 신뢰가 부족한 사회에서 그들의 자발적인 노력으로 사회적 자본을 형성하고 축적해나가기를 기다릴 수만은 없다. 학자들에 따르면 사회적 자본의 증대는 궁극적으로 국가와 시민사회의 상호작용에 달려있다고 한다(Hooghe and Stolle, 2003, p. 11). 따라서 시민사회도 더 이상 정부를 비판하고 견제하는 데만 치중할 것이 아니라, 정부와 협력하는 가운데 정부가 할 수 없는 일 또는 정부보다 더 잘할 수 있는 일들을 찾아내고 수행하는 적극적 참여자가 되어야 한다.[91]

정부도 시민사회를 경계의 대상 또는 정치적 이용의 대상으로 보지 말고 정책 수립 및 집행 과정에 참여시켜 국민들에게 보다 질 높은 서비스를 제공하는 데 기여하도록 해야 한다. 무엇보다도 시민들 사이의 수평적 신뢰를 증진하는 기회를 확대하기 위해 시민사회가 활성화될 수 있는 여건을 마련해야 할 것이다.

---

91) 시민사회는 넓은 의미에서는 국가와 대립되는 영역을 말하는데, 통상적으로 국가 영역 이외의 사적 영역 내에서도 자발적인 조직 사회를 시민사회라고 부른다.

7장에서는 이와 같이 수평적 신뢰를 증진하기 위해 정부가 할 수 있는 일과, 정부와 시민사회가 협력하여 할 수 있는 일들을 모색해 보기로 한다.

사회복지와 수평적 신뢰

사회적 자본의 중요성이 널리 인식되어감에 따라 사회적 자본의 핵심 요인인 '일반화된 신뢰(generalized trust)'를 증진시키는 데 기여하는 요인들이 무엇인가에 대한 연구가 활발하게 진행되고 있다. 최근 들어 소득 분배의 개선이 신뢰 수준의 향상에 기여한다는 실증 분석 결과들이 발표되고 있다(Skocpol, 1999 ; Putnam, 2002 ; Hooghe and Stolle, 2003).

한편 유종성과 카그람(You and Khagram, 2005)은 불균등한 소득 분배가 부패를 증가시킨다는 결론을 얻어냈다. 이러한 실증분석들을 종합하면 소득분배의 개선이 신뢰수준 향상에 직접적으로 기여할 뿐 아니라 부패를 줄이고 보다 투명한 사회를 만드는 데 이바지하며 이를 통해 신뢰수준을 간접적으로 향상시키는 추가적 효과를 거둘 수 있게 해준다.

한 사회가 불신사회인가 아니면 고도의 신뢰사회인가를 나타내는 '일반화된 신뢰'의 수준이 그 사회 구성원들의 서로에 대한 평가를 반영한 것이라면, 그리고 이러한 평가가 그들의 경험을 토대로 형성된 것이라면 그 사회의 구성원들이 서로 비슷한 경험을 공유하고 있을 것이므로 서로 비슷하게 평가해야 할 것이다.

그러나 현실은 그렇지 않다. 어느 사회에서나 사회적 계층에 따라 신뢰성향에 커다란 차이가 있으며, 교육 및 소득수준 등 사회적 지위가 높을수록 타인을 신뢰하는 경향이 강하고 사회적 지위가 낮을수록 불신하는 경향이 강한 것으로 나타난다(Newton, 1999 ; Verba, Schlozman and Brady, 1995 등). 이는 계층별로 유유상종하는 경향이 있으며 각 계층이 처해 있는 사회적 맥락이 동일하지 않다는 사실을 반영하는 것이라고 볼 수 있다. 따라서 소득분배의 개선은 계층 간의 간극을 완화함으로써 사회적 맥락의 차이에서 야기되는 신뢰성향의 차이를 극복하는 수단이 된다.

한 사회 내에서 일반화된 신뢰의 수준은 이같이 소득분배의 영향을 받을 뿐 아니라 개별적 복지정책의 영향을 받을 수 있다는 점도 밝혀지고 있다. 예를 들어 미국 정부는 제2차 세계대전 종전과 더불어 재향군인들이 무상으로 대학 교육을 받을 수 있도록 학비를 지원하는 이른바 G. I. Bill 정책을 도입했는데, 이것이 사회적 자본 형성에 강력한 동기를 제공했다는 것이다(Putnam, 2002, p. 414).

G. I. Bill은 중하위층과 근로계층 자녀들에게 당시에는 접근하기 어려웠던 고등교육의 기회를 제공함으로써 그들이 국가에 충성을 바친 데 대해 국가가 보답하는 호혜성의 규범을 확립했고, 그 혜택을 받은 사람들이 후일 시민사회 활동에 보다 적극적으로 참여함으로써 국가에 보답하는 선순환을 이루었다고 한다.

우리나라는 다른 시장경제 체제와 마찬가지로 최근 세계화의 영향으로 인해 소득분배가 꾸준히 악화되는 추세가 유지되고 있다. 또한 우리 경제가 기업, 고용, 가구소득 등 여러 부문에서 양극화가 진행되고 있다는 지적이 있다.

이러한 현상은 외환위기 이후부터 두드러지게 나타나고 있는데,

이는 외환위기를 계기로 우리 경제가 더욱더 개방되고 글로벌 스탠더드에 적응하는 방향으로 정책을 전환했기 때문에 세계화의 긍정적 효과와 더불어 양극화라는 부정적 효과도 동시에 나타나게 된 것이다. 이와 더불어 성장률의 저하가 저소득 계층에 더 불리하게 작용하는 경향이 있기 때문에 최근의 경기 침체가 양극화 현상을 더욱 두드러지게 한 면도 있다.

통계청 자료에 따르면 우리나라의 소득 양극화는 최근에 더욱 심각해지고 있다. 2012년 현재 우리나라의 소득 격차(최상위 20%의 소득을 최하위 20%의 소득으로 나눈 값)는 6.91로 2007년도의 5.60에 비교해 빈부의 격차가 더욱 심해졌음을 보여주고 있다.[92] 이 비율은 2011년도에 5.73으로 2007년에 비해 크게 악화된 것은 아니었으나 2012년도에 급격하게 악화되어 지난 대통령 선거에서 각 정당이 공히 복지정책을 가장 앞세우지 않을 수 없게 된 것이다.[93]

더구나 우리나라는 사회복지 지출이 다른 OECD 국가들에 비해 현저히 낮은 수준이기 때문에 사회복지 혜택을 포함한 실질적 평등성은 단순한 소득 비교가 보여주는 것보다 더욱 열악할 것으로 사료된다. 우리나라의 사회복지 지출은 외환위기 이후부터 높은 증가율을 보여주고 있지만 워낙 낮은 수준에서 시작되었기 때문에 아직도 전체 재정지출에서 차지하는 비중이 매우 낮다.

---

[92] 데일리경제, 2012년 12월 29일.
[93] 흔히 소득불평등을 지니계수로 측정하는데 우리나라 지니계수의 신뢰도에 의문이 제기되고 있다. 최근 동국대학교의 김낙년 교수가 가처분소득(소득에서 세금을 빼고 복지급여 등을 더한 것)의 지니계수를 추산한 결과 정부 공식 통계 0.308보다 크게 악화된 0.371이 되어 OECD 평균 0.314보다 훨씬 높은 것으로 나타났다(Chosun.com, 2013년 2월 28일).

최근 보건사회연구원이 발표한 바에 의하면 우리나라의 공공사회복지 지출은 2012년도에 GDP의 9.4%에 그쳐 OECD 30개 회원국 중 29위로 낮은 수준이었으며 OECD 평균 22.7%의 절반에도 미치지 못하고 있는 실정이다.94) 사교육비 지출의 불평등으로 인해 학부모들이 느끼는 좌절감과 스트레스, 또는 의료복지가 취약한 우리나라에서 질병에 걸릴 확률이 상대적으로 높은 저소득층이 질병으로 인해 겪게 되는 경제 파탄 등 우리 사회가 보다 공평한 사회로 발돋움하기 위해 극복해야 할 과제가 아직 많이 남아있다.

세계화는 거스를 수 없는 대세이고 긍정적 효과가 부정적 효과보다 훨씬 크기 때문에 이를 적극적으로 수용할 수밖에 없다. 또한 세계화는 정부가 시장에 개입할 수 있는 여지를 급속히 축소시키기 때문에 그로 인해 나타나는 양극화 현상을 완화하기 위해 정부가 사전적으로 취할 수 있는 정책 도구가 많지 않다. 따라서 사후적 보호 및 지원 정책으로 경쟁의 낙오자와 피해자, 그리고 경쟁할 수 없는 노약자와 장애인 등이 인간적 삶의 조건을 유지할 수 있도록 해주는 것이 민주사회의 도의적 의무이다.

그런데 1980년대 말부터 우리나라에서 사회복지 정책이 확대되기 시작하면서 성장 우선이냐 분배 우선이냐 하는 논란이 제기되기 시작했다. 이 같은 논쟁의 근거는 어디에 있는가? 여기에는 두 가지 관점이 있다고 생각한다.

---

94) 그러나 물가상승을 감안한 실질 지출은 2007년부터 2012년 사이에 37% 증가해 OECD 회원국 중 가장 높은 증가율을 기록했으며 같은 기간 동안 OECD 평균 증가율 10%를 크게 앞지르고 있다. (경향신문 미디어 블로그, 2012년 12월 27일)

첫째, 복지 정책의 도입 및 확대가 성장을 저해할 것이라고 우려하는 입장이다. 이들은 서구의 과다한 복지 혜택이 근로 의욕과 투자 의욕을 저하시켜 저성장과 고실업을 초래했다는 사실과 복지 정책을 축소하고 유인 체계를 개선하는 영미식 개혁에 성공한 나라는 경제의 활력을 되찾았으나 수혜 계층의 저항에 밀려 개혁을 제대로 추진하지 못한 다수의 유럽 국가들은 저성장과 고실업에서 헤어 나오지 못하고 있다는 점을 주목한다.

둘째, 우리나라의 복지 정책 수준 자체를 문제 삼기보다는 현재 우리 경제가 저성장과 고실업의 어려움에 처해 있기 때문에 우선은 분배보다 성장에 역점을 두어야 한다는 입장이다.

첫 번째 견해를 견지하는 사람들은 보수주의자라고 할 수 있다. 북미와 서구의 선진국들에서 지나친 복지 혜택이 수혜자들의 근로 의욕을 저하시켰고 이 경비를 충당하기 위한 조세 부담의 증가가 기업의 투자 의욕을 감퇴시켰다는 인식을 우리나라에 적용해 복지 정책 자체를 반대한다면 이는 지나치게 단순화한 논리에 근거한다고 볼 수 있다. 보수주의자들은 그들이 매우 소중히 여기는 자유주의와 시장경제 체제가 유지될 수 있었던 것이 사회보장제도 덕분이었음을 상기할 필요가 있다.

앞에서 설명한 바와 같이 민주주의와 시장경제는 자유주의의 토대 위에 서 있다. 존 로크는 17세기 말에 자유주의 원칙을 제시해 근대 민주주의의 이론적 근거를 제시했고, 애덤 스미스는 18세기 후반 자유시장경제가 최대 다수의 최대 행복을 가져다준다는 고전파 경제 이론의 토대를 제공했다. 그러나 산업화가 진행되면서 초기 산업 사회의 현실은 오히려 최대 다수의 최대 불행에 가까웠다. 어린아이들의 노동 착취, 빈민들의 비참한 삶의 조건 속에서 체제에 대한 불만이 쌓여갔다.

이러한 환경은 사회주의(공산주의)가 위협적인 세력으로 등장할 수 있게 해주었다. 결국 서구와 북미에서 급진적 사회주의 혁명 옹호 세력의 성장을 막고 자유주의에 입각한 시장경제 체제의 큰 틀을 유지할 수 있었던 것은 1870~1880년대 비스마르크의 프로이센을 시작으로 차츰 여러 나라에서 사회보장 정책을 도입하고 시장의 질서와 규율을 유지하는 개혁을 단행했기 때문이다.

재산권이 보호되고 경쟁의 규칙이 공정하게 지켜지는 가운데 자유경쟁에 의해 작동되는 시장경제는 효율적 자원 배분으로 전체적 소득수준의 향상을 가져다주는 가장 능률적인 경제체제이다. 그러나 성장의 열매를 나누어 갖는 데 있어서 시장의 원칙은 도의적 또는 인도적 원칙과는 무관하다.

이 과정에서 나타난 불평등을 해소하기 위하여 시장경제의 큰 틀을 유지하는 가운데 보다 평등한 사회, 보다 따뜻한 사회를 만들기 위한 보완 조치를 취할 것인지, 아니면 체제 자체를 전면적으로 재편하는 혁명을 감행할 것인지 하는 선택이 이루어졌다. 그리고 후자를 선택한 여러 나라에서 20세기의 절반 또는 그 이상에 걸쳐 시행된 실험이 참담한 실패로 끝이 났다.[95]

물론 지금 우리 사회에 체제가 위협받을 정도로 심각한 불평등이 존재하는 것은 아니다. 그러나 여기서 지적하고자 하는 것은 사회보장 정책의 도입과 확대가 시장경제 체제를 자동적으로 비능률과 저

---

[95] 한때 소련과 동구 공산국가에서 이런 농담이 유행했다. "문: 공산주의란 무엇인가? 답: 자본주의에서 시작하여 자본주의로 돌아가는 가장 고통스러운 길이다."

성장의 늪에 빠트리는 것이 아니며, 따라서 전체적 맥락을 고려하지 않으면서 무조건 반대하는 교조주의적 입장을 취할 대상도 아니라는 점이다.

두 번째 입장, 즉 경제가 어느 정도 활성화될 때까지는 분배를 유보해야 한다는 주장도 다분히 서구의 경험에 영향을 받은 듯하다. 왜냐하면 성장과 분배의 관계가 그렇게 단순한 역의 관계라고 단정할 수는 없기 때문이다. 물론 서구 선진국들이 보여준 바와 같이 지나친 평등의 추구는 비능률의 축적으로 경제가 활력을 잃는 결과를 초래하며, 이렇게 되면 실직자와 저소득 가구가 늘어나 더 많은 복지 지출이 요구되는 악순환에 빠질 수 있다. 그러나 한편으로 효과적인 복지 정책은 불평등을 해소하여 사회 신뢰를 증진시킴으로써 간접적으로 경제 성장에 기여할 수 있다(Zak and Knack, 2001).

그렇다고 해서 모든 형태의 재분배가 신뢰 증진에 기여하는 것은 아니다. 실제로 선진국들의 복지 정책이 상당 부분 지출의 규모가 지나치게 컸기 때문이라기보다는 유인 체계가 잘못 되었기 때문에 근로 의욕 저하와 '복지 의존성(welfare dependency)'을 초래하여 경제에 부담이 되었고, 그 결과 납세자와 수혜자 사이에 갈등을 야기하여 신뢰 수준을 저하시키는 역기능을 하게 된 것이다.

그러나 지혜롭게 고안된 복지 프로그램은 신뢰 증진은 물론이고 생산성 향상에도 직접적으로 기여할 수 있다. 예를 들어 저소득층 자녀들에게 교육의 기회를 확대하기 위한 정부 지출은 그들의 노동 생산성을 향상시켜 장래 생활수준을 개선시켜줄 뿐 아니라 경제 성장에도 기여함으로써 납세자들에게 '투자'에 대한 '이익 배당'을 안겨줄 수 있다. 앞에서 소개한 미국의 G. I. Bill이 그 성공적인 예라고 할 수 있다.

또 한 가지 예를 들자면, 저소득층은 질병에 걸릴 확률이 상대적으로 높기 때문에 그로 인한 생산성 저하 또는 경제활동 능력 상실이 상대적으로 큰 편이다. 이는 궁극적으로 그들의 생활수준을 더욱 저하시키는 동시에 국가 경제에도 상당한 손실을 끼치게 된다. 따라서 이들의 건강관리와 의료보험 체계를 개선하는 것은 생산성 증대를 가져와 경제성장에 기여하는 한편, 그들의 생활수준을 향상시켜 이로 인해 후일의 복지지출 요인이 감소하는 등 다방면에서 긍정적 효과를 기대할 수 있다. 그러나 이 같은 긍정적 효과들도 복지의 유인 체계가 잘못되면 실현될 수 없고 재정지출의 낭비로 끝날 수 있음을 잊어서는 안 된다.

평등주의자들 중에는 분배정책이 경제성장에 부정적 효과를 미칠 수도 있다는 사실을 부인하고 무조건 분배를 우선시하는 급진주의자들도 있다. 그러나 저소득층을 진정으로 위한다면 이는 경계해야 할 일이다. 소득분배가 경제성장에 미치는 긍정적 효과는 매우 간접적이고 통계적으로 유의미한 수준이 아닌 반면에 분배 정책에 따른 부담으로 인해 경제가 활력을 잃게 되면 제일 먼저 피해를 보는 것은 서민층이다. 경기가 나빠지면 부유층은 다소 불편할 뿐이지만 직장을 잃는 근로자들, 직장을 구하지 못하는 청년들, 장사가 안 돼 빚더미에 앉는 영세 자영업자들은 절망하게 된다.

저소득층이 정부의 복지 혜택에 의존해 생계를 유지하는 것보다 경제활동을 통해 자력으로 생계를 유지하는 것이 본인과 가족을 위해서나 사회 전체를 위해서도 바람직하다는 데 이견이 없을 것이다. 그렇다면 분배주의자들은 저소득층의 소득이 전반적인 경제 성장과 정비례하여 증가한다는 실증분석 결과(Dollar and Kraay, 2000)를 유념할 필요가 있다.

이를 역으로 해석하면 경기가 후퇴할 때 저소득층의 소득이 이에 비례하여 감소한다는 것을 의미하지만 그에 따른 고통은 상대적으로 더 클 수밖에 없을 것이다. 따라서 사회복지 정책은 가급적 형평성을 증진시키는 동시에 경제성장에 기여할 수 있는 방안을 찾아야 할 것이나 모든 복지 정책이 다 그럴 수는 없는 만큼 경제성장에 부담이 되는 수준으로까지 확대하지 않도록 주의해야 할 것이다. 그리고 특별히 경계해야 할 것은 유인 체계가 그릇되어 근로의욕이나 시장경제의 효율성을 저해하는 프로그램들이다.

우리나라에서 사회복지에 관심을 갖고 사회안전망을 구축하기 시작한 것은 1977년으로, 전 국민 대상 의료보험과 저소득층 대상 의료보호제도를 도입하면서부터이다. 그 후 1988년에 국민연금제도가 도입되었고 1995년에는 고용보험제도가 시작되었다. 그러나 외환위기가 닥칠 때까지만 해도 우리나라의 사회보호제도는 너무나 빈약했다. 사실 그때까지는 '사회안전망(social safety net)'이라기보다는 정리해고를 못하게 하여 피고용자의 생계 안정을 고용자에게 책임지우고 극빈층이 아닌 영세 자영업자나 저소득층은 스스로 자신의 안전을 책임지는 상황이었다. 그래서 나는 이를 '사회안전망'이라기보다는 '사적 안전망(private safety net)' 제도라고 규정한 바 있다(You, 1998).

'사적 안전망'의 문제는 정작 안전망이 필요할 때에는 구멍이 뚫려 있다는 것이다. 경제가 잘 돌아갈 때는 정리해고를 할 필요가 없으니 직장이 안전해 보이고 영세 자영업자나 저소득층도 그런대로 생계를 꾸려갈 수 있다. 하지만 경기가 악화되어 믿었던 직장이 파산으로 문을 닫게 되면 정리해고를 법으로 금지한들 아무 소용이 없으며, 영세 자영업자는 매출이 줄어들고 저소득층은 일할 기회가 줄어들어 생계에 심각한 타격을 받게 된다. 고도성장 시기에는 이같이 심각한 상황을 별로 경험하지 못했기 때문에 '사적 안전망'이 얼마나 허술한지를 모르고 있었다. 그러나 외환위기와 함께 실업자와 파산하는 자영업자들이 급격히 늘어나면서 사회안전망의 개선이 시급한 문제로 대두되었다.

IMF 관리체제가 시작된 직후 김대중 대통령 당선자의 경제고문으로서 미셸 캉드쉬 IMF 총재와 향후 수습 대책을 논의하면서 나는 이렇게 강조했다. "미국이 1930년대에 세계대공황을 겪으면서 사회보장제도를 도입하여 안정적 성장의 기반을 구축했듯이, 한국의 외환위기는 사회안전망을 확충하는 동시에 노동시장의 유연성을 제고하여 한국 경제가 재도약하는 발판을 구축하는 계기가 되었다고 기록될 것입니다." 캉드쉬 총재는 꼭 그렇게 되기를 바란다고 말했다.

그리하여 국민의 정부는 고용보험제도와 영세민 생계보장제도를 전면적으로 개편, 확대하여 사회안전망의 기능을 담당하게 했다. 고용보험제도는 1995년에 도입되어 30인 이상의 사업장에만 적용되고 있었는데 외환위기와 더불어 급격하게 늘어나는 실업자들에게 별 도움이 되지 못했다. 그래서 1998년 1월에 10인 이상, 그리고 그 해 10월에는 전 사업장으로 확대 적용했고, 보험급여 조건을 완화하고 급여기간도 연장했다.

또한 2000년에는 영세민 생계 대책도 대대적으로 개편했다. 그동안 극빈층을 위한 구휼사업의 성격을 띠었던 '생활보호법'을 '국민

기초생활보장법'으로 대체하여 일정 수준의 기초생활을 국민의 기본권으로 인정하는 새로운 차원의 영세민 대책으로 개선한 것이다.

국민의 정부는 선진국의 경험을 유념하여 사회안전망이 근로 의욕을 저하시키는 일이 없도록 하려고 노력했다. 김대중 대통령은 이를 '생산적 복지'라고 규정했다. 그러나 어떠한 제도도 완벽할 수는 없다. 국민기초생활보장법의 수혜자 중에 억대 재산을 가진 사람들도 있다는 사실이 밝혀졌고, 공공근로 사업에서도 낭비가 없지 않았다는 것이 드러났다. 그러나 그보다는 선진국의 시행착오를 반복하지 않으려고 수혜기준을 강화한 탓에 저소득층이 복지의 사각지대에 방치되는 사례가 적지 않았다.

그럼에도 국민기초생활보장제도는 근로의욕 저하의 문제를 극복하는데 어려움이 있었다. 이 제도는 소득이 최저생계비(2012년 현재 4인 가구 기준 월 154만 6,399원)에 못 미치는 가구에 대해 최저생계비에 미달하는 금액을 현금으로 지원하는 것인데, 일을 해서 돈을 버는 만큼 정부 지원금이 줄어들기 때문에 일을 안 하거나 근로소득을 은폐할 가능성이 크다. 뿐만 아니라 차상위 계층에게는 일해서 버는 소득보다는 조금 낮은 금액이지만 놀면서 받을 수 있는 정부 지원금으로 살고 싶어 하는 역유인(reverse incentive)을 제공한다는 문제를 안고 있었다.

참여정부는 이 문제를 타개하기 위해 2008년부터 근로장려세제(EITC)를 도입했다. 이는 차상위 계층에 연간 최대 80만 원까지 일하는 사람에게만 지원하여 역유인을 제거하고 근로 의욕을 장려하려는 제도이다. 그 후 이명박 정부는 EITC의 지원범위가 한정되어 저소득층이 기초생활 수급자 상태에서 탈출하는데 도움이 되지 못한다면서 2010년부터 희망키움통장 제도를 도입했으며, 이에 더해 2013년부터 내일키움통장 제도를 시행하고 있다. 희망키움통장은 가입 가구가 매월 10만 원을 저축하고 3년 이내에 기초생활수급 상태에서 벗어나면 정부와 민간이 함께 최대 5배를 적립해주어 자립을 지원하는 제도이며, 내일키움통장은 자활사업에 참여하고 있는 자를 대상으로 참여자가 월 5만 원 또는 10만 원을 저축하면 매칭 적립으로 지원해주어 3년 이내 취·창업하면 최대 1300만 원을 지원하는 제도이다.

우리나라의 사회복지분야 지출이 전체 예산에서 차지하는 비중은 선진국에 비해 매우 낮기 때문에 개선의 여지가 있는 것은 사실이지만 그렇다고 무조건 확대하는 것이 좋다는 생각은 경계해야 한다. 외환위기 당시에는 사회안전망을 시급히 구축할 필요가 있었으나 이제부터는 복지정책의 확대는 엄밀한 비용/편익 분석에 입각하여 꼭 필요한 경우에만 추진하도록 해야 한다.

우리나라와 달리 과도한 국방비 부담이 없으면서도 복지지출이 지나쳐 경제에 큰 부담이 되고 있는 OECD 국가들의 평균치는 우리의 기준이 될 수 없고 다만 참고의 대상일 뿐이다. 복지지출의 확대가 필요한 경우라도 추가적 조세부담을 회피하면서, 그리고 인센티브를 왜곡하지 않는 프로그램에 한해서 기존의 정부지출 중 비효율적인 항목을 복지분야로 전환하는 방향으로 이루어지는 것이 바람직하다.

가장 바람직한 복지 정책은 경제성장을 통해 민간 부문에서 일자리를 만들어내어 복지 수혜자들이 빈곤층에서 탈출하도록 돕는 것이다. 역으로 복지정책의 지나친 확대가 경제성장을 저해하여 빈곤층으로 추락하는 사람들이 늘어난다면 이는 최악의 복지정책이 될 것이다. 또한 왜곡된 유인체계로 인해 일하기보다는 정부 지원에 안주하는 사람들이 늘어난다면 국가적으로나 수혜자 개인적으로나 이 또한 실패한 정책이라고 할 것이다.

그동안 정부는 중소기업 지원에 매년 수조 원의 정책자금을 투입했으나 상당 부분 실효성이 없는 것으로 판명되었다. 실제로 우리나라는 정부의 총재정지출 가운데 1/4 정도를 경제분야에 투입하고 있어 OECD 평균(10% 내외)의 배가 넘는다. 이는 국가주도형 경제개발 시대의 재정지출 구조가 크게 변하지 않은 채 유지되고 있다는 것(경로의존성)을 의미하는데, 시장중심형 경제운용 시대에 정부가 경제분야에 이같이 많은 금액을 지출하는 것은 비효율적이다.

정부의 시장개입과 기업지원이 불필요해졌는데도 경제 관료들은 자기들이 할 일이 없어지는 것을 막기 위해 예산 지키기에 '올인' 하고 있다. 따라서 폐기되어야 마땅할 정책들이 여전히 지속되어 사실상 경쟁력 없는 기업들을 지탱해주는 기업복지 정책, 할 일 없는 관료들에게 일거리를 만들어주고 월급을 주는 관료복지정책으로 전락한 셈이다.

이 같은 낭비성 지출은 그밖에 여러 분야에서 찾아볼 수 있을 것이다. 만일 이런 프로그램들을 폐지 또는 축소하여 그 재원을 보다 효율성 높은 프로그램을 운용하는데 전용할 수 있다면 국민의 조세부담을 늘리지 않고도 재정지출의 효과를 제고할 수 있을 것이며 여기에는 계층 간의 갈등을 완화시켜 사회신뢰를 증진함으로써 경제성장에 기여할 수 있는 사회복지 프로그램도 포함될 수 있을 것이다.

물론 사회보호 분야에서도 중소기업 정책 자금과 같이 낭비적인 프로그램이 있을 수 있다. 서구에서는 이로 인해 수혜자들이 복지제도에 안주하는 '복지 의존성'을 유발했고, 결과적으로 빈곤에서 탈출하려는 의지를 잃고 극빈층으로 고착화되는 '빈곤의 함정(poverty trap)'에 빠지는 부작용을 경험했다. 따라서 이 같은 부작용을 사전에 예방하기 위해서는 저소득층 지원 프로그램을 가급적 현금지원 보다는 취업능력 제고, 창업 및 취업 알선과 지원 등에 역점을 두어야 한다. 그리고 국회는 개별 프로그램을 면밀히 검토하여 효율성이 없는 경우 과감하게 폐기하거나 예산을 삭감하고 효율성 있는 프로그램은 확대하도록 해야 한다.

한편 미국의 G. I. Bill 수혜자들이 시민사회 참여라는 형태로 국가와 사회에 보답하는 것과 같이 우리나라에서도 정부의 지원으로 자립했거나 교육을 받은 사람들이 자원봉사나 기부금 제공, 시민사회활동 참여 등으로 국가와 사회에 보답할 수 있을 것이다. 그런 의미에서 보훈제도를 재검토할 필요가 있다. 국가를 위해 헌신한 대가로 국가가 넉넉히 보상해주면 국가와 사회가 수혜자들로부터 직간접적으로 보답을 받게 된다는 점에서 효율적인 투자라 할 수 있다. 적어도 나라를 위해 싸우다 목숨을 잃은 장병들의 유족이 정부의 홀대에 섭섭함을 느끼는 일은 없어야 할 것이다.

민주주의는 자유주의에 기초하지만 또한 평등의 원칙에 입각하고 있다. 즉 경제적 능력이나 사회에 기여한 공로 등을 따지지 않고 1인 1표의 평등한 목소리를 보장한다.96) 따라서 민주주의가 정착, 발전해서 참정권이 제대로 행사되는 곳에서는 소수의 부유층보다 다수

---

96) 서구의 국가들이 민주주의를 도입할 당시에는 투표권이 재산세 납부자와 같은 극소수의 남성들에게만 주어졌고, 흔히 재산세 납부액에 따라 투표수를 차등 부여했다.

의 중산층 또는 서민층의 이익이 우선시된다. 이런 현상은 보다 평등한 사회를 건설하는데 긍정적으로 기여할 수 있지만, 적절히 제어되지 않으면 지나친 평등주의로 치달아 경제의 침체를 초래할 수 있다. 서구의 민주국가들이 바로 그런 과정을 거쳐 일부는 개혁을 통해 경제에 활력을 되찾았고, 일부는 수혜자의 수가 너무 많아 개혁을 하기는 정치적으로 불가능한 수준에까지 이르러 저성장·고실업의 함정에서 헤어 나오지 못하고 있다.

최근 여야 합의하에 택시를 대중교통에 포함시켜 택시사업을 지원하려 했던 소위 택시법(대중교통 육성 및 이용 촉진법 개정안) 사례에서 볼 수 있는 바와 같이 정치적으로 인기 있는 새로운 프로그램이 하나씩 추가되다 보면 어느새 비능률을 초래하는 수준에 이를 수 있다. 또한 실효성이 다한 프로그램이나 비효율적인 프로그램도 시간이 흐를수록 그 프로그램을 집행하는 관료들과 프로그램의 수혜자들을 중심으로 기득권층이 형성되어 폐지나 축소를 결사반대하고 도리어 확대를 꾀하는 경향이 있어 한 번 시작된 프로그램은 좀처럼 폐기하기 어렵다.

이러한 이유로 새로운 프로그램을 시작하려면 당장의 정치적 유혹에 흔들리지 않고 프로그램의 비용과 효율을 면밀히 검토하지 않으면 안 된다. 포퓰리즘이 극단으로 치닫게 되어 20세기 중·후반기의 60여 년을 고통스럽게 견디어야 했던 아르헨티나나 최근의 그리스 같은 사례를 결코 우리와 무관한 이야기들로 치부해버리면 안 된다.

결론적으로 적절한 사회복지 정책은 국민의 수평적 신뢰 증진에 기여하기 때문에 선진 사회로 발전하는 데 중요한 요소라고 할 수 있다. 그러나 지나치면 수혜자와 납세자 간에 갈등을 유발할 수 있기 때문에 균형감각을 잃지 않도록 해야 한다.

NGO와 신뢰 쌓기 운동

우리 국민은 분단, 전쟁, 독재 등 여러 가지 특수한 역사적 경험을 하며 정치적 신뢰가 부재한 상황에서 민주적이고 합리적인 자발적 결사체를 형성하고 시민적 규범을 체득할 기회를 제대로 갖지 못했다. 현재 활동하고 있는 시민단체의 대부분이 1987년 민주화 이후에 결성되었다는 사실이 그것을 잘 말해준다.[97]

토크빌이 말했듯이 결사체는 "구성원들의 마음에 협조의 습관, 단결심과 공적 정신을 고취"시킴으로써 구성원들을 민주시민으로 성장케 하는 중요한 교육의 장이다. 결사체에 참여하는 사람들은 그렇지 않은 사람들에 비해 자신을 보다 능력 있는 시민으로 규정하며, 정치에 보다 적극적으로 참여하고, 정치에 대한 관심이 높으면서 보다 많이 알고 있고, 민주적 규범을 지지한다(Almond and Verba, 1963). 나아가 결사체 구성원들 간에 형성된 규범과 가치가 사회 전체로 확산되어 결사체 밖에서도 공동의 목적을 지향하는 사람들 간의 협조를 용이하게 하는 데 기여한다.

---

[97] 박상필(2005)에 의하면 2005년 현재 우리나라 NGO 수가 2만여 개에 달하고 그 중 90% 이상이 1987년 이후에 설립되었다고 한다(p. 213, p. 711). 또한 시민의신문사가 2006년 10월에 발간한 『한국민간단체총람』에는 2만3천여 단체가 수록되어 있다. 그리고 2009년도에는 정부의 보조금을 받은 민간단체의 수만 해도 2만 개를 훨씬 상회하고 있다(서울신문, 2010년 2월 20일).

결사체 내부에서 함양된 신뢰와 호혜주의가 결사체 밖으로 퍼져 신뢰와 상호주의가 보편화되고 이를 통해 사회 전체의 단결력과 협동력을 높인다. 결사체들은 이와 같이 '일반화된 신뢰'를 증진시킴으로써 정치제도와 공공기관에 대한 신뢰를 향상시킨다. 뿐만 아니라 이로 인해 발생하는 긍정적 효과는 결사체의 회원들에게만 국한되지 않고 비회원을 포함한 사회 구성원 전체에게 돌아가는 '집단적 이익'을 가져온다.[98]

최근의 연구들은 결사체의 회원들이 얼마나 능동적이냐 또는 수동적이냐에 관계없이 한 사람이 다수의 결사체에 회원으로 참여하는 멤버십의 중첩성이 사회적 자본 형성에 더 효과적임을 보여주고 있다(Wollebaek and Selle, 2003). 이는 결사체마다 활동 양식과 가치관에 차이가 있으므로 멤버십의 중첩성은 다양한 견해를 수용하고 이해관계를 조정해가면서 공동의 목표를 추구하는 학습의 장이 되기 때문이다.

따라서 다양한 자발적 결사체를 근간으로 하는 시민사회의 활성화는 공적인 신뢰의 제도화를 통해 민주주의의 정착과 발전을 담보한다는 점에서 매우 중요한 의미를 가진다. 다이어먼드(Diamond, 1994)는 시민사회가 민주주의를 강화하는 기능을 국가권력 감시, 시민 참여, 관용과 타협, 여론 조성, 갈등 조정, 정치 학습, 민주주의 개혁, 정보 확산 등 여덟 가지 측면에서 수행한다고 설명한다.

---

[98] 학자들은 이를 '인공강우 효과'(rain-maker effect)라고 일컫는다. 이에 관해서는 Coleman(1990), Van der Meer(2003), Newton and Norris(2000), Putnam and Pharr(2000) 등 참조.

시민사회의 중요성은 21세기 글로벌 시대를 맞이하여 더욱 커지고 있다. 특히 세계 경제의 급속한 통합과 시장경제 논리의 확산으로 사회 전반에 걸쳐 경쟁력 제고의 필요성이 제기되고, 이에 따라 정부 영역에서도 작고 효율적인 정부에 대한 목소리가 커지고 있다. 그 결과 "오늘날 국가는 큰 문제를 다루기에는 너무 작고, 작은 문제를 다루기에는 너무 큰 딜레마에 빠지게 되었다. 이제 국가는 위로는 각종 국제기구에 권한을 넘겨주고, 아래로는 각종 지방자치단체와 개인의 요구를 수용해야만 하는 위치에 놓여 있다"(박상필, 2005, p. 498). 이에 따라 흔히 NGO(nongovernmental organization)라 불리는 시민들의 자발적 결사체의 위상과 책임이 어느 때보다 높아지고 있다.99)

최근 정치·행정학자들은 이러한 정부의 역할과 기능의 변화를 배경으로 과거 권위적인 정부가 독점적으로 권력을 행사하던 '통치(government)' 시대에서 정부뿐 아니라 시장(기업)과 시민(NGO)이 협력해 해결하는 이른바 '협치(協治)' 또는 거버넌스(governance)의 시대로 전환되었다고 한다. 특히 외교나 국방 같은, 3자 협치가 어려운 공공재가 없는 지방정부의 새로운 통치 양식으로서 지방 협치(local governance)가 선진 민주국가들에서 뿌리를 내려가고 있다.

이같이 변화된 환경에서 과거에 권한과 책임을 거의 독점적으로 행사해왔던 중앙정부의 통치 양식 또한 바뀌어 글로벌 시대에 이르러서는 그 권한이 다양한 차원에서 분산되고 있다. 초국가적 차원에서는 정부간(국제) 기구(intergovernmental organizations)나 초국적

---

99) 시민사회는 기업체나 친목단체 등을 포함한 국가 영역 밖의 자발적 결사체를 총체적으로 지칭하는 반면 NGO는 시민사회 내 각종 결사체 중 공공성을 띤 단체를 지칭한다.

기업(transnational corporations, TNC) 또는 국제 NGO에게 국가 권한의 일부가 넘어가고 있으며, 국가적 차원에서는 국내 기업이나 NGO에게, 그리고 지방적 차원에서는 지방정부나 지방기업 또는 풀뿌리 조직들(지방 NGO)에게 권한을 넘겨주고 있다(Nye, 2002). 즉 21세기 글로벌 거버넌스 시대를 맞이하여 마을의 관심사에서 국제 문제에 이르기까지 다양한 분야, 다양한 차원에서 NGO가 중요한 역할을 담당하게 되었다.

NGO는 경제적인 측면에서 볼 때, 자본주의 경제의 기본 틀인 시장의 한계 부분, 즉 시장 실패 부분을 감시 및 보완하여 정부의 기능을 분산 수행하는 주체이다. 예컨대 시장 실패 부분이라 해도 정부의 정책 의제로 채택하기에는 규모가 작은 경우 또는 소외 그룹의 선호 등 공공재 공급에서 간과되기 쉬운 원천적 한계가 있는 경우들이 있다.

과거에는 이 같은 부분에까지 공공 서비스가 제공되지 않았거나 매우 비효율적으로 제공되었다. 그러나 그러한 부분에서 NGO가 정부를 대신하여 효율적으로 공적 서비스를 제공하는 주체가 될 수 있는 것이다.

예를 들어 서울의 한 구청은 관내에 있는 공원을 NGO에게 위탁 관리하게 하여 성공한 바 있다(박상필, 2005, pp. 65~66). 이 공원은 구청의 골칫덩어리였다. 공중화장실은 더럽기 짝이 없었고, 공원 여기저기에 휴지와 깨진 유리병조각이 널려 있었으며, 구석진 곳에는 애완견의 배설물이 악취를 풍겼다. 야간에는 불량 청소년들의 회합장소나 싸움터가 되었다. 구청에 담당 공무원이 있지만 24시간 내내 지키고 있을 수도 없어 주기적 순찰만 겨우 하는 정도였다.

그러나 이 지역의 NGO에게 약간의 자금을 지원하고 관리 업무를 위탁한 결과 공원이 완전히 새로워졌다. 관리를 위탁받은 NGO의 회원들은 보람을 느껴 공적인 일에 대한 참여 의욕이 커졌을 것이고, 개선된 공원을 목격한 시민들은 정부에 대한 신뢰가 높아졌을 것이다. 이처럼 정부는 경우에 따라 공공 서비스를 민간에 위탁함으로써 서비스 수준을 크게 개선하고 시민성 향상에도 기여할 수 있다.

21세기 글로벌 시대에는 작은 정부에 대한 요구로 인해 정부가 수행하던 기능이 민간으로 넘어가는 민간화 또는 아웃소싱이 활발해질 것이다. 민간화나 아웃소싱의 대상은 기업이 될 수도 있으나, 분야에 따라서는 공원 위탁관리의 사례가 보여준 바와 같이 NGO에게 맡기는 것이 효율성과 공익성을 동시에 제고하는 길이 될 수 있다.

특히 저출산과 고령화로 인해 앞으로 출산율 제고를 위한 보육 서비스와 고령화 사회에 대응하는 노인요양 서비스 등의 수요가 크게 증가할 전망인데 복지 서비스의 공급 과정에서 민간기관과 보다 긴밀히 협력할 필요가 있다. 최근 자발적으로 사회공헌 활동을 전개하는 기업 및 시민단체들이 증가하고 있는데, 정부는 이들과 제휴하여 사회복지 서비스의 질을 높일 수 있으며 부수적으로 사회적 신뢰를 축적하는 효과를 거둘 수 있을 것이다.

최근 사회복지사들이 과중한 업무를 견디지 못하고 자살하는 일이 잇달아 발생하고 있는 가운데 경기도 남양주시는 시민들의 정기 후원금 및 자영업자들과 시민들의 수익이나 재능 기부로 민간 사회복지사들을 추가 배치하고 소외계층을 지원하는 '희망케어센터'를 통해 복지 서비스의 질을 향상시키면서 사회복지사들의 업무 부담도 크게 경감시켰다(백중현, "남양주시가 보여준 해법," 조선일보, 2013년 4월 5일). 희망케어센터는 정부 단독으로는 효율적으로 업무를 수행할 수 없는 분야에서 민관이 협력하여 좋은 성과를 거둔 사례이다.

지금 정부가 비효율적으로 수행하고 있는 업무 분야 중에는 이처럼 민관 협력 또는 NGO 위탁을 통해 효율성을 높일 수 있는 분야를 발굴할 수 있을 것이다. 그리고 앞으로 더욱 복잡하게 급변할 21세기에 자발적 결사체 참여자들이 자치적으로 해결해야 할 공공부문이 더욱 확대될 것이 분명한 만큼 NGO의 역할은 아무리 강조해도 지나치지 않다. 이 같은 맥락에서 코피 아난(Kofi Annan) 전 UN 사무총장은 "21세기는 NGO의 시대"라고 규정했다.

한편 세계화의 물결 속에 자본과 노동이 자유롭게 이동하고 다국적 기업의 위력이 커지면서 국민경제의 한계가 드러나고 있는 가운데 의사결정이 국민국가의 경계 내에서 이루어지더라도 그 영향은 전 세계에 파급될 수 있다. 불평등, 인권, 환경, 재해 등과 같은 문제들을 해결하기 위한 노력이 그 예이다. 이러한 시대적 흐름은 NGO의 국제적 역할이 커짐을 의미한다. 더욱이 세계화와 지방화가 동시에 추진되는, 즉 특화된 지역주체의 세계화를 의미하는 '세방화(glocalization)' 시대를 맞이해 지역에 안주하지 않는 세계 속의 NGO가 요구된다. 이에 따라 UN 경제사회이사회(UNESCO)는 1996년 동 이사회와 협의적 지위를 갖는 NGO의 범위를 국제 NGO 외에 전국 NGO와 지방 NGO까지 확대했다.

물론 NGO가 항상 긍정적 역할만 하는 것은 아니다. 사람들의 조직인 만큼 사람들의 약점이 NGO에도 투영되고 있다. 우리나라 NGO들은 분열과 갈등, 정부에 대한 반대를 위한 반대, NGO 내부 또는 NGO들 간의 헤게모니 투쟁 등이 두드러진 것이 사실이다. 그럼에도 불구하고 NGO는 공익을 내세우는 자발적 민간조직이기 때문에 공익을 배신하면 자멸할 수밖에 없으므로 NGO 활동을 통해 사익과 공익을 수렴하고 사회적 요구를 충족시키려고 노력할 수밖에 없다.

특히 NGO들이 건설적 비판과 정책 참여를 통해 상호 경쟁하면 경쟁이 없는 정부에 신선한 자극을 주고 때로는 보다 나은 대안을 제시하는 효과를 기대할 수 있다. 뿐만 아니라 NGO들은 상호 경쟁하고 견제하는 가운데 경우에 따라서는 공동의 목표를 위하여 연합전선을 형성하기도 한다.

사회적 자본 이론에서 자발적 결사체의 중요성은 아무리 강조해도 지나침이 없다. 그러나 최근의 연구에 의하면 어떤 형태의 단체나 다 사회적 자본의 원천이 되는 것은 아니고 민주적 가치가 주도하는 단체들에 한해서만 그렇다(Hooghe, 2003). 예를 들어 미국의 인종차별주의 단체인 KKK나 유럽의 스킨헤드, 그리고 우리나라에서 한때 군대 내의 요직을 독식해왔던 하나회 등은 사회적 갈등과 불신을 조장하는 경우라고 할 것이다. 그런 의미에서 공익을 추구하는 결사체인 NGO의 중요성이 더욱 부각된다고 할 수 있다.

이재혁(1999a; 1999b)은 시민결사체들의 연고동원 형태를 분석한 결과 개인의 취향이나 문화적 관심을 매개로 결성된 결사체들은 연줄동원의 토대로 작용하는 반면, 공공의 이슈에 대한 시민참여를 주목적으로 하는 결사체(NGO)들은 연줄동원의 정도가 상대적으로 낮게 나타남을 확인했다. 즉 NGO들은 공적 제도에 대한 신뢰가 상대적으로 높은 편이며, 이는 공적 제도의 신뢰를 증진시키는 데 기여하는 선순환을 일으킬 수 있을 것이다. 따라서 정부는 NGO를 경계의 대상이 아닌 협력의 대상으로 여겨 활동을 지원하고, 다양한 분야에서 NGO가 결성되어 활동할 수 있도록 여건을 조성할 필요가 있다.100)

나아가 정부는 불신의 악순환을 끊고 사회 구성원들이 서로 신뢰할 수 있는 선순환이 시작될 때까지 국민 개개인이 생활 속에서 '내가' 할 수 있는 작은 일부터 하나씩 실천해나감으로써 시민의식을 높여가는 시민사회운동을 적극 장려하고 지원할 필요가 있다. 나부터 시작해서 작은 신뢰를 보여주면 남들이 나를 신뢰하게 되고, 그러면 '우리'가 서로를 신뢰하게 되어 사회적 신뢰가 축적되어가는 선순환이 시작된다. 개인의 신뢰가 모여 사회적 신뢰가 쌓이기까지는 먼저 사회적 영향력을 갖기 위해 필요한 최소한의 결집(critical mass) 수준에 도달해야 하기 때문에 시민사회운동이 필요한 것이다.

선진화된 시민의식을 제고하기 위한 노력은 동서양을 막론하고 여러 선진국에서 그 사례를 찾아볼 수 있다. 일본은 제2차 세계대전 이후 국가재건에 경제와 정신문화라는 2대 요소가 함께 필요하다는 인식 아래 '작은 친절운동'을 추진했고, 영국과 미국, 캐나다 등 선진국에서도 여러 가지의 의식개혁운동을 추진했거나 추진하고 있는 것으로 알려졌다.

특히 싱가포르는 친절하고 깨끗하며 질서의식이 가장 발달한 나

---

100) 정부를 감시·비판·견제하는 역할을 하는 NGO에 정부 재정을 지원하자는 의견에는 찬반양론이 있다. 찬성은 Dilulio(1998), Skocpol(1998) 등을, 반대는 O'Connell(1996), Schambra(1998) 등을 참조할 것.

라로 꼽힌다. 싱가포르는 '예절이 우리의 생활양식(Courtesy is our life)'이라는 슬로건을 내걸고 1979년부터 '예절운동(Courtesy Campaign)'을 추진해왔다. '좋은 이웃이 되자', '예절은 우리 전통의 일부', '예절과 사회적 책임', '친절을 실천하자', '예절은 나로부터 시작하자', '조금만 더 친절하자', 'Please, Thank You' 운동 등이 범국가적으로 추진되었다.

초기에는 싱가포르 관광진흥청이 주관하다 1993년 정책 방향과 자문 및 지도를 위한 민간위원회가 결성된 이래 현재는 민간위원회가 운동의 주체가 되었다. 민간위원회는 실제로 운동이 정착되었다고 볼 수 있는 1988년부터 직장 내 분위기가 개선되면서 노동생산성이 늘었으며 노사분규나 범죄율이 감소하는 경향이 뚜렷해졌고, 그 결과 수출과 국민소득이 크게 증가했다고 분석했다.[101]

나는 도지사 재임 중(1999)에 싱가포르 시민의식 개혁운동을 벤치마킹하기 위해 전라북도의 공무원들과 언론인들을 싱가포르에 보내 선진지 견학을 하도록 한 바 있다. 참가했던 한 지역 언론인은 싱가포르에서 확보한 자료를 검토한 뒤 싱가포르는 스트레스 없는 사회 환경과 가정 및 직장에서 상호 협력하고 이해하는 분위기를 조성하여 생산성이 향상된 것을 비롯해 관광산업이 발전하고, '우리는 하나'라는 일체감이 형성되는 성과를 거두었다고 평가했다(이경재, 2001).

---

101) 이 운동에 대해 비판적인 견해도 있다. 예를 들어 콘드커(2004)는 관이 주도함으로써 이 캠페인은 관료제도에 대한 신뢰와 제도의 효율성은 향상시켰지만 시민들 간의 신뢰는 침식된다고 주장했다. 이는 제도에 대한 신뢰의 향상은 사회적 자본의 증진을 가져온다는 정통 이론에 대한 반론인 셈인데 그 근거는 제시하지 않았다. 정치인에 대한 싱가포르 시민들의 신뢰도가 세계에서 제일 높다는 사실은 앞에서도 언급했다.

사회적 자본을 구축하기 위한 작은 한 걸음을 내딛는다는 의미에서 전라북도는 1999년 10월부터 남을 배려하는 시민공동체 사회를 만들어 국제경쟁력을 높이자는 취지 아래 '새천년 새전북인 운동'을 전개했다. 도내 민간단체들이 자발적으로 캠페인에 참여하도록 유도하고 필요한 경비를 지원해주며 민주시민으로서 지켜야 할 기본 덕목인 친절, 질서, 청결, 선행을 이 운동의 4대 실천 덕목으로 삼고 각 단체별로 이것을 구현하기 위한 월 단위의 작은 실천과제를 수립해 추진하도록 했다.102)

신뢰는 작은 것부터 차근차근 쌓아가야 한다. 큰 것부터 시작하면 성공하기 어렵고, 한꺼번에 많은 것을 벌여놓으면 초점이 흐려져 실패하기 쉽다. '새천년 새전북인 운동'은 불신의 악순환을 끊고 상호간에 신뢰할 수 있는 사회적 신뢰의 선순환이 시작될 때까지 '나'부터 할 수 있는 작은 일을 하나씩 실천해간다는 전략을 채택했다.

전라북도는 1999년 10월 이 캠페인을 시작한 직후 전북도민들의 의식 수준을 파악하기 위해 같은 해 12월에 비교적 작은 표본(500)으로 설문조사를 실시했다. 그리고 1년 뒤인 2000년 9월 25일부터 10월 18일까지 20일간 도내 14개 시·군의 19세 이상 성인 남녀 1,200명을 대상으로 '새천년 새선북인 운동'의 4대 덕목에 관해 43개 문항으로 설문조사를 벌였다.103) 이듬해인 2001년에는 8월 20일부터

---

102) 도내 NGO들과 도민들에게 동기 부여를 하기 위해 2년여 동안 150여 차례에 걸쳐 이 캠페인의 목적과 의의에 대해 특강을 실시했다.
103) 2000년과 2001년 설문조사 당시 표본 추출 방법으로 '군집층화 추출법'을 썼다. 즉 200만 도민을 대표할 수 있는 표본을 추출하기 위해서 우선 시·군별 인구에 맞추어 군집(cluster)을 나눈 후 그 군집 내에서 연령 및 소득 수준별로 층화(stratify)하여 표본 수를 배분했다.

9월 20일까지 도내 19세 이상 성인 남녀 1,500명을 대상으로 4대 덕목에 대해 48개 문항으로 설문조사를 실시했다.[104] 시민의식 수준을 측정하기 위해 필요한 부분은 매년 똑같은 질문을 넣었다.

분석 결과 도민의 친절 수준에서 1999년 12월 조사에서는 전북도민들이 친절하다는 응답이 23.2%, 2000년 9월에는 32.3%, 2001년 8월에는 48.9%로 높아졌다. 질서 수준에서는 양호하다는 응답이 각각 1999년 11.7%, 2000년 24.8%, 2001년 54.3%로 나타나 계속 증가하고 있는 것으로 확인되었다. 아울러 청결 수준에서는 양호하다는 의견이 각각 19.9%, 28.6%, 45.7%로 나타나 질서 수준보다는 속도가 약간 느리지만 계속 증가하고 있는 것으로 밝혀졌다. 선행 수준에서는 선행을 한다는 응답이 각각 15.1%, 27.2%, 45.3%로 현저하게 상승한 것으로 나타났다.[105]

세상사 새로운 일에는 저항이 따르게 마련이고 냉소적인 사람들이 있는 것도 마찬가지다. 전라북도가 처음 이 운동을 시작할 때도 냉소적인 분위기가 없지 않았다. 특히 20대 청년층이 '관 주도형 운동'이라 하여 불신하는 태도를 보였다. 그러나 청년들에게 자발적으로 참여함으로써 관 주도를 민간 주도로 바꿔보지 않겠느냐고 '도전장'을 보낸 결과 각 대학 학생회 대표들이 자발적으로 참여하기 시작했다.[106]

---

[104] 설문조사에서 흔히 사용되는 신뢰 수준 95%와 표본 오차 3%를 기준으로 했다. 사전 표본, 즉 1999년과 2000년 조사 결과를 기초로 추정한 이항확률 값을 30%(P=0.3)로 보면 표본의 크기는 896명이 된다. 그러므로 2000년과 2001년의 표본은 충분히 신뢰할 수 있는 크기이다.
[105] 2000년과 2001년 조사 결과 4대 덕목 간 향상된 수준이 통계적으로 모두 유의미했다(친절: p=0.023, 질서: p=0.000, 청결: p=0.009, 선행: p=0.001).
[106] 이 캠페인은 나의 퇴임 이후 새로운 내용과 명칭으로 바뀌었기 때문에 위와 같은 비교 분석을 계속할 수 없게 되었다.

성숙한 시민의식과 시민문화가 형성되기까지는 많은 시간이 걸린다. 그러나 급속히 발전한 경제 수준에 비해 상대적으로 변화 속도가 느릴 수밖에 없는 국민들의 의식이 선진화되지 않고서는, 즉 후쿠야마의 주장대로 사회적 자본을 축적하지 않고서는 진정한 선진국으로 발돋움하기 어려울 것이다.

따라서 이 같은 캠페인이 국민들의 자발적인 참여로 이루어진다면 더없이 바람직하겠지만 초기 단계에서는 국가와 사회 지도층의 의지와 독려가 필요하다. 전라북도의 경험은 설문조사 결과에서 나타났듯이, 의식개혁운동이 우리나라에서도 성공할 수 있다는 가능성을 보여주었으며 범국민적 캠페인의 필요성을 시사해주었다.

김대중정부도 이 같은 필요성을 인식하고 '제2건국운동'을 추진했으나 사회적 자본 이론에 입각하여 확고한 동기와 비전을 제시하지 않은 채 다만 외환위기가 단순한 경제위기는 아니었다는 반성에서 출발했다고 할 수 있다. 그리고 이 운동은 정부 주도로 추진되어 처음부터 일부 국민들과 정치권의 부정적 의식(이 또한 불신의 산물)으로 인해 범국민 캠페인으로 확산되지 못했다. 또한 캠페인이 성공하려면 하기 쉬운 일부터 선택적으로, 그리고 집중적으로 전개하면서 그것을 발판으로 점차 넓은 분야로 확대해나갈 필요가 있는데, '제2건국운동'은 너무 많은 것을 동시에 달성하고자 해서 무슨 운동을 하는지 알 수 없을 정도였다.

무엇보다도 이러한 캠페인이 성공하려면 각계각층이 자발적으로 참여하여 전 국민의 공감을 얻어내야 한다. 그러기 위해서는 신뢰사회를 구현하기 위한 범국민운동을 사회 각 부문의 대표들이 주체가 되어 추진하되, 정부는 지원만 해주고 NGO들이 주도적으로 참여하는 민간 주도의 캠페인이 되어야 할 것이다.

우리나라에서 싱가포르처럼 관주도의 시민의식 개혁 운동을 시도 한다면 정부를 불신하는 일부 시민사회와 야당이 '정치적 저의'가 있다는 식으로 비판하거나 협조를 거부할 것이 뻔하다. 그래서 민간 주도의 범국민운동이 필요하다. 그런데 우리나라에서 NGO들의 자발적 캠페인으로 시민 의식의 변화를 가져온 사례들이 없지 않다.

예를 들어 공중화장실 청결을 위한 민간 캠페인이 우리나라 공중 화장실의 청결 수준을 크게 개선시켰다. 그러나 이 같은 캠페인이 다양한 분야에서 이루어지도록 장려하고 지원할 필요가 있다. 그리고 분야별 실천협의회를 두어 정치권은 정쟁을 자제하고 책임정치를 실천하게 하며, 정부는 법치주의와 시장경제의 원칙을 준수하도록 감시, 비판, 견제하는 동시에 시민들의 준법의식과 질서의식을 고양하는 등 캠페인의 분야별 전문화를 도모해야 할 것이다.

이 같은 캠페인은 끈기 있게 지속적으로 추진해야 성공할 수 있다. 싱가포르같이 정부가 막강한 힘을 가진 나라에서도 리콴유 수상이 직접 나서서 정부 주도로 추진한 '예절운동'이 뿌리를 내려 민간 운동으로 전환되기까지 14년이나 걸렸다. 그러나 우리나라에서는 '바르게살기운동', '제2건국운동' 등 정권이 바뀌면 잊히는 관제운동만 있었지 정권과 관계없이 지속되는 범국민 수준의 자발적 시민운동은 없었다.[107] 신뢰사회를 건설하기 위해서는 민간 주도의 범국민운동을 추진할 필요성이 절실하다.

우리나라에서 현재 일부 민간단체들이 부분적으로 이 같은 운동들을 전개하고 있으나 공중화장실 청결 운동처럼 범국민적인 관심과 참여 속에 폭넓게 전개되는 사례는 많지 않다. 우리 사회의 NGO

대표들과 각계각층의 지도자들이 이러한 운동에 앞장서주기를 기대하며 많은 시민들이 이 뜻 깊은 운동에 적극 참여하기를 바란다. 그리고 정부와 사회 지도층은 이러한 여건과 분위기 조성에 앞장서주기를 촉구한다.

한국형 시민공동체의 육성

우리는 퍼트남의 연구를 통해 시민공동체의 발전 정도가 지방정부의 효율성에 크게 영향을 미치는 것을 보았다. 그리고 시민공동체의 시민들은 공적인 일에 적극적으로 참여하고 호혜주의와 수평적 관계가 발달했으며, 의견이 다를 때도 서로 존중하고 신뢰하며, 이러한 규범과 가치들이 사회적 협동이라는 습관에 구현되어 있음도 보았다. 아울러 사회적 자본은 개인들 간의 협력을 촉진하는 비공식적 규범(Fukuyama, 1995) 또는 협력적 행위를 부추겨 사회적 효율성을 향상시킬 수 있는 신뢰, 규범, 네트워크(Putnam, 1993, 2002)라는 것도 확인했다. 그리고 그러한 개인들 간의 집합적 활동은 가족이나 연고를 벗어난 2차 집단에서의 상호 작용이라는 것도 살펴보았다.

사회적 자본을 형성하는 기초 단위는 개인도 가족도 연고 집단도

---

107) 전라북도가 싱가포르에 '예절운동'을 벤치마킹하고자 했을 때, 싱가포르 당국은 환영하지 않았다. 1980년대 중반부터 한국에서 수도 없이 벤치마킹해 갔으나 실천이 따르지 않았기 때문에(담당자가 바뀔 때마다 새로 시작하는 것이 한국 관료들의 관행이니까) 이제는 귀찮아서 상대해줄 수 없다는 것이었다. 다행히 내가 리콴유 재단의 초청으로 싱가포르를 방문하면서 조사단을 대동하기로 하여 협조를 얻을 수 있었다. 이제 우리나라도 외국의 벤치마킹 대상이 될 수 있도록 성공적인 캠페인을 벌일 때가 되었다.

아닌 지역공동체라는 일종의 커뮤니티이다. 커뮤니티의 개념은 학자에 따라 다양하게 정의하나 그중 오래된 정의를 보면, 스스로의 내부에서 발하여 자발적으로 활발한 상호관계를 맺으면서 사회적 통일체의 복잡한 망을 엮어나가는 인간 존재의 공동생활(MacIver, 1917)이라고 한다.

이러한 커뮤니티의 기초는 지역성과 공동체의식이고, 공동체의식은 '우리 의식(we-feeling)', '역할 의식(role-feeling)', '의존 의식(dependency-feeling)' 등으로 구성된다고 한다(MacIver and Page, 1949). 오늘날 커뮤니티는 지리적 또는 공간적 범위에만 국한되는 것은 아니며, 관점에 따라서는 국민 전체, 심지어 세계시민 전체(global community)까지 포함하기도 한다. 그러나 이를 협의의 지역사회라는 관점에서 고려하면 이에 유사한 개념으로 미국의 타운(town) 또는 빌리지(village), 일본의 촌(村), 그리고 우리나라의 마을을 들 수 있다.

이러한 커뮤니티의 개념과 의식을 보면, 주민 상호간 신뢰관계를 넓혀 인간성의 회복을 도모하고 각자 자기 생활을 영위하면서도 지역 문제를 함께 해결해감으로써 살기 좋은 환경을 만들고 질서를 형성하는 곳, 그리하여 주민자치의 기반이 되는 공동체라 할 것이다.

가까운 일본은 주민의 자주성과 책임성을 앙양시키고자 시민대학, 노인회, 커뮤니티 센터에서 방범활동에 이르기까지 커뮤니티 활동이 매우 발달한 나라이다(조문부, 2001). 그리고 커뮤니티 활동이 주민자치뿐 아니라 지역경제 활성화에도 큰 역할을 하고 있다. 그 예로 큐슈 지역의 오이타(大分) 현에서 시작하여 국제적인 명성을 얻은 '일촌일품(一村一品) 운동'을 살펴보자.

일촌일품 운동은 1979년 히라마쓰 모리히코(平松守彦) 지사가 현

(縣)의 경제적·심리적 풍요를 위해 각 시·정·촌(市·町·村, 우리나라의 시·군/읍·면에 해당)마다 독특하게 자랑할 수 있는 것을 한 가지씩 만들자고 제안하여 시작된 운동이었다.108)

주목할 것은 정부기관이 각 지역의 일촌일품 운동을 주도하지 않고 지역 주민의 자발적 참여를 원칙으로 했으며, 따라서 지방정부의 보조금이나 관련 조례가 없었다는 사실이다(平松守彦, 1990). 내가 시민공동체 활성화를 위한 방안으로 일촌일품 운동을 벤치마킹하고자 오이타 현을 방문해 히라쓰 지사의 설명과 관계자 면담을 통해 알게 된 오야마마치(大山町)의 사례를 보면 일촌일품 운동은 자주적인 주민공동체 운동임을 명확히 알 수 있다.

오야마마치는 지역 만들기의 원조로 지금은 일본 전역에서 명성을 떨치고 있는 고장이지만 1960년대만 해도 인구 6,400여 명이 쌀보리 농사와 축산에 종사하는, 현내 58개 시·정·촌 가운데 가장 가난한 곳이었다. 당시 일본이 쌀보리 생산에 열을 올릴 때 오야마마치는 "매실과 밤을 생산해 하와이로 가자"는 NPC(New Plum and Chestnut) 운동을 제창했다.

그 결과 지난 40여 년간 젊은이들이 고향을 떠나지 않아 농업인이 줄지 않았고, 지역의 평균 소득이 도쿄의 샐러리맨 수준으로 향상되어 풍요로운 삶을 영위하게 되었다. 그 과정에서 실패도 없지 않았으나 좁은 경지 면적의 한계를 극복하기 위해 다품종 소량생산 전략

---

108) 여기서 '일품'은 꼭 지역의 공산품만을 의미하지 않는다. 죽세공품 같은 상품은 물론 참새우 키우기, 문화예술이 곁들여진 온천 고장 만들기, 그리고 도시인들이 포도 농장에 와서 자연을 즐기는 그린 투어리즘(green tourism) 등 각 지역별로 독특한 것이면 무엇이든 상품화하는 다양성을 띠고 있다.

으로 농산품의 부가가치를 극대화했다. 또 지역 주민의 70~80%가 이스라엘의 키부츠 등 선진 지역공동체로 농업 연수를 다녀와 노동의 가치관, 협업의 필요성, 개인과 지역사회의 유대, 상호 부조, 지역 자립의 방법을 배웠다. 이들은 주 4일 근무, 3일 휴일을 원칙으로 하여 높은 생활수준을 누리고 있다.

한국의 한 학자는 오야마마치의 사례를 가리켜 우리나라의 '새마을운동'과 유사한 모델이 아닌가 하고 말한다(한경구, 2000, p. 130). 나는 새마을운동이 한국의 경제발전에 끼친 공을 높이 평가하며 앞으로 조직적인 캠페인을 통해 사회적 자본 형성에 크게 기여할 수도 있다고 생각한다. 그리고 오야마마치의 사례와 새마을운동 간에 유사성이 있음도 인정한다. 그러나 오야마마치의 사례와 새마을운동 사이에는 중요한 차이가 있다고 본다.

새마을운동은 강성국가의 사회개발 전략에 따라 외부에서 주도한 것이고(Scott, 1976), 오야마마치의 사례는 지역 주민들의 자립과 자조에 기반을 두고 상호 신뢰와 협력을 바탕으로 지역 활성화를 이룬 자발적 커뮤니티 운동의 결과이기 때문이다.[109] 오야마마치 주민들이 일체가 되어 쌀보리 농사에서 밤과 매실을 생산하기로 결정한 것과 주 3일 휴일이라는 자생적 규율을 만든 것은 순수하게 지역 주민들의 발상이었다. 그들이 자주적이고 협동적으로 자신들의 지역을

---

[109] 히라마쓰 지사는 『지방에서의 발상』(平松守彦, 1990)이라는 저서에서 자신이 1979년부터 일품일촌운동을 주도했다고 강조하며, 운동의 3원칙 중 하나가 '자주·자립·창의적 연구'인 것에서 짐작할 수 있듯이, 각 지역이 무엇을 할 것인가는 모두 지역의 자주성에 맡겼다고 한다. 지방정부는 지사가 나서서 홍보 활동 등 간접적 지원을 하는 정도에 그쳤고 철저히 시·정·촌의 자발적 참여와 노력에 근거한 운동이었다고 한다.

만들어낸 원동력은 다름 아닌 지역공동체의식의 발로였다.

우리나라의 지역공동체는 과거 향약(鄕約)이라는 전통에서 바람직한 연원을 찾을 수 있다. 서로 돕고(相扶相助), 좋은 일은 서로 권장하고(德業相勸), 어려운 일은 서로 도와주고(患難相恤), 예의와 풍속에 따라 규율을 지킨다(禮俗相規)는 것이 그 내용이다. 이는 부지불식간에 주민자치 의식을 함양했으며, 임진왜란과 병자호란 때는 지역공동체의식을 강화해 어려움을 서로 나누어 이겨냈다(이대영, 2001). 그러나 오늘날 우리 사회의 지역공동체의식은 유감스럽게도 개인 및 집단이기주의와 불신에 자리를 내준 것이 사실이다.

향약이라는 지역공동체 전통은 사라졌고 근대화 과정에서 관 주도로 추진되었던 새마을운동은 오래 지속되는 과정에서 자주성이 사라지고 지금은 정부의 상대적 무관심 속에 명맥만 유지하고 있는 실정이다. 그러면 현대판 시민공동체의 육성 가능성을 어디에서 찾을 것인가?

나는 시민공동체의 육성 가능성을 외환위기 직후 국민의 정부가 구조조정의 일환으로 읍·면·동사무소에 설치한 주민자치센터의 활용에서 찾고자 한다. 많은 학자들은 이 제도가 출범할 때 우리나라 지방자치의 발전뿐만 아니라 지역사회의 공동체적 변화를 위한 의미 있는 계기가 될 수 있을 것으로 보았으며, '주민자치센터 설치 및 운영 조례 준칙'에서도 그 목적을 "주민 편의 및 복리 증진을 도모하고 주민자치 기능을 강화하여 지역공동체 형성에 기여하도록 하기 위하여"라고 규정하고 있다.

그러나 이러한 목적을 달성하기 위한 체계적인 활동이 아직 눈에 띄지 않고 있다. 나는 주민자치를 활성화하고 시민공동체 의식을 함양함으로써 신뢰를 축적하여 선진사회를 건설하는 계기로 만들도록 주민자치센터를 다음과 같은 방향으로 적극 활용할 것을 제안한다.

첫째, 주민자치센터의 목표를 단순히 행정기구 개편에 따른 읍·면·동의 기능 전환에 그치지 말고 한 차원 승화시켜 풀뿌리 민주주의 실천과 공동체의식 함양의 장으로 활용하는데 역점을 두어야 할 것이다. 미국의 커뮤니티 센터가 내세운 이념과 목표는 소수민족들의 이질감 극복 및 미국 사회로의 동화였으며, 일본의 커뮤니티 센터는 주민의 자주성과 책임성을 고취시켜 근대적 시민으로서의 인간상 확립을 목표로 했다(조문부, 2001, p. 38).

우리나라는 민주주의 도입 과정에서 미국이나 일본과 같은 시민공동체를 형성할 기회가 없었기 때문에 주민자치센터를 자주성과 책임성의 양양을 통한 현대적 시민 육성의 기회로 활용해야 할 것이다.

앞에서 사회적 자본 형성에 자발적 결사체가 핵심적 역할을 하며, 한 사람이 여러 결사체에 참여하는 멤버십의 중첩성이 사회적 자본 형성에 더 효과적이라는 것을 살펴보았다. 따라서 주민자치센터는 환경 가꾸기, 의정감시단 등 공익을 위해 활동하는 각종 풀뿌리 NGO들과 스포츠, 음악, 연극 등 취미활동을 통해 협동정신을 기를 수 있는 각종 동아리들을 적극 육성, 장려할 필요가 있다(동아리 활동에 참여하고자 하는 주민들을 관심 분야별로 연결시켜 동아리 구성을 도울 수 있다). 또 가능한 한 많은 사람들이 여러 가지의 활동에 참여하도록 인센티브를 제공할 필요가 있다.

여기서 한 가지 특이한 사례를 소개하고자 한다. 스웨덴 전역에서 활성화되고 있는 학습 동아리(study circle)가 그것이다. 스웨덴의 학습 동아리는 특정 분야(외국어, 요리, 컴퓨터 등)를 공부하기 위해 매주 1회씩 모이는 소그룹(10명 내외)으로서 매년 스웨덴 성인 인구의 40%

정도가 참여하고 있다. 최근의 조사에 의하면 성인 인구의 75%가 학습 동아리에 참여한 경험이 있다고 한다. 학습 동아리는 학기제로 운영되기 때문에 한 과목을 마친 후 다음 학기에 다른 과목을 공부하는 경우가 많아서 자연스럽게 새로운 동아리에 참여하게 되고, 그 결과 다양한 동아리의 회원이 되는 '멤버십 중첩성'의 효과를 부수적으로 거두고 있다. 이 학습 동아리는 스웨덴의 사회적 자본 형성에 기여하고 있다는 평가를 받고 있다(Rothstein, 2002).

우리도 주민자치센터에서 이 같은 학습 동아리를 조직하고 그 활동을 적극 지원할 필요가 있다. 스웨덴의 경우 동아리 운영 경비의 50%를 정부에서 지원하고 있는데, 이는 참여자들의 인적 자본 축적뿐 아니라 사회적 자본 형성에도 기여하기 때문에 효율성 높은 '사회적 투자'라고 할 수 있다. 스웨덴의 학습 동아리와는 다르지만 독일의 경우 국민들이 1년에 1~2주는 시민교육을 이수하도록 법으로 규정하고 있는데, 이 또한 사회적 자본 형성에 도움이 되는 제도이다.

주민자치센터는 또한 주민들의 자원봉사활동을 장려하고 봉사 희망자와 수요자를 연결해주는 역할(물론 이 일도 봉사자들이 하는 것이 좋다)을 해야 한다. 최근 우리 국민들의 생활수준과 사회의식이 향상되고 주 5일 근무 등으로 시간적 여유가 늘어남에 따라 자원봉사활동에 참여하는 인구가 크게 증가하고 있다. 그러나 아직도 참여 의사는 있으나 어디에서 어떻게 해야 하는지를 몰라 실행에 옮기지 못하는 사람들도 적지 않을 것이다.

주민자치센터에서 매개 역할을 하여 자원봉사활동을 장려하면 신뢰 증진에 크게 기여할 것이다. 봉사자들 중에는 봉사 경험이 축적되어 보람과 기쁨을 느끼며 활동하는 사람들이 많기 때문에 봉사자들 사이에, 그리고 봉사자들과 피봉사자들 사이에 신뢰관계가 형성

될 것이다.

둘째, 주민자치센터를 행정의 연장선상에 있는 하나의 서비스 기관이 아니라 지역 실정에 맞게 지역 주민이 창의적으로 운영하는 지역공동체의 중심 기관으로서 역할을 다하게 해야 한다. 이제까지 우리나라의 민·관 협력 모델은 관이 주도하고 민이 그에 협조하는 모습을 보여왔다. 하지만 민이 주도할 것과 관이 주도할 것이 따로 있다. 민이 주도해야 할 것은 관이 할 수 없는 것들로서 주민자치센터의 본래 기능인 주민자치 능력의 향상과 지역공동체 형성이 바로 그것이다. 따라서 주민자치센터를 활성화하기 위해서는 주민들의 참여를 극대화하는 프로그램과 지역공동체를 활성화하는 활동(software)은 민이 담당하고, 관은 그를 뒷받침하는 행정, 재정, 시설 지원(hardware)을 해야 할 것이다.

다행스럽게도 현재 우리 지방자치단체가 주민과 더불어 추진하는 지역공동체 사업의 성공 사례가 적지 않다. 예를 들어 서울시 강서구 가양동의 가양4단지 영구임대아파트 주민들이 합심하여 쓰레기가 쌓였던 320여 평의 땅에 생태공원을 조성하여 주거 환경을 크게 개선한 사례(중앙일보, 2005년 11월 5일), 송파구 풍납1동의 '주민제설시스템'과 광진구 중곡4동의 '시민자율제설봉사단' 등의 자율제설 활동(조선일보, 2013년 1월 12일), 그리고 경기도 파주의 출판사 사장들이 자발적으로 출판문화정보산업단지라는 멋진 도시를 만들어낸 사례 등이 있다(김정호, 2006, pp. 220~221).

그러나 지금 우리에게 절실히 요구되는 성공 사례는 오야마마치와 같은 농촌 지역 사회의 스스로 돕기 운동이다. 우리나라 농촌은 인구가 감소하면서 급속도로 고령화하고 있다. 대한통계협회의 분석에 의하면 2005년에 농가인구의 24.8%를 차지하던 10~30대가 2020년에는 9.7%로 줄어들고 60대 이상은 39.3%에서 62.8%로 늘어날 것으로 전망되고 있다(nnnews, 2008년 8월 17일).

WTO 출범과 더불어 정부가 농촌에 10년간(1995-2004) 70조 원이나 쏟아 부었고 그 후 추가로 119조 원을 집행하고 있지만 농촌은 여전히 젊은이들에게 꿈과 희망을 심어주지 못하고 있으며, 농촌에 어려운 일이 닥칠 때마다 정부는 돈으로 무마하려 했기 때문에 오히려 정부에 대한 의존심만 키워놓았다.

16년 전 도지사 재임 시절 익산시 주민들과 대화를 하기 위해 자리를 같이한 적이 있다. 한 농민이 이런 말을 했다. "해마다 쌀 생산비는 증가하는데 추곡 수매가 인상은 그에 못 미쳐 쌀농사해서 먹고 살기가 힘듭니다." 담당과장이 얼른 내게 모범답안을 건네주었다. "수매가의 추가 인상을 중앙에 건의하겠습니다." 나는 주민들에게 이렇게 읽어주고 이것은 이제까지 모든 정치인과 기관장들의 모범답안이었지만 정답은 아니라고 했다. 그리고 필연적으로 다가오는 쌀시장 개방에 대비하기 위해서는 수매가를 차츰 낮추어 국내 생산자들이 국제 시세에 적응하도록 하는 것이 진정으로 농민을 위하는 길이며, 수매가를 인상해주는 것은 아편을 주는 것과 다름이 없다고 했다. 놀랍게도 300명 가까이 되는 청중이 모두 고개를 끄덕이며 수긍했고 단 한 사람도 반발하지 않았다.

그 후 고창군에서 주민들과 대화를 할 때 한 농민이 이같이 말했다. "태풍이나 폭우 등 자연재해로 농사에 막대한 피해를 입어도 정부의 보상은 조금밖에 되지 않아 농민들이 손실을 감당하기 힘듭니다." 이번에도 담당과장이 민첩하게 모범답안을 건네주었다. "전액 보상을 중앙에 건의하겠습니다." 이번에도 나는 그것을 읽어주고 이 같은 책임전가 식 답변으로 여러분을 속이지 않겠다고 말했다. "만일 정부가 전액 보상해주면 그때부터 여러분은 폭우가 쏟아지고 광풍이 불어도 나가볼 생각도 않고 발 뻗고 잘 것입니다. 이러면 이 나라 농사 다 망칩니다. 그래서 전액 보상하면 안 되는 것입니다."라고 답변했다. 역시 모두가 고개를 끄덕였다.

이처럼 진실하게 설득하면 자기들의 요구와 다르더라도 수긍한다. 그러나 유감스럽게도 우리 정부와 정치인들은 각종 이익집단의 요구에 대해 논리적으로 설득하려 하지 않고 돈으로 달래 왔다. 이렇게 해서 납세자에게 전가한 부담이 얼마나 되는지 고민하지도 않는 것 같다. 올슨(Olson, 1982)이 지적한 것처럼 이 같은 비능률이 누적되어 우리 경제가 저성장으로 점점 더 깊이 빠져드는 것이다.

농촌 주민들이 단합하여 창의적인 아이디어를 내고 스스로 활로를 찾으려고 노력하지 않는다면 앞으로 119조 원이 아니라 200조 원 또는 300조 원을 쏟아 부어도 소용이 없을 것이다. 농민들이 정부 시책에 반발할 때마다 돈으로 달래는 정책은 정부 지원에만 의존하려는 성향을 더욱 고질화했고, 정부 시책에 일단 반대부터 하는 습관을 길러 사회적 자본을 파괴하는 결과를 초래했다. 진정으로 농촌을 살리고자 한다면 당장의 곤경을 모면하기 위해 선심성 정책을 남발하지 말고, 농민들이 스스로 돕는 운동을 하도록 적극 장려하고 지원하는 것이 장기적으로 더 효과적이고 예산도 절약하는 길이 될 것이다.

21세기는 삶의 질이 중요한 시대이고 정신적 풍요를 요구하는 시대이다. 영미식의 뿌리 깊은 시민공동체는 차치하더라도 독일과 일본도 전후 민주주의를 도입하면서 국민을 공민(civilian)으로 육성하기 위해 공민센터(civic center)를 통해 주민의 자치의식을 함양해왔다(이대영, 2001).

우리는 과거에 새마을운동을 통해 이 같은 운동을 부분적으로나마 전개했으나 잘 알려진 바와 같이 새마을운동의 주목표는 자조(自助) 정신과 긍정적 도전 정신을 통하여 가난을 극복하자는 것이었다. 그러나 민주화 이후 이 운동은 상대적으로 외면을 받고 있어 주민자치 역량의 함양에 기여하지 못하고 있다.

서구 민주국가와 일본에서는 공동체적 전통이 강한 반면에 그들보다 훨씬 늦게 산업화한 우리나라는 오히려 공동체정신이 매우 부족한 편이다. 김일철은 "한국에는 성공한 농민 개인은 많지만 성공한 마을이 적은 것을 볼 때, 일본과는 매우 좋은 대조가 된다고 생각한다. 이와 같이 강력한 공동체의식은 일본의 지역 활성화 사업을 성공적으로 수행하는데 큰 역할을 하고 있다"고 지적했다(김일철, 1994, p. 193).

커뮤니티가 변해야 사회가 바뀐다. 나는 주민자치센터를 시민공동체 형성의 장으로 잘 활용하면 우리가 사회통합을 이루고 진정한 선진 시민으로 거듭나도록 하는 중요한 역할을 해낼 수 있다고 생각한다.

아동 및 청소년기의 가치 교육

미국에서 생활할 때 미국인들의 교회 시설을 빌려 쓰는 한국인 교회에 다니면서 나는 한국 교민의 아이들이 통제가 되지 않아 미국 교회 측이 매우 곤혹스러워하는 상황을 자주 경험했다. 미국 아이들은 유년기부터 가정에서 철저한 교육을 받아 예배당 안에서 뛰어다니거나 자기 물건이 아닌 것을 손대는 일은 절대 하지 않는데 반해 한국 아이들은 그런 교육이 전혀 안 되어 있기 때문에 예배당 안을 소란스럽게 뛰어다니고 물건들을 마음대로 가지고 놀다 어질러진 채로 두고 나오는 것이었다. 우리나라에는 자기밖에 모르는 아이들이 많다. 부모들 사이에 '아이들 기를 죽이면 안 된다'는 사고가 팽배해 남을 배려할 줄 아는 아이로 기르지 못하고 있는 탓이다.

유엔아동기금(유니세프)이 2001년 초 중국, 호주, 홍콩, 한국 등 아태 지역 17개국 1만 73명의 아동·청소년(만 9세~17세, 한국 500명)을 대상으로 면접 조사한 결과에 따르면, 우리나라 아동·청소년들이 어른, 교사, 그리고 권위 있는 인물을 존경하는 정도가 아시아에서 맨 꼴찌로 나타났다(중앙일보, 2001년 10월 11일).

예컨대 '어른들을 매우 존경한다'는 응답이 13%에 불과해 17개국 중 꼴찌를 기록했다. 한국 다음으로 어른에 대한 존경심이 부족한 것으로 나타난 나라가 39%였고 17개국(한국 포함)의 평균이 72%였음을 볼 때 다른 나라 청소년들과 비교가 안 될 정도이다. 또한 교사를 가장 존경하는 인물로 꼽은 응답도 꼴찌를 기록한 것을 볼 때 우리나라의 아동·청소년 사이에 사회적 권위와 질서가 무너졌음을 단적으로 알 수 있다.

아동·청소년들이 어른들에 대해 나쁘게 평가하는 이유는 어른들이 좋은 역할 모델이 되어주지 못했기 때문이다. 특히 부모가 선생님의 권위를 인정하지 않고 다른 사람들을 배려하는 모습을 보여주지 않는 등 모범을 보이지 않기 때문이다. 어른들의 이 같은 행동을 보고 과연 아동·청소년들이 그들을 존경할 수 있겠는가?

그뿐이 아니다. 드라마나 영화 등을 통해 폭력을 미화하는 사회 분위기에서 자라나는 아이들이 남에게 폭력을 휘두르고 괴롭히는 것을 대수롭지 않게 생각하는 것은 당연한 결과이다. 2010년 2월 소위 '졸업식 뒤풀이'를 한다면서 후배 학생들을 벌거벗겨 놓고 폭행을 한 사건으로 온 나라가 시끄러웠었는데, 이는 우리가 심은 대로 거둔 것임을 인정하지 않을 수 없는 서글픈 사례였다.

앞에서 우리는 21세기의 승자는 인류의 보편적 덕목인 신뢰, 협동, 도덕이라는 공동체적 삶의 규칙을 잘 지키고 이행하는 집단, 민족, 그리고 국가가 되리라는 것을 확인했다. 교육과 관련해 후쿠야마(Fukuyama, 1995)는 다음과 같은 주장을 한다. 정부가 가장 직접적으로 사회적 자본을 창출할 수 있는 영역은 교육이다. 교육기관은 학생들에게 사회적 규칙과 규범을 가르침으로써 사회적 자본을 직접 전수한다.

사회의 기본적 신의를 어기는 경우에는 법적 제재가 뒤따라야 하지만 가능한 한 모든 사람들이 자발적으로 양심적인 삶을 살도록 해야 한다. 법은 타율적이고 형식적인 반면, 인간의 양심은 내면의 신념체계이다. 그 신념체계는 사회성 발달 초기에 완성되는 부분이 크다. 바로 이것이 아동기 가치 교육이 중요한 이유이다.

거트만은 좋은 습관과 신념을 가르치는 데에는 교육을 위해 자유를 제한시키기가 성인보다 용이한 아동기가 좋으며, 또한 가정보다 학교가 직접적 통제를 하기에 적합하므로 초등학교에서 민주적 교육을 실시해야 한다고 강조한다(Gutmann, 1987). 아울러 거트만은 초등학교에서의 교육 목적이 민주주의 발전과 관련이 있다고 주장한다. 초등학교 시기에는 기존의 도덕 가치에 얽매이지 않는 참된 삶을 계발할 수 있으며, 이러한 교육을 통해 궁극적으로 시민의 도덕성을 계발할 수 있다는 것이다.

다만 가치 교육은 특정 가치를 사전에 형성해 그것을 맹목적으로 신봉하게 하는 교육이 되어서는 안 되고 어디까지나 가치화 과정의 교육이 되어야 한다고 한다. 가치화 과정의 교육이란 학생들이 독자적으로 가치 형성 및 추리, 판단, 분석, 적용 능력을 갖추도록 하는 교육이다. 그런 의미에서 우리나라의 일부 교사 집단이 사회적 이슈에 관해 교육이라는 이름으로 자신들의 편향된 가치관을 주입시키려는 것은 매우 우려스러운 일이다. 그 과정에서 청소년들의 가치관이 편협해지고 정부에 대한 불신이 커져 냉소적이고 비시민적인 성향이 고착될 수 있기 때문이다.

우리 사회는 지금 권위주의적 구질서에서 벗어나 21세기에 요구되는 민주주의적 가치체계를 수용하려는 변화의 과정에 서 있다. 이러한 시점에서 법질서 지키기, 다른 사람을 수용하고 인정해주기, 강한 정서적 유대감, 남을 배려하기 등의 가치 교육이 무엇보다 절실하다. 그런데 우리의 교육 현실은 어떠한가?

본래 지식 교육의 기초는 3R에 있다고 한다. 읽기(reading), 산수('rithmetics), 그리고 쓰기('riting)가 그것이다. 나는 교육학자가 아닌 만큼 이 문제에 대해 깊이 논의하기는 어렵지만 우리나라 교육에서는 읽기 부분이 매우 취약하다는 것은 잘 알려진 사실이다. 우리나라에서 책을 가장 많이 읽는 학생들도 선진국의 보통 학생에는 못 미치는 수준이라고 한다. 책이란 본래 남의 생각을 읽고 생각하게 해주는 매체이다. 학생 시절에 책을 적게 읽으니 남의 말에 귀를 기울이거나 관심을 보이는 습관이 부족할 수밖에 없다고 교육학자들은 지적한다.

언젠가 한 대학교수가 라디오 프로그램에서 "요즘 학생들은 논술이나 심층면접 등이 입시 과목에 있어서 그런지 보고서도 정말 논문처럼 잘 써오고 간단한 질문을 해도 척척 대답을 잘한다. 그러나 좀 더 깊이 있는 토론을 시작하면 다들 질문조차 이해를 못하고 입도 뻥긋 못하는 학생들이 태반인지라 너무 놀라고 있다. 입시와 관련되지 않은 기초 지식이 예전 학생들에 비해 형편없이 떨어진다."고 말했다(조선일보, 2004년 12월 21일). 세계 어느 나라 학생들보다 공부하는 시간은 많은데 책은 많이 읽지 않는 희한한 교육제도가 배출해낸 우리 인재들의 모습이다.

우리의 교육 현실은 이처럼 독서할 시간조차 없을 정도로 입시 공부에만 모든 것이 집중되어 있다. 그 결과 수도권 지역 고3 수험생의 80%가 '늘 잠이 부족하다'고 말하며 83.8%가 불면증, 수면 단절 등의 수면 질환에 노출되어 있다고 한다.110) 이 같은 입시 위주 교육의 성과는 어떠한가?

최근 국제교육성취도 평가협회(IEA)가 42개 회원국의 만 13세(중2) 학생 30만 명(한국은 150개교 5,167명)을 대상으로 실시한 '수학·과학 성취도 추이 변화 국제 비교(TIMSS 2011)'에서 우리나라는 수학 1위, 과학 3위를 차지했다(한국교육과정평가원 보도자료, 2012년 12월 11일). 4년 주기로 실시되는 이 평가에서 우리나라는 1995년 이래 수학에서 2~3위를, 그리고 과학에서는 3~5위를 유지하는 좋은 성적을 올렸

---

110) 예송이비인후과 수면센터가 서울과 수도권 지역 고3 수험생 594명을 대상으로 실시한 조사 결과이다(문화일보, 2005년 7월 14일).

었다(초등학교 4학년을 대상으로 한 조사도 비슷한 결과를 보여주었다).

그럼에도 불구하고 '수학에 자신이 있다'는 학생은 3%(세계 평균 14%), '약간 자신 있다'는 학생은 34%(세계 평균 45%)에 불과했으며, '과학에 자신이 있다'는 학생도 4%(세계 평균 20%), '약간 자신 있다'는 학생은 33%(세계 평균 49%)에 그쳤다. 또한 '수학이 즐겁다'는 학생은 8%(세계 평균 26%), '과학이 즐겁다'는 학생은 11%(세계 평균 35%)밖에 되지 않았다. 이는 입시 위주 교육이 문제풀이 능력은 향상시켰어도 그것이 흥미를 가지고 공부한 결과가 아니라 심리적 부담 속에 비슷한 문제들을 반복적으로 풀어보는 식으로 하는 공부여서 문제는 잘 풀면서도 공부가 즐겁지도 않고 내용을 제대로 이해하고 있다는 자신감도 없는 것이다.

그뿐만 아니라 이것이 많은 사교육비와 학생들의 시간을 투자한 결과임을 감안하면 투자대비 효과는 매우 낮다. 학부모들의 지나친 성적 경쟁이 학생들을 피곤하게 하면서 부모들의 경제적 부담만 가중시키는 결과를 초래한 것이다.

최근에는 현대 교육의 본질이 3R을 넘어 4R에 있다고도 한다. 관계(relationship)의 R이 추가된 것이다. 우리나라에도 전통적인 관계 교육이 있었다. 이른바 삼강오륜이 그것이다. 그러나 삼강오륜은 군신 간, 부자 간의 상하관계와 수평적 관계로 친구 간의 신의를 강조했으나 낯선 사람들과의 관계에 대해서는 전통사회에서 그 필요성이 적었기 때문에 강조하지 않았다. 그래서인지 우리 사회는 아직도 네 번째 R이 의미하는, 익명사회에서의 수평적 관계에 대해서는 미성숙함을 보이고 있다.

교육당국은 민주시민을 양성하기 위한 가치 교육, 덕성 교육에 비중을 두어 아동·청소년들의 '관계' 의식을 함양하는데 역점을 두어야 할 것이다. 가치 교육과 덕성 교육의 중요성을 고려하면, 학교 교육에서 레크리에이션이나 스포츠 프로그램을 매일 점심식사 후에 의무적으로 실시해서 정신적으로 과부하 상태인 학생들에게 휴식과 에너지 재충전의 기회를 주고 다른 한편으로는 사회성과 규칙을 지키는 습관을 가르치면 효과가 있을 것으로 생각된다.

결국 사회적 자본은 개인이 아닌 사회라는 장에서 다른 사람과의 관계를 통해 형성되며, 그 관계에서 규칙을 지키는 습관과 타인을 배려하는 마음이 자신도 모르게 몸에 배기 때문이다.

미국에서는 자기 물건을 타인과 사용하기(sharing), 곤경에 처한 사람에게 도움 주기(helping), 주어진 과제를 다른 사람들과 조화를 이루어 수행해내는 협동(cooperation) 등을 통해 아동들에게 사회성을 가르치고 있다(한순옥, 1988). 그리고 미국 교사들이 배워야 할 교과 과정에는 아동들의 교실 행동에 대한 통제 요령 등을 가르치는 '생활지도' 과목이 포함되어 있다. 우리나라 교사들은 그런 교육을 받지 못한 탓인지 이른바 '교실 붕괴' 현상이 벌어져도 어찌할 줄을 모른다.

우리나라의 20대는 기성세대와 비교해 경제적으로 풍요로운 환경에서 태어나 자랐다. 그리고 기성세대보다 더 많은 선진문화를 접하며 성장했다. 따라서 인성 발달이 환경의 영향을 많이 받는다는 성격심리학자들의 주장을 빌리지 않더라도 젊은 세대는 기성세대와는 다른, 보다 선진적인 시민의식을 가지고 있을 법하다.

그러나 여기서 다시 한 번 생각할 것이 있다. 퍼트남이 이탈리아의 지역 간 시민의식의 차이에 대한 역사적 연원을 탐색하면서 경제 발전의 수준이라는 변수가 시민의식의 수준을 설명하지 못함을 발견한 것이다. 이것은 우리 현실에서도 확인된다.

전라북도를 예로 들면, 익산시의 한 경찰서장은 "익산에서 가장 질서가 안 지켜지는 곳은 원광대학교 앞"이라고 말했다. 또한 전북대학교의 한 교수는 "전주에서 전북대 앞이 가장 무질서하다"라고 한탄조로 말했다(내가 학생회 간부들에게 물어보았더니 학생들도 이를 시인했다). 뿐만 아니라 '새천년 새전북인 운동'에 관한 1999년 12월 설문조사 결과에서도 20대 젊은 층이 의식개혁 운동에 대한 참여도 및 필요성 등 거의 모든 항목에서 일관되게 냉소적이고 부정적인 대답을 했다. 이 같은 현상은 전라북도에만 국한되는 것은 아니다. 어느 서울 시내버스 기사는 일의 피곤함보다는 젊은 사람들의 무례한 행동에 대한 스트레스로 속병이 날 지경이라고 하소연했다고 한다.(www.hankooki.com, 2010년 5월 25일)

도시화, 핵가족화의 영향으로 아동·청소년들 사이에 개인주의적 사고가 팽배하고 가정에서 사회성을 기를 기회가 점점 줄어들고 있다. 또한 요즈음 아동·청소년들은 혼자서 하는(대부분 폭력적인) 컴퓨터 게임에 몰두하는 시간이 많아 친구들과의 놀이를 통해 사회성을 습득하는 기회마저도 기성세대에 비해 현저하게 줄어들었다.

더구나 가정에서는 '내 아이 기죽이지 않기'를, 학교에서는 '입시 위주의 주입식 교육'을 하고 있으니 질서니 시민의식이니 하는 가치교육이 설 자리가 없다. 더구나 이익집단들이 자기들의 목적 달성을 위해 경찰의 생명을 위협하는 폭력행위도 불사하는 광경을 자주 목격하는 아이들이, 그리고 그런 행위를 약자라는 이유로 옹호해주고 오히려 경찰을 가해자로 매도하는 정치 지도자들이 매스컴에 부각되는 현상을 자주 접하는 아이들이 무엇을 배우겠는가?

이처럼 교육현장과 가정에서 가치화 과정의 교육이 무시되고, 목적을 위해서는 어떠한 수단도 용인되는 사회 환경에서 아동·청소년들이 도구주의적 가치관을 형성하게 되는 것은 너무나 당연한 결과이다. 2001년 반부패국민연대가 서울지역 중고등학생들을 대상으로 실시한 조사에 따르면, 41.4%가 '아무도 보지 않으면 법질서를 지킬 필요가 없다'고 했으며, 28.4%는 '뇌물을 써서 문제를 해결할 수 있다면 기꺼이 뇌물을 쓰겠다'고 했고, 33%가 '부정부패를 목격해도 나에게 손해가 되지 않으면 모른 체하겠다'고 응답한 것으로 나타났다(김거성, 2002). 바로 이 같은 가치관이 2004년 11월의 수학능력시험 휴대전화 부정사건, 2010년 초에 국제적 망신을 산 SAT 문제지 부정유출사건 등에 나타나고 있는 것이다.

이 같은 상황에서 교육을 통한 사회적 자본의 형성과 축적이 그 어느 때보다도 절실하다. 우리 속담에 "세 살 버릇 여든까지 간다"는 말이 있고, 소학(小學)은 "자식을 사랑하면 의로운 길을 가르쳐라(愛子敎之義方)"고 하며, 성경도 "마땅히 행할 길을 아이에게 가르치라. 그리하면 늙어도 그것을 떠나지 아니하리라"고 충고한다. 가치교육이 실효를 거두려면 초등학교 때부터가 아니라 그보다 더 어린 유아기의 교육과 연계되어야 한다.

대다수 선진국들은 국가의 경쟁력을 대학에서가 아니라 유치원과 유아 교육에서 찾는 지혜를 보이고 있다. 사실 아동기, 특히 유아기의 가치관 형성에 가장 큰 영향을 미치는 인물은 부모이다. 교사들은 매년 바뀔 뿐 아니라 중·고등학교에서는 교사와 학생들의 접촉 시간이 일주일에 불과 2~8시간뿐이고 대부분 교과과목 교육에 집중되고 있다.

이에 비해 어려서부터 매일 가까이 접하는 부모는 아동의 인격 형성에 결정적인 역할을 한다. 이와 관련하여 사회심리학 분야의 연구에 따르면 가정환경이 신뢰 수준에 상당한 영향을 끼친다고 한다(Erikson, 1963; Newton, 1997; Renshon, 1975). 프로이트(Sigmund Freud)에 의하면 자녀가 부모를 얼마나 좋아하는가가 부모의 가치 기준을 내면화하는데 영향을 준다. 그리고 부모의 도덕 기준을 내면화한 아동은 그것을 위반했을 때 죄책감이나 수치심 같은 부정적 정서를 경험한다고 한다. 따라서 부모가 먼저 법과 원칙을 준수한다면 사회적 자본의 형성에 중요한 밑거름이 되는 셈이다.

요컨대 아동의 가치관 형성에 가정에서는 부모가, 학교에서는 교사가, 그리고 사회에서는 기성세대가 동시적으로 영향을 미치며 성인들의 가치관이 아이들의 모델이 된다고 할 수 있다. 즉 성인들의 가치관과 행동이 아동기의 가치관 형성에 중요한 영향을 미치는 것이다.

아동에 대한 가치 교육과 성인에 대한 시민의식 교육은 사회적 자본을 축적하여 선진 시민사회를 향해 나아가기 위해 반드시 필요할 뿐만 아니라 동시에 병행 추진해야 할 정책 과제이다. 왜냐하면 사회적 자본은 국가와 시민사회와 가정의 3자 간 상호관계에서 배태되는 것(Hoaghe and Stolle, 2003, p. 36)이기 때문이다. 따라서 어느 하나를 성공한다 해도 다른 하나를 실패하면 무위로 돌아가고 말 것이다.

이제 가정에서는 시험성적 못지않게 사회적 질서를 소중히 여기는 아이로 키우고, 학교에서는 주입식 교육을 지양하고 성숙한 민주시민을 길러내는 명실상부한 전인격적 교육으로 바꿔가야만 한다. 이것은 진정한 선진국으로 발전하고 국제사회의 존경을 받는 나라가 되기 위해서 더 이상 미룰 수 없는 국가적 과제이다. 그리고 사회에서는 시민운동을 통해 아동과 청소년들에게 모범을 보여야 한다.

이러한 과제를 수행하는 책임은 가정에서는 부모가, 학교에서는 교사가, 사회에서는 기성세대가 져야 한다. 즉 우리 사회 구성원 모두의 책임이다. 사회적 자본의 달콤한 열매는 결국 우리 모두가 향유하는 것이기 때문이다.

민주주의 발전과 언론[111]

민주주의는 신뢰라는 토대 위에 세워진 취약한 제도이다. 물론 민주주의는 국민으로부터 권력을 위임받은 사람들이 국민의 대리인으로서 주인(국민)의 뜻에 충실하게 권력을 사용하지 않을 수 있다는 가능성을 인정하고 이를 예방하는 제도, 즉 제도화된 불신이라는 측면에서 보면 전적인 신뢰 위에 구축된 것이라고는 할 수 없다. 그러나 대리인이 주인을 계속 배반할 것이라는 불신이 팽배하고, 그 같은 불신이 반복적으로 확인된다면 민주주의는 붕괴될 수밖에 없다. 그런 의미에서 민주주의라는 제도는 불신을 전제하고 있으나 그 제도의 원활한 작동은 신뢰의 기반 위에서만 가능하다고 할 수 있다.

신뢰를 구축하기까지는 많은 노력과 시간이 필요하지만 그것을 무너뜨리기는 쉽다. 그래서 민주주의는 매우 취약한 기반 위에 세워진 제도이고, 그 기반이 무너지는 것을 방지하기 위해 주기적 선거

---

111) 이 부분은 저자가 1996년 5월 14일에 러시아의 국립외교아카데미에서 발표한 논문(You, 1996)을 토대로 발전시켰음을 밝혀 둔다.

와 삼권분립이라는 두 가지 안전장치를 제도화하고 있다. 따라서 정치에 대한 국민의 신뢰를 유지하는 가운데 민주주의가 발전해가기 위해서는 선거제도가 국민의 의견을 제대로 수렴하여 그들의 여망을 정책에 효과적으로 반영해야 하고, 선거 이후 다음 선거까지는 입법부, 행정부, 사법부가 효과적으로 서로 견제하며 국민의 여망을 담은 좋은 정책들을 펴내고 또 맡은바 소임을 충실하게 수행해야 한다. 그리고 그 결과에 대해 선거에서 국민의 올바른 평가를 받아야 한다.

이 평가가 공정하게 효율적으로 이루어지면 국민과 정부 사이에 신뢰가 증진되고 그렇지 못한(예를 들어 부정선거, 왜곡된 정보 또는 지역주의 등의 이유로) 경우에는 대리인들에 대한 인센티브가 왜곡되기 때문에 주인의 기대와 대리인의 행위 사이에 괴리가 생겨 결과적으로 불신이 쌓이게 될 것이다. 결론적으로 정부와 정치에 대한 국민의 신뢰가 증진되어 민주주의가 성공하느냐, 아니면 불신이 누적되어 민주주의가 실패하느냐를 가름하는 결정적 요인 중의 하나가 선거제도의 성패라고 할 수 있다.

선거는 입후보자의 입장에서 보면 일정한 수의 표를 빼앗느냐 빼앗기느냐 하는 제로섬 게임이다. 그러나 국민의 입장에서 보면 그렇지 않다. 상품과 서비스 시장에서 점유율을 확대하고자 하는 공급자들 사이의 제로섬 경쟁이 서비스와 품질 개선, 가격 인하 등을 통해 소비자의 후생을 증진시키는 것처럼, 선거에서 후보자들 또는 정당들 사이의 제로섬 경쟁이 정치시장에서 보다 나은 정책과 행정 서비스로 소비자(국민)의 후생을 증진시킨다.

또한 상품과 서비스 시장에서 독점이 이루어지면 소비자가 피해를 입는 것처럼 정치시장에서도 공급 독점(1당 독재)이 이루어지면 국민의 권리는 유린되고 대국민 서비스가 열악해진다. 한편 상품시장에서는 독점 공급되는 상품 또는 서비스의 가격이나 품질이 마음에 들지 않으면 소비자가 최후의 선택으로 구매를 거부(포기)할 수 있지만 정치시장에서는 소비자의 구매(납세) 거부가 허용되지 않는다. 만족하지 않는 소비자가 선택할 수 있는 유일한 대안은 해외 이민밖에 없다. 그러나 그것도 북한이나 구소련의 경우처럼 1당 독재 치하에서는 매우 어렵고 위험한 선택이다(샤란스키 외, 2005).

상품과 서비스 시장에서 경쟁하는 기업들이 소비자의 선택을 유도하기 위해 경쟁하면 품질 및 서비스 개선, 신제품 개발, 신기술 개발 및 생산성 향상과 가격 인하 등 긍정적 효과가 나타나고 경제 발전이 촉진된다. 그러나 경쟁 기업을 음해하거나 다른 부당한 방법으로 경쟁 기업에 대한 소비자의 신뢰를 떨어뜨린다든지 또는 도산을 유도하여 반사이익을 얻는 등의 불공정 경쟁이 허용되면 소비자들이 피해를 볼 뿐 아니라 경제 발전에도 악영향을 끼칠 것이다.

따라서 시장경제에서는 독과점의 폐해를 예방하고 최소화하기 위해서 불공정 거래를 제재하는 법규를 제정·집행한다. 정치시장에서도 이와 마찬가지로 불공정 경쟁(각종 투·개표 부정, 흑색선전, 매수 등)을 막기 위해 선거법을 제정하고 선거관리위원회가 사전 또는 사후 규제를 하고 있다. 그러나 선거법은 국회의원들이 제정 또는 개정하는 과정에서 자신들에게 유리하도록 만드는 경향이 있기 때문에 시민단체와 언론의 감시와 견제가 필요하다.

선거제도가 민주주의 발전과 성공에 지대한 역할을 하는데도 불구하고 합리적 소비자로서 유권자가 투표권을 어떻게 행사할 것인가를 결정하는 과정에서 필요한 정보를 입수하고 분석하는데 노력을 그다지 기울이지 않는다는 데서 문제가 발생한다. 이러한 현상을 이해하기 위해 합리적 소비자의 구매 결정 과정을 살펴보자.

소비자는 특정 상품을 구매하기 전에 그 상품에 관한 정보를 입수하고 분석할 뿐 아니라 대체상품과도 비교한다. 그 과정에서 때로는 금전적 비용이 들기도 하고 대부분의 경우 시간과 노력(기회비용)이 소요되기 때문에 얼마만큼의 정보를 구하고 얼마나 철저히 분석할 것인가는 그에 따른 비용과 그 결과로 기대되는 편익(가격 및 품질 면에서의 이익)에 달려 있다. 다시 말해 정보를 조금 더 입수하고 분석하는데 소요되는 추가적 비용(한계비용)이 이에 따라 기대되는 추가적 편익(한계편익)을 능가하지 않는 선에서 정보입수와 분석이 이루어진다.

예를 들어 주택이나 자동차 등 거액이 소요되고 오래 사용할 품목을 구매할 때는 추가적인 정보 수집 및 분석에 따르는 비용에 비해 기대되는 한계편익이 크기 때문에 소비자들은 상대적으로 많은 시간과 노력을 투자한다. 그러나 저가의 일용상품을 구매할 때는 그런 수고를 하지 않는다. 그래봐야 겨우 몇 푼을 절약하기도 쉽지 않을 터인데 할 일이 없어 시간이 남아도는 사람이 아니라면 거기에 소요되는 시간과 노력이 아깝기 때문이다. 이런 상품이나 서비스는 시장에서 그때그때 비교하면서 구매를 결정하거나 습관적으로 구매하던 브랜드를 선택하면 된다.

그러면 정치시장에서는 어떠한가? 대통령이나 국회의원, 도지사, 시장, 군수, 지방의회의원 등은 한 번 선출되면 4~5년 동안 국민생활에 지대한 영향을 끼치는 정책을 집행하거나 입법 활동을 한다. 따라서 많은 시간과 노력을 투자하여 후보자들의 성향과 자질을 비교분석 하는 것이 마땅한 것으로 보인다. 그러나 실제로 그렇게 하는 유권자는 찾아보기 어렵다. 왜 그런가?

그 이유는 선거의 결과가 모든 국민이 공유하는 공공재이기 때문이다. 유권자의 한 표가 선거 결과를 좌우할 가능성은 극히 희박한 반면에 다수 유권자들의 투표에 의해 선출된 의회와 정부가 공급하는 공공 서비스는 원하든 원하지 아니하든 모든 유권자에게 공급된다.

따라서 최선의 결과를 얻기 위해 후보자들과 정당들에 관한 유용한 정보를 입수하고 분석할 만한 인센티브가 없다. 뿐만 아니라 상품 구매와는 달리 선거에서는 한두 가지 정책 이슈만을 선택하는 것이 아니라 후보자 또는 정당과 더불어 각종 이슈에 관한 다양한 정책을 패키지로 선택해야 하고, 또 예기치 못한 문제가 발생한다면 후보자가 각각 어떻게 대처할 것인지에 관해서는 명확한 정보가 없는 상태에서 선택을 해야 하기 때문에 이 모든 것을 공들여 철저하게 분석한 뒤에 투표하는 유권자는 거의 없다. 그래봐야 아무 노력도 하지 않은 '무임승차자들'이 그 결과를 공유하기 때문이다.

거의 모든 유권자들이 선거 과정에서 투표 결정에 유용한 정보를 적극적으로 찾아 나서기보다는 후보자들과 각 정당이 가공해서 직접 또는 선관위를 통해 공급해주는 정보와 언론을 통해 입수하는 정보를 수동적으로 받아들이게 된다. 그러나 후보자들과 각 정당이 공급하는 정보는 자기 측에 유리한 것은 부풀리고 불리한 것은 축소 또는 삭제하거나 논란의 소지가 있는 이슈에 대해서는 두루뭉술하게 넘어가는 경향이 있기 때문에 유권자들이 올바른 판단을 하는데 크게 도움이 되지 않는다. 게다가 때로는 의도적 과장(학력 허위 기재 등)이나 상대 후보나 당에 대한 악의적 왜곡으로 유권자의 판단을 오도할 수도 있다.

결국 정보의 수동적 소비자인 유권자들에게 객관적 입장에서 정확한 정보를 제공할 수 있는 유일한 기관은 언론이다. 앞에서 언급했듯이 유권자가 한 후보자나 정당을 선택할 때에는 이미 제기된 여러 가지 이슈는 물론 임기 중에 제기될 수 있는 예상치 못한 이슈들에 대한 결정까지 하나의 패키지로 구매하는 행위이다. 그런데 이같이 다양한 이슈에 대해 정당이나 후보자의 견해와 논리가 어떠한지, 그리고 예상치 못한 이슈들에 대해 어떠한 입장을 취할지 비교분석할 수 있는 상세한 정보는 언론을 통해서만 얻을 수 있다. 따라서 언론이 민주주의 성패에 가장 중요한 역할을 한다.

언론의 역할은 선거 기간에만 중요한 것이 아니다. 선거는 일정 기간 국민의 권한을 위임할 대상을 선출하는 행사이다. 이러한 선거가 끝나면 선출된 사람들이 위임받은 기간 동안에 위임받은 권한을 국민을 위해 잘 행사하는지 감시하고 견제하는 역할 또한 언론의 몫이다. 물론 삼권분립으로 정부기관 간의 견제와 균형을 제도화하고 있기는 하지만, 이 제도가 소기의 기능을 제대로 수행하는지를 감시하는 최후의 보루는 언론이다. 언론을 제4부라고 하는 이유가 여기에 있다. 토머스 제퍼슨(Thomas Jefferson)이 신문(언론)이 없고 정부만 있는 사회보다 정부가 없고 신문(언론)이 있는 사회를 주저 없이 선택하겠다고 한 것도 이러한 이유이다.

그뿐만 아니라 많은 경우 정책 이슈가 단순논리에 의해 결정되는 오류를 막기 위해서는 쟁점을 심층 분석하여 국민을 이해시킬 필요가 있는데 이 또한 언론이 담당해야 한다. 고대 그리스와 로마의 직접 민주주의가 선동가들의 영향을 받아 극에서 극으로 치닫다가 끝내 소멸되고 만 것은 민주주의가 포퓰리즘에 빠질 수 있다는 위험성

을 경고하는 역사적 교훈이라고 할 수 있다.112)

그러면 우리나라의 언론은 이러한 역할을 잘 해내고 있는가? 언론에 대한 신뢰도는 민주화 초기에는 상승하는 추세였다. 유신과 군부독재 시절 정부의 통제 하에 있던 언론에 대한 불신은 당연한 것이었다. 따라서 민주화와 더불어 언론의 자유가 크게 신장되면서 언론에 대한 국민의 기대가 신뢰도 향상으로 나타난 것이다. 그러나 신문과 TV 공히 1994년에 정점을 기록한 이후 신뢰도가 꾸준히 하락하고 있다(양승목, 2004, P. 295). 언론이 사회적 책임을 망각한 채 생명처럼 소중히 여겨야 할 공정성을 포기하고 일시적 이해관계의 포로가 됨으로써 소탐대실하는 우를 범했기 때문이다.

이런 실태를 누구보다도 기자들이 더 잘 알고 있다. 한국기자협회가 2006년 8월 전국 기자들을 대상으로 조사한 결과를 보면 신뢰하는 언론사가 '없다'는 응답이 45.0%, 한겨레 15.0%, KBS 12.3%, MBC 5.0%, 경향신문 5.0%, 조선일보 4.0%, 중앙일보 3.7%, 기타 10.0%였다(시사포커스, 2008년 7월 21일). 기자들도 못 믿겠다는 언론을 누가 믿겠는가?

한국언론재단과 리서치플러스가 2004년 5월 우리나라 성인 1,200명을 대상으로 조사한 바에 따르면, 신문을 포함한 언론을 신뢰한다고 응답한 사람들은 응답자의 19.5%에 불과했으며 신뢰하지 않는다고 응답한 사람은 32.2%에 달한 것으로 나타났다(백화종, 2004). 언론에 대한 불신은 보도의 공정성이 결여된 데에 기인한다.

---

112) 그런데 직접 민주주의의 이 같은 맹점이 최근 인터넷의 보급과 더불어 되살아나는 것 같아 우려스럽다. 하나의 사안에 대한 심도 있는 분석에 앞서 감정적 대응이 순식간에 대세를 이루어 정치권을 압박하는 것은 민주주의 발전에 걸림돌이 될 것이다.

앞의 조사에서 우리나라 언론이 공정하다고 대답한 사람들은 12%에 불과한 데 반해 공정하지 않다고 응답한 사람들은 46.7%나 되었다. 또 전체 응답자의 3분의 2가 신문이 정치적으로 편파적이고, 국민보다 자사의 이익을 먼저 생각하여 대안 없이 비판만 한다며 신문의 편파성과 선정성을 날카롭게 지적했다.

한국언론진흥재단이 실시한 가장 최근의 조사에 의하면 언론에 대한 신뢰도는 2012년에 2.81(5점 척도)로 2010년의 3.22에서 더욱 하락했다. 그리고 한국 언론이 우선적으로 개선해야 할 문제로 거의 4분의3이 언론의 무책임한 보도 태도, 권력과 유착된 보도태도, 그리고 전체 국민의 입장보다 언론사의 이익을 보호하려는 보도 태도를 지적하여 이러한 문제들이 전혀 개선되지 않고 있음을 보여주었다.

이처럼 언론에 대한 불신은 갈수록 심해지고 있다. 최근 초국적 PR기업 에델만의 한국법인 에델만코리아의 보고서에 따르면 한국의 미디어 신뢰도는 2008년 60%에서 2009년 55%, 2010년 50%, 2011년 50%, 2012년 44%로 꾸준히 하락하여 일본, 말레이시아와 함께 '믿지 못하는(distrust) 지역'으로 분류되었다(미디어투데이, 2012년 2월 12일). 에델만코리아의 조사는 앞에서 인용된 다른 조사와는 조사 방법과 대상이 다르기 때문에 수치를 비교할 수는 없으나 같은 조사에서 신뢰도가 꾸준히 하락하고 있다는 사실에 주목하지 않을 수 없다.

속보 경쟁에 치우쳐 부정확하고 깊이 없는 기사, 편파적이고 비판을 위한 비판만 하는 기사들로 가득한 것이 우리나라 언론의 현주소이다. 특히 특정 사안에 대해서는 모든 언론사가 같은 방향으로 보도하는 경우가 종종 있다.

이에 대해 기자들도 우리나라 언론이 '하이에나 기질'이 있다고 시인한다. 만만한 사냥감이 보이면 모두 달려들어 물어뜯는다는 것이다. 이 과정에서 억울한 피해자가 생겨도 이를 바로잡으려는 기자는 없다. 센세이셔널리즘에 편승하는 것이 당장 독자(시청자)들의 관심을 끌기에 유리하고, 혼자서 '튀는' 기사를 쓰면 오해받거나 따돌림 당할 수 있으니 대세를 따라가는 것이다. 이런 언론을 통해 정보를 수동적으로 얻는 유권자들에게 우리나라의 민주주의가 달렸으니 나라의 앞날이 걱정되지 않을 수 없다.

언론의 선정 보도, 편파 보도가 단순히 부정확한 정보를 제공하여 그릇된 판단을 유도한다는 점에서만 민주주의 발전에 해악을 끼치는 것은 아니다. 학자들은 국민이 정부를 불신하는 이유로 정부의 실책, 정부 지도자의 거짓말, 스캔들 및 부정부패 외에도 정부의 비리를 드러내어 독자나 시청자의 관심을 끌어보려는 언론의 선정주의적 보도가 사실을 과장하고 왜곡함으로써 정부와 정치에 대한 불신을 키운다고 지적한다(나이 외 2001, pp. 137~154). 한 언론인은 "우리나라의 모든 불신 중 가장 큰 불신은 정치에 대한 불신"이라고 주장하면서 "한국의 모든 언론사들은 정치를 가장 잘못된 것으로 매일 보도하고 있으며, 때로는 정치를 희화화하기도 한다"고 지적했다(이장호, 2004, p. 332).

나의 경험에 비추어볼 때 정책을 기자들의 손에 쥐어주어도 별 관심이 없고, 정치에 관한 모든 것을 당리당략을 위한 게임과 술수로 분석하여 흥미 위주의 기사만 쓰는 경향이 있다. 정치를 희화화하고 국민의 불신을 확대 재생산하는 것이 우리 언론의 고질적 관행이라는 지적에 동의하지 않을 수 없다.

그럼에도 나는 우리 언론의 앞날을 비관하지 않는다. 왜냐하면 이

제 더 이상 물러설 곳이 없기 때문이다. 동종 및 이종 매체들과의 경쟁이 갈수록 치열해지고 있고 보도의 편파성에 대한 국민들의 비판과 불만이 고조되어 있기 때문이다. 이 같은 현실에서 언론이 살아남을 수 있는 길은 보다 공정하고 깊이 있고 진실성 있는 보도로 국민의 신뢰를 회복하는 것이라는 점을 누구보다 언론계 내부에서 더 잘 알고 있다.

이제 남은 것은 실행에 옮기는 일이다. 그리하여 언론이 국민의 신뢰를 회복하면 정부와 정치에 대한 신뢰도 차츰 정당한 수준으로 회복될 것이다. 나아가 언론은 이 책에서 제시한 신뢰사회의 제반 원칙들이 정부와 정치권 및 시민사회에서 준수되고 발전될 수 있도록 공정한 감시자의 역할을 해야 한다.

끝으로 시민사회가 신뢰 형성을 위해 자발적으로 나설 수 있도록 사회적 분위기를 조성하고 국민을 계도하는데 언론이 보다 적극적인 독려자의 역할을 수행해주기를 기대한다.

맺는 말

대한민국의 20세기 후반기는 참으로 영욕의 역사였다. 전쟁의 폐허에서 일어난 지 불과 40여 년 만에 세계의 가난뱅이 중 하나에서 세계 11대 경제대국으로 도약하여 OECD 회원국이 되었으나 세기말에는 국가 부도에 직면하여 IMF 관리체제에 들어가는 수모를 겪었다. 그 후 외환위기는 짧은 기간에 극복했지만 아직도 한국 경제는 계속되는 저성장의 늪에서 완전히 헤어 나오지 못한 상황에 처해있다.

외환위기 이후 우리 경제는 이른바 양극화 현상이 뚜렷해졌다. 몇몇 대기업은 글로벌 초우량기업으로 부상했으며 조선, 자동차, 반도체, 철강 등에서 세계 최고 수준의 경쟁력을 갖추어 제프리 존스 전 주한미국상공회의소 회장이 "대한민국은 선진국"이라고 자신 있게 선언할 수 있게 되었다. 문화적으로도 '한류' 바람이 아시아를 넘어 유럽과 미주 대륙까지 휩쓸고 있다. 그러나 청년들은 일자리를 구하기가 갈수록 어려워지고, 자영업자들은 만성적 불경기에 한숨을 쉬고, 서민들은 IMF 때보다 살기가 더 어려워졌다고 하소연한다.

이 같은 현상은 무엇보다도 저성장에 원인이 있다. 저성장으로 소비가 위축되고 세계화의 노도에 밀리는 자영업을 비롯한 내수산업이 더욱더 어려워진 것이다. 그래서 우리 경제가 선진국의 문턱에서 주춤거리면서 앞으로 나아갈 추진력을 찾지 못하고 있는 것이다.

그렇다면 이 추진력을 어디에서 찾을 것인가? 나는 그 해답을 단순히 경제 정책에서만 찾으려 해서는 안 된다고 주장한다. 물론 경

제 정책도 중요하다. 그러나 민주국가에서 정책이나 제도의 효율성
은 사회·문화적 맥락에 따라 다르게 나타난다. 따라서 사회 구성원
들이 서로 신뢰하는 가운데 호혜성의 규범을 잘 지키는 사회, 즉 사
회적 자본이 풍부한 사회가 정책이나 제도 개혁의 성과를 극대화하
여 경제 발전에 성공할 수 있다는 사회적 자본 이론에서 해결의 실
마리를 찾아야 한다고 생각한다. 그리하여 이 책에서 나는 우리 사
회의 불신 구조를 타파하고 신뢰의 선순환으로 돌려놓기 위한 실천
적 대안들을 제시했다.

사회적 자본 이론의 핵심은 사회적 시너지 효과라고 할 수 있다.
사회 구성원들이 서로 신뢰하면 규범을 잘 지키게 되고 그 결과 국
민통합을 이루어 그 사회는 구성원들의 개인적 능력의 총합 이상의
성과를 올릴 수 있다. 그러나 사회적 자본이 부족한 나라에서는 이
같은 시너지 효과를 기대할 수 없다. 심지어 남이 잘 되는 것을 배
아파하고 방해한다면 각자의 최대 능력을 발휘하기도 어려워지고
시너지 파괴 효과가 발생하여 국가 발전을 저해할 수 있다.

민주화 이전에는 강력한 국가 권력이 강제적으로 국민통합을 이
루어냈다. 그러나 그 결과는 시민사회의 성장을 억압하고 국민 상호
간의 불신을 조장하여 사회적 자본을 파괴하는 것으로 나타났다
(Booth and BayerRichard, 1998). 민주주의 체제에서는 이와 같은 홉
스식 국민통합이 불가능할 뿐 아니라 바람직하지도 않기 때문에 국

민들이 각자 개인의 이익을 추구하면서도 타인의 이익을 배려하는 정신이 필요하다.

우리 사회에는 이 같은 사회적 자본이 부족해 민주화 이후 갈등과 분열이 갈수록 증폭되고 경제는 활력을 잃게 되었다. 이런 의미에서 보면 외환위기는 단순히 국가주도형 경제운용 시스템에서 시장중심형 시스템으로 전환하는데 실패한 때문만이 아니라 권위주의형 강제적 국민통합 시스템에서 민주주의형 자발적 국민통합 시스템으로 이행하는 데에도 실패한, 이중적 체제이행 실패의 결과였다고 할 수 있다.

시장중심형 경제 운용 시스템으로의 전환은 IMF 관리체제에서 비교적 순조롭게 진행되어 외환위기를 수습하는 데에는 성공했으나 노무현 정부 하에서는 반시장 정서와 정책들이 경제의 역동적 성장을 저해하였으며, 민주적 국민통합 시스템으로의 이행은 전혀 진전되지 않았고 어떤 면에서는 오히려 점점 더 악화되었다고도 할 수 있다. 이명박 정부는 갈등을 해소하려는 노력이 부족했고, 오히려 정치적 미숙으로 갈등을 조성·확대하는 결과를 초래하였다.

어느 사회에나 갈등은 있게 마련이다. 다만 선진 민주국가에서는 풍부한 사회적 자본에 힘입어 갈등을 조정하고 국민통합을 이끌어내는 규범과 제도가 잘 작동하고 있다. 그러나 우리나라는 규범과 제도에 일관성이 없기 때문에 그것이 제대로 작동하지 못하고 있으며, 그 결과 규범과 제도에 대한 불신이 갈수록 커지는 악순환에 빠져 있다.

그럼에도 불구하고 이제까지 나라의 지도자들은 이 같은 악순환을 개선해보려는 노력에는 관심이 없었다. 오히려 정치 지도자들과 시민단체들, 그리고 일부 언론이 포퓰리즘의 포로가 되어 법치주의와 시장 원리를 훼손하는 제안들을 마구 쏟아내고 있다. 이제 이 나라에서 법치주의와 시장경제의 원칙을 누가 지켜줄 것인지 걱정스럽기 짝이 없다. 뿐만 아니라 정치권, 언론, 시민단체 등은 사회 갈등을 해소하는데 기여하기는커녕 오히려 갈등을 부채질하는 경향이 있다. 이런 상황에서 그동안 정부는 문제를 합리적으로 해결하려는 의욕을 잃고 '우는 아이 떡 하나 더 주는 식'으로 쉽게 타협하려고만 했다.

그 결과 저항할수록 얻는 것이 더 많다는 학습효과를 낳아 정부 시책마다 이익집단의 반대 투쟁이 뒤따르고, 그때마다 정부는 국민의 혈세로 달래거나 불법을 용인해주는 악순환을 되풀이하였다. 만시지탄이긴 하지만 박근혜 대통령이 이 같은 악순환을 끊고 사회적 자본 형성을 통해 국민통합을 이룩하겠다는 의지를 보여주고 있어 다행으로 생각한다. 그러나 어떻게 하겠다는 실천전략이 아직 제시되지 않아 기대와 함께 우려가 남아있다.

올슨은 민주사회에서는 분배 투쟁을 위한 이익집단이 갈수록 많

이 생겨 사회적 비용을 증가시키고 경제성장률을 차츰 저하시킨다는 이론을 제시하면서 시장 개방으로 그들을 무력화할 것을 제안했다(Olson, 1982). 우리나라에서도 이 같은 이익집단들이 FTA 등 시장개방과 경쟁촉진(노동시장 유연화 등)에 가장 극렬하게 반대하는 것도 이러한 현상의 일면이다. 그리고 우리나라의 경제성장률이 둔화되고 있는 이유 중 하나는 이익집단들(농민단체, 중소기업단체, 노조 등)의 포로가 된 정부가 그들을 달래는 과정에서 재정의 낭비와 경쟁력 저하를 초래하는 조치들을 계속하고 있었기 때문이다.

사회적 자본에 관한 연구들은 정부와 정치에 대한 신뢰가 사회 구성원들 사이의 수평적 신뢰 형성에 기여한다는 증거들을 제시한다. 나는 이 책에서 신뢰사회를 건설하기 위해서는 무엇보다도 먼저 정부와 정치에 대한 신뢰가 확립되어야 하고 그 핵심은 법치주의의 원칙을 확고히 하는 것이라고 역설했다.

또한 정부기관의 실패나 부패를 최소화하기 위해서는 실패의 원인과 책임 소재를 명확히 밝히고 시스템의 오류는 제도 개선으로, 사람의 실수는 자동적인 기관장 경질 대신 실질적인 책임자 문책으로 재발 방지를 도모해야 하며, 부패 방지는 사정만으로는 성공할 수 없다는 점과 부패 발생의 가능성을 차단하거나 최소화하도록 제도를 개선하는 것이 가장 효율적이라는 점을 강조했다.

정치에 대한 신뢰를 회복하기 위해서는 권력 분산이 중요하다고 생각하고 내각책임제 개헌과 국가 권력의 지방 이양 등을 제안했다. 그러나 무엇보다도 중요한 것은 정치 지도자들이 서로 상대방의 입장을 존중하는 풍토를 형성하는 것이다. 신뢰와 사회적 자본은 일방적으로 축적할 수 있는 물적 자본이나 인적 자본과 달리 사람과 사람 또는 집단과 집단 등 상호간의 관계 속에서만 존재하는 것이기 때문에 상대방을 일방적으로 제압하거나 무시하여 체면을 살려주지 않거나 불쾌하게 만든다면 신뢰가 쌓일 수 없을 것이다. 이 점에 대하여 나는 박근혜 대통령이 깊이 생각해주기를 간절히 바란다.

사회 구성원들 사이에 일반화된 신뢰를 구축하기 위해서는 공적 제도와 기관에 대한 신뢰 회복이 중요하지만 그것만으로는 부족하다. 사회적 자본은 국가와 시민사회와 가정의 3자간 상호관계 속에서 생성되는 것이기 때문이다. 따라서 사회 구성원들 사이의 수평적 신뢰를 구축하기 위한 시민사회의 노력이 필요하며, 이를 위해 NGO들의 보다 적극적인 참여가 요구된다. 또한 아동·청소년들의 가치 교육을 빼놓을 수 없고 시민공동체를 육성하기 위한 정부의 노력도 중요하다. 그러나 수평적 신뢰를 형성하기 위해서는 시민들의 자발적 노력이 선행되어야 한다.

이를 위해 각계각층의 지도자들이 주도하는 범국민 캠페인이 필요하다는 점을 지적했다. 나는 우리 사회 각 부문의 지도자들이 앞장서서 신뢰사회를 실현하기 위한 범국민 캠페인을 시작하고 NGO들의 적극적 참여를 이끌어내 각 NGO와 시민참여자들이 분야별 실

천을 담당할 것을 제안한다. 이 캠페인은 공적 부문에서는 민주주의 원칙의 확립과 준수에, 그리고 민간 부문에서는 호혜성의 규범을 지키는 시민의식의 함양에 초점을 맞출 필요가 있으며, 적극적으로 그리고 지속적으로 추진해나갈 것을 촉구한다.

이 같은 캠페인이 성공하려면 언론의 협조가 필수적이다. 그동안 우리나라 언론은 신뢰 형성에 기여하기보다는 불신을 조장하는 데 더 크게 기여해왔음을 부인할 수 없을 것이다. 이는 언론인들 스스로 시인하고 있는 사실이다. 이제는 언론이 신뢰사회를 건설하기 위한 범국민 캠페인에 적극 참여하고 이를 지원·독려해야 한다. 그것이 지금까지의 직무유기에 대해 국민에게 속죄하는 길이다.

이 캠페인은 우리 사회 모든 분야가 참여하여 일관된 비전과 전략을 수립하고 입체적·유기적으로 추진하는 범국민운동이 되어야 한다. 그리고 모든 일의 성패는 인센티브에 달려 있기 때문에 이 캠페인도 긍정적·부정적 인센티브를 적절히 활용해야 한다.

예를 들어 정부와 정치권에 대해서는 시민사회와 언론이 주도하여 잘못한 것은 비판하고 잘한 것은 칭찬해주어야 한다. 조금만 잘못해도 혹독하게 비판하고 칭찬에 인색한 것이 우리 사회의 모습이다. 정부를 칭찬하면 '어용'이라는 불명예가 따를까봐 두려워한다. 그러나 비판만 하면 불신을 키우게 된다. 시민단체나 언론사가 개별적으로 정부의 업적을 칭찬·홍보하는 것이 부담스럽다면 캠페인 차원의 평가를 거쳐 다 같이 칭찬해주면 된다.

정부는 시민(단체)들이 이 캠페인에 적극 참여하도록 지원해야 하고, 또 시민들이 NGO나 학습동아리 등 각종 결사체에 참여하도록 적극 지원할 필요가 있다. 그리고 언론은 우수사례를 홍보하고 시민사회 활동의 방향을 제시하는 계도자의 역할을 해야 한다. 아울러 시민사회는 시민들에게 참여의 공간과 기회를 제공하여 그에 따른 보람과 기쁨을 경험하도록 하는 매개자의 역할을 해야 한다. 시민단체들은 분야별로 전문화 할 필요가 있는데 나무만 보지 않고 거시적 전략의 틀 안에서 전문화 하도록 교육, 평가, 조율을 담당하는 기구들을 설치하는 것도 좋을 것이다.

2005년 10월 노무현 전 대통령은 경제·사회적 갈등을 극복할 수 있는 '대타협'을 이루기 위해 경제계, 노동계, 시민단체, 종교계, 농민, 전문가와 정당 등 각계 대표가 참여하는 가칭 '국민대통합연석회의'를 구성하자고 제안했다. 아울러 "우리 내부의 분열과 대립, 갈등이 계속되는 한 지속적인 성장도, 선진국 진입도 요원하다"며 "연석회의 구성을 통해 정부의 노력만으로 해결할 수 없는 사회 문제와 갈등에 대한 대타협이 이뤄지길 기대한다"고 말했다. 노 전 대통령은 과거 스웨덴이나 네덜란드, 독일도 사회적 갈등을 극복하기 위해 사회협약을 체결하여 선진국으로 도약하는 계기로 삼았다며 대타협의 필요성을 강조했다.

결국 실패로 끝난 이 제안에는 우리가 앞으로 참고해야 할 두 가지 문제점이 있었다.
　첫째, 먼저 신뢰를 구축하여 차츰 국민통합을 이루겠다는 장기적 안목으로 접근하지 않았다. 이는 기초를 다지지 않고 건물을 지으려 하는 것과 같다. 아무리 시급한 일이라 해도 서두른다고 될 일이 아니다. 스웨덴, 네덜란드 등은 선진국 중에서도 신뢰 수준이 가장 높은 것으로 알려진 나라이다(Hooghe and Stolle, 2003, p. 6).
　그들은 사회적 자본이 풍부했기에 대타협을 이룰 수 있었다. 구서독은 신뢰를 토대로 한 대타협으로 라인 강의 기적을 이뤄냈으나 구동독은 전체주의 체제의 억압 정치 하에서 불신사회로 전락했다(Sztompka, 1995). 이로 인해 통일 이후 독일은 내부 갈등과 불신으로 정책 방향을 확고히 하지 못하고 표류하는 가운데 경제가 오랫동안 침체 상태에 빠져 있었다.[113]
　불신의 문제를 먼저 극복하지 않은 채 대타협을 시도한다면 결코 성공할 수 없다. IMF 초기 국가 비상 상황에서 국민의 압력 때문에 마지못해 정리해고를 수용했던 노조가 노사정 합의문의 잉크가 채 마르기도 전에 합의를 폐기하려 한 후 오늘날까지 노사정이 표류하고 있다. 이 사실을 볼 때 신뢰 수준의 변화가 없는 상황에서 농민

---

[113] 최근에 동독 출신의 메르켈 총리가 갈등을 잘 조정하여 개혁에 성공하는듯하였으나 그리스, 스페인 등 일부 EU 국가들의 재정위기 여파로 인해 어려움을 겪고 있다. 앞으로 이 난국을 잘 극복할 수 있을지 귀추가 주목된다.

대표, 시민단체 대표 등을 모아놓고 대타협을 이루려 한다면 문제가 더 복잡해지기만 할 뿐, 실속 없는 선언문 이상의 타협은 이루어질 수 없다.

둘째, 설사 대타협이 가능하다 해도 정부가 나서서 이 일을 추진하면 될 일도 안 된다. 이는 우리 사회가 기본적으로 불신사회이기 때문이다. 그래서 정부가 순수한 동기에서 제안한 것이라 해도 야당과 언론과 시민사회는 액면 그대로 받아들이지 않고 숨겨진 저의가 있다고 생각한다. 연석회의 제안도 예외가 아니었다.

노무현 전 대통령의 제안이 발표되자마자 야당들은 정략적인 의도가 있다며 반대했다. 그래서 나는 신뢰사회 건설을 위해 정부가 앞장서지 말고 조용히 배후에서 지원하는 가운데 시민사회가 주도하는 범국민운동을 시작해야 한다고 주장하는 것이다.

셋째, 국민통합을 위해서는 대통령이 진정성 있는 국민 교육자가 되고 좋은 역할모델이 되어야 한다. 미국의 레이건 전 대통령은 중요한 정책을 추진할 때마다 국민에게 그 당위성을 설명하여 지지를 이끌어냈기 때문에 성공할 수 있었고, 그 결과 '위대한 소통인'(great communicator)이란 별명을 얻었다.

나는 김대중 전 대통령에게 이 사실을 상기시켜 수시로 국민을 설

득할 것을 주문했다. 그리하여 취임하기 전인 1998년 1월 18일에 국민대토론회를 통해 외국 자본의 필요성을 조리 있게 설명하여 그 전날까지만 해도 국민의 80% 이상이 외국인투자에 반대하였으나, 그 다음날 실시한 여론조사에 의하면 73%가 찬성하는 것으로 변했으며, 그때부터 지금까지 외국인투자에 대한 반대여론은 사실상 사라진 셈이 되었다.

그러나 노무현 전 대통령의 참여정부가 추진한 정책들은 대부분 계층 간의 갈등을 정치적으로 이용하려는 것들로서 국민통합에는 오히려 역행하는 것들이었다. 국민들을 20대 80으로 갈라놓고 상위 20%의 이익은 묵살하면서 하위 80%를 위한 정치를 하면 영구집권할 수 있다는 얄팍한 계산을 감추지 않았던 노무현 전 대통령은 국민통합에 관해서라면 입이 백 개라도 할 말이 없었을 것이나 본인은 정작 그것을 깨닫지 못하고 있었던 것 같다.

불행히도 이명박 대통령도 국민통합의 역할 모델이 되어주지 못했다. 스스로 자초한 촛불정국의 소용돌이 속에서 대통령은 갈등을 짐재우기 위한 용기 있는 리더십을 보여주지 못했다. 세종시 수정안과 4대강 살리기 예산의 처리 과정에서도 노무현 전 대통령처럼 자신이 옳다는 확신으로 밀어붙이기만 하여 갈등이 악화되게 만들었다.

이명박 대통령은 정치를 싫어한다고 했다. 그러나 본인이 의도하지 않는다 하더라도 대통령의 일거수일투족은 모두 정치적 파장을 낳는다. 따라서 대통령은 정치가 싫어도 정치를 중요시하지 않으면 안 된다. 자신의 입장이 아무리 정당하다 해도 국민이 납득하지 않으면 성공하기 어렵다. 정치를 무시하고 밀어붙이면 갈등만 발생한다. 그렇게 해서 정책이 성공한다 해도 그 과정에서 발생한 갈등이 장기적으로 끼칠 사회적 비용을 생각할 때 정치의 중요성을 무시할 수 없다. 국민과 정치권을 설득하고 반대세력이 후퇴할 명분과 계기를 만들어 주거나 불가피한 경우에는 차선에서 타협하는 정치력을 발휘해야 한다.

특히 세종특별시 문제에 관해서는 스스로 국민에게 공약으로 다짐한 것을 수정해야 했다면 국민의 이해와 동의를 구하기 위한 진지한 노력이 선행되었어야 하는데 국민의 동의를 충분히 확보하기 전에 너무 서둘렀기 때문에 갈등이 불필요하게 격화되었던 것이다. 미국산 쇠고기 수입에 관한 결정에 대해서도 내용에 대한 반발이 없지는 않았겠지만, 그보다는 정책 결정 과정에서 국민이 무시당했다는 점에 반발이 더 컸다.

문제는 이처럼 사회적 비용을 많이 지불한 정책이 계속 반복되고 있다는 점이다. 정책의 입안 단계에서부터 반대의견을 경청하고 국민적 공감대가 형성되기까지 충분한 토론을 거치도록 할 필요가 있다.

세종대왕은 세제 개혁을 단행하기에 앞서 17만 명의 관민을 대상으로 여론조사를 실시한 후 그 결과에 대한 전국 사대부들의 찬반 이유를 받아 보고, 그리고 전·현직 고위 관리들이 참석한 어전회의

에서의 격렬한 토론을 하는 등 무려 17년의 과정을 거쳐 반대자들까지도 제도의 필요성을 인정하게 한 후에야 시행에 들어갔다. 그런데 언재부턴가 '빨리빨리 신드롬'이 한국 특유의 조급증의 상징이 되어 버렸다. 이런 조급증이 공공정책 결정과 집행 과정에까지 부정적 영향을 미치게 해서는 안 될 것이다.

 이명박 대통령은 "지금 대한민국은 일본, 중국은 물론 세계와 경쟁하며 살고 있다. 그런데 우리는 우리끼리 다투며 발목을 잡고 있는 것은 아닌지, 세계와 경쟁하는 시대에 인식이 뒤따르지 못하는 건 아닌가 하는 생각이 든다"고 지적하고 "이러다 20~30년 후 대한민국이 낙후되지 않을까 걱정스럽다"고 개탄했다. 그러나 대통령은 이를 개탄만 할 것이 아니라 이러한 상황을 개선하는데 앞장서야 한다. 여기에는 정치력이 필요하다. 정치력을 적절히 구사하여 갈등을 해소하고 국가 발전에 기여하는 것이 지도자의 리더십이다.

 나는 박근혜 대통령이 국민통합에 성공한 대통령으로 역사에 기록되기를 간절히 바란다. 그리고 이를 위해서는 오바마 미국 대통령을 벤치마킹할 필요가 있다고 생각한다. 오바마 대통령은 의료보험 개혁과 금융산업 규제 강화를 위해 자신과 견해를 달리하는 의원들과 끈질기게 대화와 타협을 계속했다. 오바마 대통령이 탐독했다는 『포스트 아메리칸 월드(The Post-American World)』에서 저자(Fareed Zakaria)는 미국의 개혁 과제들을 열거하면서 의료보험 개혁은 반드시 필요하지만 정책적으로 너무 복잡하고 정치적으로 너무 어려운 문제여서 실현 가능성이 희박하기 때문에 굳이 열거하지 않겠다면서 각주(脚註)로 처리했다(Zakaria, 2008, p. 211 footnote).

그러나 오바마 대통령은 몇 차례의 좌절에도 포기하지 않고 국민을 설득하는 한편 야당의 의원총회에 찾아가서 토론을 불사하기까지 하면서 협상을 계속하여 자신이 꼭 원했던 것까지 일부 양보함으로써 마침내 불가능하게 보였던 것을 해낸 것이다. 나는 그 결과도 대단한 업적이지만 그 과정이 우리 정치에 주는 교훈이 더 크다고 생각한다.

이 책을 쓰면서 나에게는 시종 걱정거리가 하나 있었다. 국민들이 시민의식, 의식 개혁 등 용어에 대해 편견을 가지고 "의식 개혁이 과연 얼마나 실효성이 있겠어" 하고 회의적인 반응을 보이거나 "아무리 해도 우리나라는 안 된다니까" 하면서 미리 포기하지 않을까 하는 것이었다. 노스의 경로의존성에서 보았듯이 시민의식 같은 사회적 자본은 뿌리 깊은 역사적 연원에 의존한다.

따라서 현재의 정치·경제적 발전이 과거에 형성된 사회적 자본에 의해 좌우된다는 등의 이유를 들어, 진정한 선진 사회를 이룩하기 위한 전략으로 사회적 자본의 축적을 생각하는 노력에 냉소적인 시선을 보내며 시도조차 하지 않으려고 하지 않을까 우려되었다.

실제로 이탈리아의 몇몇 지역 지도자들은 퍼트남의 연구 결과가

발표되면 지역의 혁신운동이 약화될 것이라고 우려했다. 비시민적 지역의 한 개혁적 주지사는 퍼트남의 연구 결과를 듣고서 이렇게 한탄했다고 한다. "이것은 절망의 조언이다! 당신(퍼트남)은 (개혁의) 성공 가능성을 향상시키기 위해서 내가 할 수 있는 일이 아무것도 없다고 말하는 것이다. 개혁의 운명이 이미 수세기 전에 결정되었다니……."(Putnam, 1993, p. 183).

다행히 퍼트남 자신도 이탈리아 연구에서 얻은 교훈 중 하나로, 공식적인 제도의 변경이 정치적 관행을 바꿀 수 있다고 주장했다. 퍼트남뿐 아니라 노스, 오스트롬 등 신제도주의 경제학자들도 사회적 자본은 창조될 수도 있음을 보여주었다. 특히 국가가 제도를 통해 시민성 형성에 중요한 역할을 할 수 있다고 주장하는 학자들도 많다(Levi, 1996 ; Tarrow, 1996 ; Skocpol et al., 2000).

그리고 나 역시 '새천년 새전북인 운동'을 통해 사회적 자본을 인위적으로 형성할 수 있다는 점을 확인했다. 다만 퍼트남의 주장대로 제도의 역사는 매우 느리게 움직인다는 사실을 잊지 말아야 할 것이다. 따라서 사회적 자본을 형성해서 민주주의와 시장경제를 발전시키고자 한다면 즉각적인 결과에 급급하지 말아야 할 것이다. 기억할 것은 '천 리 길도 한 걸음부터'이며 '시작이 반'이라는 진리이다.

싱가포르의 경험을 보건대 제대로만 실천하면 10년쯤이면 성과가 나타날 것이다. 매사에 '만만디'를 내세우며 서두르지 않는 화교들이 10년에 해냈다면 '빨리빨리' 해내는 한국인이라면 5~6년 정도에 해낼 수도 있을 것이다.

 우리 국민들은 우리나라가 하루빨리 진정한 선진국이 되기를 갈망하고 있다. 그리고 우리 국민은 그것을 해낼 수 있는 저력을 갖고 있다. 그러나 그만한 저력이 있다고 해서 저절로 되는 것도 아니고, 정부가 알아서 할 수 있는 일도 아니다.
 의사가 되려면 먼저 의학을 공부해서 의학 지식을 내 것으로 만들어야 하고 골프 선수가 되려면 먼저 연습을 충분히 해서 기량을 쌓아야 하듯이, 선진국 시민이 되려면 선진국 시민답게 사는 연습부터 해서 선진 시민의식이 몸에 배도록 해야 한다.
 정부 혼자서 모든 것을 해줄 수 있는 듯 국민을 환상에 빠트려서도 안 된다. 진정한 선진 시민사회는 정부와 국민 모두 함께 노력하여 함께 만들어가는 것이라고 진실을 말하자. 그리고 우리 모두 함께 참여하자.

참고문헌

국내 문헌

- 갈브레이스·멘쉬코프(1989),『자본주의와 공산주의의 공존』, 유종근 번역·해설 뉴욕 : 미주평화신문사
- 강명헌(2004), "기업과 법치원리", 전택수 외,『한국경제 선진화와 법치』, 서울 : 백산서당, pp. 269~345.
- 강원택(2005),『한국의 정치개혁과 민주주의』, 고양 : 인간사랑
- 공병호(2005),『한국, 번영의 길』, 서울 : 해냄
- 공보처(1996a),『한국인의 의식 가치관 조사 : 요약 해설편』
- _____(1996b),『1996년도 정부여론조사 자료집』
- 권순복(2001), "주민자치센터의 올바른 접근방법(II) : 읍·면 기능 전환 시범 실시에 따른 종합평가와 합동토론회에서 제기된 문제를 중심으로",『자치행정』, Vol. 159, pp. 73~78.
- 김거성(2002), "부패 문제, 어떻게 극복할 수 있는가?",『반부패지도 2』, 서울 : 사람생각
- 김경동(2000),『선진한국, 과연 실패작인가?』, 서울 : 삼성경제연구소
- 김경원(2005),『전환기의 생존전략』, 서울 : 삶과 꿈
- 김달중(2000), "해제 : 소용돌이의 한국 정치", 그레고리 헨더슨(2000),『소용돌이의 한국정치』, 박행웅·이종삼 역, 서울 : 도서출판 한울, pp. 5-16.
- 김동춘(1999), "유교와 한국의 시민의식",『유교문화와 한국사회』, 성균관대학교 대동문화연구원 학술대회 발표 자료, pp. 41~60.
- 김동훈(1999),『지방정부론』, 대전 : 충남대학교 출판부
- _____(2001), "21세기 지방자치와 2001년의 과제",『자치공론』, Vol. 7, No. 1, pp. 34~42.
- 김선혁 외(2008), "민주화 이후 한국의 집회시위와 민주주의", 동아시아연구원
- 김일철(1994),『일본 농촌과 지역활성화 운동』, 서울 : 나남출판
- 김정호(2006),『땅은 사유재산이다 : 사유재산과 토지공개념』, 파주 : 나남출판
- 김택환·이상복(2005),『미디어 빅뱅 : 한국이 바뀐다』, 서울 : 박영률출판사
- 김해동(1994),『관료 부패와 통제』, 서울 : 집문당
- 김훈·박준식(2000),『구조조정과 신노사관계』, 서울 : 한국노동연구원
- 나은영·차재호(1999), "1970년대와 1990년대 간 한국인의 가치관 변화와 세대차 증감",『한국 심리학회지 : 사회 및 성격』, Vol. 13, No. 2, pp. 37~60.
- 나이, 조셉 S. 외(2001),『국민은 왜 정부를 믿지 않는가』, 박준원 역, 서울 : 굿인포메이션

- 린, 낸(2004), "신뢰의 사회적 맥락", 이온죽 편, 『신뢰 : 지구촌 시대의 사회적 자본』, 서울 : 집문당, pp. 23~63.
- 박상필(2005), 『NGO학』, 서울 : 아르케
- 박준 외(2009), "한국의 사회갈등과 경제적 비용", 삼성경제연구소, CEO Information(제710호)
- 박현모(2006), 『세종의 수성(守城) 리더십』, 서울 : 삼성경제연구소
- 백화종(2004), "신문의 위기, 나라의 위기", 국민일보, 2004.11.8.
- 샤란스키, 나탄 외(2005), 『민주주의를 말한다』, 김원호 역, 파주 : 북@북스
- 서상목(2003), 『시장을 이길 정부는 없다』, 서울 : 매일경제신문사
- 스미스, 아담(1976), 『국부론 I』, 유인호 역, 서울 : 동서문화사
- 심의기(1997), 『한국법제사 강의』, 서울 : 삼영사
- 안문석(2001), "국정 개혁과 행정의 책무성 : 환경 부문", 『한국행정연구』, Vol. 10, No. 2, pp. 103~126.
- 양승목(2004), "한국 언론의 신뢰도 위기와 그 원인", 이온죽 편, 『신뢰 : 지구촌 시대의 사회적 자본』, 서울 : 집문당, pp. 293~305.
- 연성진·최병각·기광도(2000), 『법의식의 실태 및 준법운동의 전개방향에 관한 연구』, 서울 : 한국형사정책연구원
- 연세대학교 사회발전연구소(1996), "중국·일본·한국 국민의식 조사", 『사회발전연구』, Vol. 2, pp. 65~113.
- 유재원(2000), "사회적 자본과 자발적 결사체", 『한국정책학보』, Vol. 9, No. 3, pp. 24~43.
- 유정호(2004), 『관치청산 : 시장경제만이 살 길이다』, 서울 : 책세상
- 유종근(1998), 『IMF, 알아야 이긴다』, 서울 : 조선일보사
- _____(1999), "민주적 시장론과 한국사회의 재구성", 『새천년의 한국문화, 다른 것이 아름답다』, 서울 : 이화여자대학교 출판부, pp. 75-99.
- _____(2000), 『한반도 통일의 철학적 원리』, 서울 : 세훈
- _____(2001), 『신국가론』, 서울 : 한국선진화연구회
- _____(2007), 『강한 대한민국의 조건』, 서울 : 도서출판 창해
- 유홍준(2004), "한국의 노사관계 : 배태된 불신의 극복", 이온죽 편, 『신뢰 : 지구촌 시대의 사회적 자본』, 서울 : 집문당, pp. 237~247.
- 윤태범(1999), "지속 가능한 부패방지와 윤리적 정부 구축 방안", 한국행정학회·한국행정연구원 공동 국제 세미나 발표 자료
- 윤덕민(1998), "도자기 기술로 본 한일 흥망사", 『신동아』, 1998년 6월호(동아닷컴).
- 이경재(2001), "새천년 새전북인 운동을 통한 도민의식의 전환", 『새천년 새전북인 정

　신 함양』, 2001년 새천년 새전북인 운동 세미나 발표 자료, pp. 45~59.
- 이기동 역해(2005), 『논어 강설』, 서울 : 성균관대학교 출판부
- 이대영(2001), "주민자치센터 어떻게 운영해야 할까? : 선진운영기법의 벤치마킹을 위하여", 『자치발전』, Vol. 7, No. 5, pp. 86~95.
- 이범웅(2004), "논평 2 : 윤리교육과 신뢰", 이온죽 편, 『신뢰 : 지구촌 시대의 사회적 자본』, 서울 : 집문당, pp. 430~435.
- 이우광(2010), 『일본 재발견』, 서울 : 삼성경제연구소.
- 이재경(2005), "취재원 인용 많을수록 수준 높은 저널리즘", 중앙일보, 2005.7.22.
- 이재열(1998), "민주주의, 사회적 자본, 사회적 신뢰", 『계간 사상』, Vol. 10, No. 2, pp. 65~93.
- _____(2000), "미래사회의 변화 추세와 새로운 사회통합 원리의 모색", 도정일·성경륭, 『미래사회의 변화 추세와 새로운 사회통합 원리의 모색』, 서울 : 나남출판, pp. 49~71.
- _____(2004), "투명성과 사회적 자본", 이온죽 편, 『신뢰 : 지구촌 시대의 사회적 자본』, 서울 : 집문당, pp. 117~133.
- 이재혁(1999a), "삶의 질과 지역사회의 구성", 『99 춘천 리포트 : 춘천의 삶과 꿈』, 서울 : 나남출판
- _____(1999b), "동태적 구조이론의 가능성 : 행위와 구조의 되먹임", 『한국의 사회구조와 지역사회』, 서울 : 서울대학교 출판부
- _____(2004), "What is to be done? : 연줄망 시대의 신뢰", 이온죽 편, 『신뢰 : 지구촌 시대의 사회적 자본』, 서울 : 집문당, pp. 134~141.
- 이종길(2004), "유교문화와 조선시대의 법질서 형성 및 법의 적용", 전택수 외, 『한국경제 선진화와 법치』, 서울 : 백산서당, pp. 57~107.
- 이진순(2003), 『한국경제 : 위기와 개혁』, 서울 : 21세기북스
- 이창호(2004), "커뮤니케이션과 신뢰", 이온죽 편, 『신뢰 : 지구촌 시대의 사회적 자본』, 서울 : 집문당, pp. 330~333.
- 이홍구(2004), "대통령 무책임제를 개혁하라", 중앙일보, 2004.1.18.
- 임반석(2004), "한국에서 시장에 대한 정부 행위와 법치 : 정부 규제를 중심으로", 전택수 외, 『한국경제 선진화와 법치』, 서울 : 백산서당, pp. 139~268.
- 임혁백(2004), "한국에서의 정치적 신뢰의 회복", 이온죽 편, 『신뢰 : 지구촌 시대의 사회적 자본』, 서울 : 집문당, pp. 217~228.
- 장하준(2004), 『사다리 걷어차기』, 서울 : 부키
- 전라북도 경제사회연구원(2000), 『새천년 새전북인 운동의 성과와 과제』, 전주 : 전라북도청

- 전병재(2000), "한국의 법과 전통문화", 『전통과 현대』, 봄호, pp. 16~32.
- 전성우(2004), "논평 2 : 한국에서의 정치적 신뢰의 회복", 이온죽 편, 『신뢰 : 지구촌 시대의 사회적 자본』, 서울 : 집문당, pp. 233~236.
- 전택수(2004), "한국경제의 선진화를 위한 전제조건으로서의 법치원리", 전택수 외, 『한국경제 선진화와 법치』, 서울 : 백산서당, pp. 13~56.
- 조문부(2001), "주민자치와 커뮤니티", 『자치행정』, Vol. 161, pp. 31~44.
- 조좌호(1988), 『세계문화사』, 서울 : 박영사
- 지병근·박종민(2008), "한국에서의 정치참여: 접촉 및 항의활동", 『국가전략』, 제14권 4호, pp. 121-145.
- 차재호(1994), "지난 백 년간의 한국인의 가치, 신념, 태도 및 행동의 변화", 『한국심리학회지 : 사회』, Vol. 8, No. 11, pp. 40~58.
- 최장집(2002), 『민주화 이후의 민주주의』, 서울 : 후마니타스
- 콘드커, 하비불 H.(2004), "지구촌 시대의 사회적 자본과 신뢰 : 싱가포르의 사례", 이온죽 편, 『신뢰 : 지구촌 시대의 사회적 자본』, 서울 : 집문당, pp. 65~93.
- 한경구(2000), "지역 활성화의 다양한 차원과 성패 : 오이타 현의 사례를 중심으로", 『한림일본학 연구』, Vol. 5, pp. 127~152.
- 한도현(2004), "격동기의 법의식과 법치", 전택수 외, 『한국경제 선진화와 법치』, 서울 : 백산서당, pp. 109~138.
- 한순옥(1988), "아동의 친사회적 행동발달에 영향을 미치는 가족환경과 사회 인지적 요인들", 『대한가정학회지』, Vol. 26, No. 3, pp. 243~253.

외국 문헌

- 平松守彦(1990), 『地方からの發想』, 東京 : 岩波書店
- Almond, Gabriel A. and Verba, Sidney(1963), *The Civic Culture: Political Attitudes and Democracy in Five Nations*, Princeton: Princeton University Press.
- Banfield, Edward C.(1958), *The Moral Basis of a Backward Society*, New York: Free Press.
- Barber, Benjamin R.(1984), *Strong Democracy: Participatory Politics for a New Age*, Berkeley: The University of California Press.

- Berger, Peter and Neuhaus, R. J.(1996), *To Empower People: From State to Civil Society*, Washington, D.C.: The AEI Press.
- Bhagwati, Jagdish(1996), *The Economics of Underdeveloped Countries*, New York: McGraw Hill.
- Bishop, Isabella Bird(1970), *Korea and Her Neighbors*, Seoul: Yonsei University Press.
- Booth, J. and BayerRichard, P.(1998), "Civil Society and Political Context in Central America," *American Behavioral Scientist*, Vol. 42, No. 1, pp. 33~46.
- Bourdieu, Pierre(1983/1986), "The Forms of Capital" in J. G. Richardson (ed.), *Handbook of Theory and Research for the Sociology of Education*, Westport, CT: Greenwood Press.
- Brehm, John and Rahn, Wendy(1997), "Individual-Level Evidence for the Cause and Consequences of Social Capital," *American Journal of Political Science*, Vol. 41, No. 3, pp. 999~1023.
- Brzezinski, Zbigniew(1989), *The Grand Failure: The Birth and Death of Communism in the Twentieth Century*, New York: Charles Scribner's Sons.
- Chua, Amy(2007), *Day of Empire: How Hyperpowers Rise to Global Dominance – and Why They Fall*, New York: Doubleday.
- Coase, Ronald H.(1960), "The Problem of Social Cost", *Journal of Law and Economics*, Vol. 3, pp. 1~44.
- _____(1988), *The Firm, the Market, and the Law*, Chicago: University of Chicago Press.
- Coleman, James S.(1987), "Norms as Social Capital," in G. Radnitzky and P. Bernholz (eds.), *Economic Imperialism : The Economic Approach Applied Outside the Field of Economics*, New York: Paragon House.
- _____(1988), "Social Capital in the Creation of Human Capital," *American Journal of Sociology*, Vol. 94, pp. S95~S121.
- _____(1990), *Foundations of Social Theory*, Cambridge, MA: Harvard University Press.
- Diamond, Larry(1994), "Toward Democratic Consolidation," *Journal of Democracy*, Vol. 5, No. 3, pp. 4~17.
- Dilulio, Jr., John(1998), "The Lord's Work: The Church and Civil Society," in E. J. Dionne, Jr. (ed.), *Community Works: The Revival of Civil Society in America*, Washington, D.C.: Brookings Institution Press, pp. 50~58.

- Dollar, David and Kraay, Aart(2002), "Growth is Good for the Poor," *Journal of Economic Growth*, Vol. 7, pp. 195~225.
- Durkheim, Emile(1956), *The Division of Labor in Society*, New York: Free Press.
- Erikson, Erik(1963), *Childhood and Society*, New York: Norton.
- Evans, Peter B., Rueschemeyer, Dietrich and Skocpol, Theda (eds.)(1985), *Bringing the States Back In*, New York: Cambridge University Press.
- Fukuyama, Francis(1995), *Trust: The Social Virtues and the Creation of Prosperity*, New York: Free Press.
- Gerlach, Michael L.(1992), *Alliance Capitalism: The Social Organization of Japanese Business*, Berkeley: University of California Press.
- Ghai, Dharam and Alcantara, Cynthia Hewitt de(1994), "Globalization and Social Integration: Patterns and Processes," Occasional Paper, No. 2. World Summit for Social Development, UNRISD.
- Gutmann, Amy(1987), *Democratic Education*, Princeton: Princeton University Press.
- Hahm, Pyong-choon(1986), *Korean Jurisprudence, Politics and Culture*, Seoul: Yonsei University Press.
- Hall, Peter(1986), *Governing the Economy: The Politics of State Intervention in Britain and France*, New York: Cambridge University Press.
- Hardin, Garrett(1968), "The Tragedy of Commons," Science, Vol. 162, pp. 1243~1248.
- Henderson, Gregory(1968), *Korea: The Politics of the Vortex*, Cambridge, MA: Harvard University Press.
- Hobbes, Thomas(1651/1977), *Leviathan*, C. B. Macpherson (ed.), Boca Raton, FL: The Penguin Group.
- Hooghe, Marc(2003), "Voluntary Associations and Democratic Attitudes: Value Congruence as a Causal Mechanism," in Marc Hooghe and Dietlind Stolle (eds.), *Generating Social Capital*, New York: Palgrave Macmillan, pp. 89~111.
- _____ and Stolle, Dietlind (eds.)(2003), *Generating Social Capital: Civil Society and Institutions in Comparative Perspective*, New York: Palgrave Macmillan.
- Huntington, Samuel P.(1991), *The Third Wave: Democratization in the Late*

Twentieth Century, Norman: University of Oklahoma Press.
- Huysseune, Michel(2003), "Institutions and Their Impact on Social Capital and Civic Culture: The Case of Italy," in Marc Hooghe and Dietlind Stolle (eds.), *Generating Social Capital*, New York: Palgrave Macmillan, pp. 211~230.
- Inglehart, Ronald(1990), *Culture Shift in Advanced Industrial Societies*, Princeton: Princeton University Press.
- Kennedy, Paul(1988), *The Rise and Fall of the Great Powers: Economic Change and Military Conflict from 1500 to 2000*, New York: Random House.
- Knack, Stephen and Keefer, Philip(1995), "Institutions and Economic Performance: Cross-Country Tests Using Alternative Institutional Measures," *Economics and Politics*, Vol. 7, No. 3.
- _____(1997), "Does Social Capital Have an Economic Payoff?: A Cross-Country Investigation," *Quarterly Journal of Economics*, Vol. 112, No. 4, pp. 1251~1288.
- Kohli, Atul.(1986), "Democracy and Development," in John P. Lewis and Valeriana Kallab (eds.), *Development Strategies Reconsidered*, Washington, D.C.: Overseas Development Council.
- Levi, Margaret(1996), "Social and Unsocial Capital: A Review Essay of Robert Putnam's Making Democracy Work," *Political Science Survey*, Vol. 24, No. 1, pp. 45~55.
- _____(1998), "A State of Trust," in V. Braithwaite and M. Levi (eds.), *Trust and Governance*, New York: Russell Sage Foundation, pp. 77~101.
- Lindblom, Charles(1977), *Politics and Markets: The World's Political-Economic Systems*, New York: Basic Books.
- MacIver, R. M.(1917), *Community: A Sociological Study*, New York: Macmillan.
- _____ and Page, C.(1949), *Society: An Introductory Analysis*, New York: Farrar & Rinehart.
- Maravall, Jose Maria(1995), "The Myth of Authoritarian Advantage," in Larry Diamond and Marc F. Plattner (eds.), *Economic Reform and Democracy*, Baltimore: Johns Hopkins University Press, pp. 13~27.
- March, James G. and Olsen, Johan P.(1989), *Rediscovering Institutions: The Organizational Basis of Politics*, New York: Free Press.

- Martin, Hans-Peter and Schumann, Harald(1997), Die Globalisierungsfalle (『세계화의 덫』), 강수돌 역, 서울 : 영림카디널.
- Moe, Terry(1984), "The New Economics of Organization," *American Journal of Political Science*, Vol. 28, pp. 739~777.
- Na, Eun-yeong and Cha, Jae-ho(2000), "Changes in Values and the Generation Gap Between the 1970s and the 1990s in Korea," *Korea Journal*, Vol. 40, No. 1, pp. 286~393.
- Newton, Kenneth(1997), "Social Capital and Democracy," *American Behavioral Scientist*, Vol. 40, No. 6, pp. 575~586.
- _____(1999), "Social and Political Trust in Established Democracies," in Pippa Norris (ed.), *Critical Citizens: Global Support for Democratic Government*, Oxford: Oxford University Press, pp. 169~187.
- _____ and Norris, Pippa(2000), "Confidence in Public Institutions: Faith, Culture or Performance?," in R. Putnam and S. Pharr (eds.), *Disaffected Democracies*, Princeton: Princeton University Press, pp. 52~72.
- North, Douglas C.(1990), *Institutions, Institutional Change and Economic Performance*, New York: Cambridge University Press,
- _____(1994), "Economic Performance through Time," *American Economic Review*, Vol. 84, No. 3
- Nye, Joseph Jr.(2002), "Information Technology and Democratic Governance," in Elaine Kamarck and Joseph Nye, Jr. (eds.), *Governance.Com: Democracy in the Information Age*, Washington, D.C.: Brookings Institution Press.
- O'Connell, Brian(1996), "A Major Transfer of Government Responsibility to Voluntary Organizations? Proceed with Caution," *Public Administration Review*, Vol. 56, No. 3, pp. 222~225.
- O'Donnell, Guillermo A. and Schmitter, Phillippe C.(1986), *Transitions from Authoritarian Rule: Tentative Conclusions about Uncertain Democracies*, Baltimore: Johns Hopkins University Press
- OECD(1996), "Ethics in the Public Service," Occasional Papers, No. 14.
- Ohmae, Kenichi(1995), *The End of the Nation State*, New York: Free Press.
- Olson, Mancur(1965), *The Logic of Collective Action: Public Goods and the Theory of Groups*, Cambridge, MA: Harvard University Press.
- _____(1982), *The Rise and Decline of Nations*, New Haven: Yale

University Press.
- _____(1996), "Distinguished Lecture on Economics in Government," *The Journal of Economic Perspectives*, Vol. 10, No. 2.
- Ostrom, Elinor(1986), "An Agenda for the Study of Institutions," *Public Choice*, Vol. 48, No. 3~25.
- _____(1990), *Governing the Commons: The Evolution of Institutions for Collective Action*, New York: Cambridge University Press.
- _____(1991), "Rational Choice Theory and Institutions Analysis: Toward Complementarity," *American Political Science Review*, Vol. 85, No. 1, pp. 237~243.
- _____(1992), *Crafting Institutions for Self-Governing Irrigation Systems*, San Francisco: ICS Press.
- Patterson, Orlando(2001), "Jamaica: A Typical Case of Democracy Without Development," *International Herald Tribune*, 2001.7.24.
- Perry, Amanda(2002), "The Relationship between Legal System and Economic Development: Integrating Economic and Cultural Approaches," *Journal of Law and Society*, Vol. 29, No. 2.
- Platt, John(1973), "Social Traps," *American Psychologist*, Vol. 28, pp. 641~651.
- Powell, Walter W. and Dimaggio, Paul J. (eds.)(1989), *The New Institutionalism in Organizational Analysis*, Chicago: University of Chicago Press.
- Przeworski, Adam(1991), *Democracy and the Market*, Cambridge: Cambridge University Press.
- _____ and Fernando Limongi(1993), "Political Regimes and Economic Growth," *Journal of Economic Perspectives*, Vol. 7, pp. 51~71.
- Putnam, Robert D.(1993), *Making Democracy Work: Civic Traditions in Modern Italy*, Princeton: Princeton University Press.
- _____(1995), "Bowling Alone: America's Declining Social Capital," *Journal of Democracy*, Vol. 6, pp. 65~78.
- _____(2000), *Bowling Alone: The Collapse and Revival of American Community*, New York: Simon & Schuster.
- _____(ed.)(2002), *Democracies in Flux: The Evolution of Social Capital in Contemporary Society*, New York: Oxford University Press.

- _____ and Pharr, S.(eds.)(2000), *Disaffected Democracies: What's Troubling the Trilateral Countries?*, Princeton: Princeton University Press.
- Renshon, S.(1975), "Personality and Family Dynamics in the Political Socialization Process," *American Journal of Political Science*, Vol. 19, No. 1, pp. 63~80.
- Rothstein, Bo(2002), "Sweden: Social Capital in the Social Democratic State," in Robert D. Putnam (ed.), *Democracies in Flux*, New York: Oxford University Press, pp. 289~331.
- Russett, Bruce(1993), *Grasping the Democratic Peace*, Princeton: Princeton University Press.
- Sachs, Jeffrey D.(2005), *The End of Poverty: Economic Possibilities for Our Time*, New York: Penguin Books.
- Schambra, William(1998), "All Community is Local: The Key to America's Civic Renewal," in E. J. Dionne, Jr. (ed.), *Community Works: The Revival of Civil Society in America*, Washington, D.C.: Brookings Institution Press, pp. 44~49.
- Schumpeter, Joseph A.(1950), *Capitalism, Socialism and Democracy*, 3rd ed., New York: Harper and Row.
- Scott, James(1976), *The Moral Economy of the Peasant*, New Haven: Yale University Press.
- Seligson, Mitchell A.(2002), "The Impact of Corruption on Regime Legitimacy: A Comparative Study of Four Latin American Countries," *The Journal of Politics*, Vol. 64, No. 2, pp. 408~433.
- Shepsle, Kenneth A.(1986), "Institutional Equilibria and Equilibrium Institutions," in Herbert F. Weisberg (ed.), *Political Science: The Science of Politics*, New York: Agathon Press, pp. 51~81.
- Skocpol, Theda(1998), "Don't Blame Big Government: America's Voluntary Groups Thrive in a National Network," in E. J. Dionne. Jr. (ed.), *Community Works: The Revival of Civil Society in America*, Washington, D.C.: Brookings Institution Press, pp. 27~80.
- _____(1999), "How Americans Became Civic," in T. Skocpol and M. Fiorina (eds.), *Civic Engagement in American Democracy*, Washington, D.C.: Brookings Institution Press.
- _____ et al.(2000), "A Nation of Organizers: The Institutional Origins of

Civic Voluntarism in the United States," *American Political Science Review*, Vol. 94, No. 3, pp. 527~546.
- Skowronek, Stephen(1982), *Building A New State*, New York: Cambridge University Press.
- Sowell, Thomas(2002), *A Conflict of Visions: Ideological Origins of Political Struggles*, New York: Basic Books.
- Sztompka, P.(1995), "Vertrauen: Die fehlende Ressource in der Postkommunistischen Gesellschaft," in B. Nedelmann (ed.), *Politische Institutionen im Wandel*, Opladen: Westdeutscher Verlag.
- Tang, Shui Yan(1992), *Institutions and Collective Action: Self-Governing in Irrigation*, San Francisco: ICS Press.
- _____(1994), "Building Community Organizations: Credible Commitment and the New Institutional Economics," *Human Systems Management*, Vol. 13, No. 3, pp. 221~232.
- Tarrow, S.(1996), "Making Social Science Work Across Space and Time: A Critical Reflection on Robert Putnam's Making Democracy Work," *American Political Science Review*, Vol. 90, pp. 389~397.
- Tocqueville, Alexis de(1835/1961), *Democracy in America*, New York: Schocken Books.
- Toennis, Ferdinand(1957), *Community and Society: Gemeinschaft und Gesellschaft*, Charles P. Loomis (trans.), East Lansing: Michigan State University Press.
- Toffler, Alvin and Heidi(1993), *War and Ani-War*, New York: Little, Brown and Company.
- Uslaner, Erik M.(2003), "Trust, Democracy and Governance: Can Government Policies Influence Generalized Trust?," in Marc Hooghe and Dietlind Stolle (eds.), *Generating Social Capital*, New York: Palgrave Macmillan, pp. 171~190.
- Van der Meer, Job(2003), "Rain or Fog? An Empirical Examination of Social Capital's Rainmaker Effects," in Marc Hooghe and Dietlind Stolle (eds.), *Generating Social Capital*, New York: Palgrave Macmillan, pp. 133~151.
- Verba, S., Schlozman, K. and Brady, H.(1995), *Voice and Equality: Civic Volunteerism in American Politics*, Cambridge, MA: Harvard University Press.

- Weber, Max(1918/1968), *Economy and Society*, Vol. 1, Guenther Roth and Claus Wittich (eds.), Berkeley: University of California Press.
- Wollebæk, Dag and Selle, Per(2003), "The Importance of Passive Membership for Social Capital Formation," in Marc Hooghe and Dietlind Stolle (eds.), *Generating Social Capital*, New York: Palgrave Macmillan, pp. 67~88.
- Wright, Robert(1995), *The Moral Animal: Evolutionary Psychology and Everyday Life*, New York: Vintage Books.
- _____(2001), *Nonzero: The Logic of Human Destiny*, New York: Vintage Books.
- You, Jong-Keun(1996), "Democracy and the Role of the Media," in You, Jong-Keun(2000), *Creating a Dynamic Future*, Chonju: Chollabuk-do, pp. 9~23.
- _____(2001), "Values, Culture, and Democracy: A Korean Perspective," in Farrukh Iqbal and Jong-il You (eds.), *Democracy, Market Economics and Development: An Asian Perspective*, Washington, D.C.: The World Bank, pp. 169~180.
- You, Jong-sung and Sanjeev Khagram(2005), "A Comparative Study of Inequality and Corruption," *American Sociological Review*, Vol. 70, pp. 136~157.
- Zak, Paul J. and Knack, Stephen(2001), "Trust and Growth," *The Economic Journal*, Vol. 111, pp. 295~321.
- Zakaria, Fareed(2008), *The Post American world*, New York: W. W. Norton & Company, 2008.